教育部思政课教学方法改革择优推广项目"思政课'一线二红三实'立体教学模式研究"(17JDSZK115)
湖北省高校人文社会科学重点研究基地——大学生发展与创新教育研究中心项目(DXS20180002)

中国近现代史纲要辅助教材

孙文沛　徐良梅　郑　丽　张牛美　主编

图书在版编目(CIP)数据

中国近现代史纲要辅助教材/孙文沛等主编．—武汉：中国地质大学出版社，2019.9
（高校思想政治理论课系列辅助教材）
ISBN 978-7-5625-4601-6

Ⅰ.①中…
Ⅱ.①孙…
Ⅲ.①中国历史-近现代-高等学校-教学参考资料
Ⅳ.①K25

中国版本图书馆 CIP 数据核字(2019)第 178889 号

中国近现代史纲要辅助教材	孙文沛　徐良梅	主编
	郑　丽　张牛美	

责任编辑:谢媛华	选题策划:郑济飞	责任校对:周　旭

出版发行:中国地质大学出版社(武汉市洪山区鲁磨路 388 号)　　邮政编码:430074
电话:(027)67883511　　　　　传真:67883580　　　E-mail:cbb@cug.edu.cn
经销:全国新华书店　　　　　　　　　　　　　　　　http://cugp.cug.edu.cn
开本:787mm×1 092mm 1/16　　　　　　　　　　字数:372 千字　　印张:14.5
版次:2019 年 9 月第 1 版　　　　　　　　　　　　印次:2019 年 9 月第 1 次印刷
印刷:武汉中远印务有限公司
ISBN 978-7-5625-4601-6　　　　　　　　　　　　　　　　　　　定价:38.00 元

如有印装质量问题请与印刷厂联系调换

《高校思想政治理论课系列辅助教材》
编委会

主　编　高翔莲　孙文沛

副主编　郭关玉　杨美华　张卫国　张存国

编　委　刘世勇　庞　岚　阮一帆　陈　军
　　　　　方新英　徐良梅　张　洁　龚静源
　　　　　王明华　严世雄

总 序

习近平总书记指出:"青年是整个社会力量中最积极、最有生气的力量,国家的希望在青年,民族的未来在青年。今天,新时代中国青年处在中华民族发展的最好时期,既面临着难得的建功立业的人生际遇,也面临着'天将降大任于斯人'的时代使命。"新时代中国大学生的思想政治素质,直接关系到"两个一百年"奋斗目标和中华民族伟大复兴梦想的实现。习近平总书记还指出:"思想政治理论课是落实立德树人根本任务的关键课程",这门课程对于当代青年的成长成才具有思想指引和启迪作用。思想政治理论课用新时代中国特色社会主义思想铸魂育人,引导学生增强中国特色社会主义道路自信、理论自信、制度自信、文化自信,厚植爱国主义情怀;思政课教育学生把爱国情、强国志、报国行自觉融入坚持和发展中国特色社会主义事业、建设社会主义现代化强国、实现中华民族伟大复兴的奋斗之中。思政课作用不可替代。

中国地质大学(武汉)马克思主义学院的思政课教师们,深刻认识到党和国家对思政课的新要求,深入了解学生对思政课的新期待,充分发挥教学积极性、主动性、创造性,以教育部思政课教学方法改革择优推广项目"思政课'一线二红三实'立体教学模式研究"(17JDSZK119)为依托,积极开展思政课教学实践创新。一是建设马克思主义基本原理概论等四门在线课程("一线")。以课堂教学为主、在线教学为辅,以在线教学补充课堂教学,通过二者的结合克服传统课堂教学的单一性。二是实行以"红色之旅""红色之声"为载体的问题导入式教学方式("二红")。"红色之旅"将课堂上的理论思辨转变为实际体验,提高了教学的针对性和实践性;"红色之声"将传统师生之间单向的理论灌输转变为学生之间双向的思想对话,彰显了教育客体的主动性和教育内容的生动性。三是构建思政课教学实验室、实践教学基地和思想政治教育实测中心三个互动性教育教学平台("三实")。"一线""二红"和"三实"之间相互联系、相互依存,犹如一个纽带,把课堂教学、在线教学、实践教学紧密联系在一起,把教学主体与客体、教学过程与结果紧密结合在一起,切实提高了思政课的思想性、理论性、针对性和亲和力。

为了进一步帮助大学生学好思政课，使大学生真学、真懂、真信、真用马克思主义，我们编写了高校思想政治理论课系列辅助教材丛书。本系列辅助教材由四本书构成，分别是《马克思主义基本原理概论辅助教材》《毛泽东思想和中国特色社会主义体系概论辅助教材》《中国近现代史纲要辅助教材》《思想道德修养与法律基础辅助教材》。《马克思主义基本原理概论辅助教材》旨在帮助大学生更好地理解马克思主义的基本原理，掌握马克思主义的基本立场、观点和方法，把握人类社会发展规律，坚定共产主义理想信念。《毛泽东思想和中国特色社会主义体系概论辅助教材》旨在帮助大学生掌握马克思主义中国化的历程与理论成果，把握社会主义建设规律、共产党执政规律，学会运用中国化的马克思主义立场、观点和方法观察、分析和解决中国社会的实际问题。《中国近现代史纲要辅助教材》旨在帮助大学生深刻认识近现代中国社会发展和革命发展的历史进程及其内在的规律性，正确认识近代以来历史和人民是如何选择了中国共产党，选择了马克思主义，选择了社会主义道路，选择了改革开放，从而坚定对中国特色社会主义的"四个自信"。《思想道德修养与法律基础辅助教材》旨在帮助大学生树立正确的世界观、人生观、价值观、道德观、法治观，培养大学生良好的思想道德素质与法律意识、法治素质。本套丛书是教育部高校思政课教学方法改革项目择优推广计划"思政课'一线二红三实'立体教学模式研究"的阶段性成果，也是我们长期以来对思政课教学经验的一次系统总结。

四本辅助教材均包含了知识要点图示、重要概念、重难点解析和练习题四个部分，列出了大学生必须掌握的基本知识和重要概念，对学习中的重点、难点问题进行了详细解析，并列出大量的练习题包括单选、多选、简答、材料分析等供大学生复习。辅助教材中的内容既与2018年出版的思政课新教材的内容与要求相一致，又与近年来研究生入学考试公共政治课的题型与内容相通相融，既便于在校大学生的思政课学习复习，又有利于研究生入学考试备考，同时也可为有志于报考马克思主义理论专业硕士学位的考生备考专业课提供学习参考。

由于编者水平有限，加之时间仓促，书中难免有不足之处，敬请广大读者批评指正！

编　者

2019年8月

使用说明

本书是全国普通高等学校本科生思想政治理论课统一使用教材《中国近现代史纲要》(2018年版)的配套辅助教材。

中国近现代史纲要这门课程主要通过系统讲授近代以来中国人民抵御外来侵略、争取民族独立、推翻反动统治、实现人民解放以及致力国家繁荣富强和人民共同富裕的历史,帮助学生了解国史、国情,使学生认识近现代中国社会发展和革命发展的历史进程及其内在的规律性,深刻领会历史和人民是怎样选择了马克思主义、选择了中国共产党、选择了社会主义道路、选择了改革开放,从而增强学生学习实践中国特色社会主义理论体系、坚持中国特色社会主义道路的理论自觉性和政治坚定性。为帮助学生学好这门课程,我们特编写了本书。

本书包含上、中、下三编的综述和十一章正文及参考答案共15个部分,总体结构和内容均与《中国近现代史纲要》(2018年版)教材保持一致,涵盖了教材的全部重要知识点。同时我们又特别参阅了近几年的全国硕士研究生入学统一考试政治理论考试大纲及其他资料,对教材限于篇幅没有展开论述、但又比较重要、在各类相关考试(如研究生入学考试、公务员考试等)中时有出现的知识点进行了补充论述。

在每个部分中又包含五个子部分内容,分别简要说明如下:

(1)知识要点图示。用简明图表的方式将本部分的主要知识点展示出来,帮助学生对本部分的主要内容和基本结构作一个清晰的了解,同时还可作为复习时的提要。

(2)重要概念。对本部分所涉及的基本概念进行说明,帮助学生准确完整地理解。

(3)重难点解析。对本部分的重要知识点和较难理解、把握的知识点进行分析和解读,帮助学生尽快掌握。

(4)练习题。精心编写和选择了各类练习题,特别加入了近几年来的全国硕士研究生入学统一考试真题,帮助学生查缺补漏、复习备考。

(5)推荐阅读文献。精心为学生推荐了与各章节主题相关的阅读文献,包括经典原著、学术专著、通俗读物等,帮助读者开阔视野、了解历史,乃至进行更加深入的学术研究。

本书中还附有练习题参考答案,可以帮助学生进行自我测试,检验学习效果。

目 录

上编　从鸦片战争到五四运动前夜(1840—1919)

综述　风云变幻的八十年 ……………………………………………………（3）

 知识要点图示 …………………………………………………………………（3）

 重要概念 …………………………………………………………………………（3）

 重难点解析 ………………………………………………………………………（4）

 推荐阅读文献 ……………………………………………………………………（7）

第一章　反对外国侵略的斗争 …………………………………………………（8）

 知识要点图示 …………………………………………………………………（8）

 重要概念 …………………………………………………………………………（8）

 重难点解析 ………………………………………………………………………（10）

 练习题 ……………………………………………………………………………（17）

 推荐阅读文献 ……………………………………………………………………（23）

第二章　对国家出路的早期探索 ………………………………………………（24）

 知识要点图示 …………………………………………………………………（24）

 重要概念 …………………………………………………………………………（24）

 重难点解析 ………………………………………………………………………（26）

 练习题 ……………………………………………………………………………（33）

 推荐阅读文献 ……………………………………………………………………（36）

第三章　辛亥革命与君主专制制度的终结 ……………………………………（37）

 知识要点图示 …………………………………………………………………（37）

 重要概念 …………………………………………………………………………（37）

重难点解析 ……………………………………………………………………… (38)
　　练习题 …………………………………………………………………………… (45)
　　推荐阅读文献 …………………………………………………………………… (49)

中编　从五四运动到新中国成立(1919—1949)

综述　翻天覆地的三十年 ……………………………………………………… (53)
　　知识要点图示 …………………………………………………………………… (53)
　　重要概念 ………………………………………………………………………… (53)
　　重难点解析 ……………………………………………………………………… (54)
　　推荐阅读文献 …………………………………………………………………… (58)

第四章　开天辟地的大事变 ……………………………………………………… (59)
　　知识要点图示 …………………………………………………………………… (59)
　　重要概念 ………………………………………………………………………… (59)
　　重难点解析 ……………………………………………………………………… (62)
　　练习题 …………………………………………………………………………… (68)
　　推荐阅读文献 …………………………………………………………………… (74)

第五章　中国革命的新道路 ……………………………………………………… (75)
　　知识要点图示 …………………………………………………………………… (75)
　　重要概念 ………………………………………………………………………… (75)
　　重难点解析 ……………………………………………………………………… (77)
　　练习题 …………………………………………………………………………… (83)
　　推荐阅读文献 …………………………………………………………………… (89)

第六章　中华民族的抗日战争 …………………………………………………… (90)
　　知识要点图示 …………………………………………………………………… (90)
　　重要概念 ………………………………………………………………………… (90)
　　重难点解析 ……………………………………………………………………… (92)
　　练习题 …………………………………………………………………………… (99)

推荐阅读文献 …………………………………………………………… (103)

第七章　为新中国而奋斗 …………………………………………………… (104)

　　知识要点图示 …………………………………………………………… (104)
　　重要概念 ………………………………………………………………… (104)
　　重难点解析 ……………………………………………………………… (106)
　　练习题 …………………………………………………………………… (111)
　　推荐阅读文献 …………………………………………………………… (117)

下编　从新中国成立到社会主义现代化建设新时期

综述　辉煌的历史进程 ……………………………………………………… (121)

　　知识要点图示 …………………………………………………………… (121)
　　重要概念 ………………………………………………………………… (121)
　　重难点解析 ……………………………………………………………… (122)
　　推荐阅读文献 …………………………………………………………… (128)

第八章　社会主义基本制度在中国的确立 ………………………………… (129)

　　知识要点图示 …………………………………………………………… (129)
　　重要概念 ………………………………………………………………… (129)
　　重难点解析 ……………………………………………………………… (131)
　　练习题 …………………………………………………………………… (137)
　　推荐阅读文献 …………………………………………………………… (143)

第九章　社会主义建设在探索中曲折发展 ………………………………… (144)

　　知识要点图示 …………………………………………………………… (144)
　　重要概念 ………………………………………………………………… (144)
　　重难点解析 ……………………………………………………………… (147)
　　练习题 …………………………………………………………………… (152)
　　推荐阅读文献 …………………………………………………………… (159)

第十章　中国特色社会主义的开创与接续发展 …………………………… (161)

　　知识要点图示 …………………………………………………………… (161)

重要概念 ………………………………………………………………… (161)

　　重难点解析 ……………………………………………………………… (164)

　　练习题 …………………………………………………………………… (172)

　　推荐阅读文献 …………………………………………………………… (178)

第十一章　中国特色社会主义进入新时代 ……………………………… (180)

　　知识要点图示 …………………………………………………………… (180)

　　重要概念 ………………………………………………………………… (180)

　　重难点解析 ……………………………………………………………… (182)

　　练习题 …………………………………………………………………… (189)

　　推荐阅读文献 …………………………………………………………… (197)

参考答案 ……………………………………………………………………… (198)

后记 …………………………………………………………………………… (220)

上 编

从鸦片战争到五四运动前夜(1840—1919)

综述　风云变幻的八十年

(1) 鸦片战争前的中国与世界 $\begin{cases} 灿烂的中国古代文明 \\ 中国封建社会由昌盛到衰落 \\ 世界资本主义的发展与殖民扩张 \end{cases}$

(2) 外国资本主义入侵与近代中国社会的半殖民地半封建性质 $\begin{cases} 鸦片战争：中国近代史的起点 \\ 中国社会的半殖民地半封建性质 \\ 社会阶级关系的变动 \end{cases}$

(3) 近代中国的主要矛盾和历史任务 $\begin{cases} 两对主要矛盾及其关系 \\ 两大历史任务及其关系 \end{cases}$

(1) 中国古代文明。中华民族有悠久的文明和历史，创造了博大精深的中华文化，为人类文明进步做出了不可磨灭的贡献。中国是世界上少有的历史文化从未间断、一直延续至今的国家。中国古代物质文明和精神文明丰富多彩、灿烂辉煌。古代中国的经济发展和科学技术长期处于世界领先地位。古代中国的哲学思想博大精深，典籍文献浩如烟海。古代中国的文学艺术高峰迭起，美不胜收。在几千年的历史中，中国产生了许多杰出的政治家、军事家、思想家、教育家、科学家、文学家和艺术家，还产生了很多的民族英雄和革命领袖。中华民族是一个有着优良传统的民族。

(2) 鸦片战争前的中国。自公元前5世纪的战国时代到1840年的鸦片战争，中国的封建社会前后延续了两千多年。中国封建社会的政治、经济、文化和社会结构，一方面巩固和维系了中国封建社会的稳定和延续，另一方面也使其前进缓慢甚至迟滞，并造成不可克服的、周期性的政治经济危机。17世纪下半叶至18世纪，清朝的康熙、雍正、乾隆年间，是中国封建社会后期的鼎盛时期，但同时也走向了封建社会的末世。到了鸦片战争前夜的嘉庆、道光年间，清王朝衰相尽显，潜伏着许多危机，而且闭关自守、故步自封。中国已经落后于西方资本主义国家。

(3)鸦片战争前的世界。16世纪至19世纪初,中国还处于封建社会晚期的兴衰更替之时,西方资本主义已经产生、发展,西方殖民主义势力也随之向外扩张。1640年的英国资产阶级革命标志着世界历史开始进入资本主义时代。18世纪中叶至19世纪中叶,从英国开始然后迅速推广到欧美各国的工业革命,使大机器生产取代了工场手工业,资本主义经济得到迅速发展。

19世纪末,在资本主义进入帝国主义阶段之后,资本输出成为殖民剥削的重要形式。殖民主义进一步发展成为由少数帝国主义强国主宰的更完整的世界体系。西方资本主义的发展及其向东方的殖民扩张,使古老的中国遇到了空前严重的挑战,面临着极其严重的生存危机。

(4)第一次鸦片战争。1840年6月28日—1842年8月,中国和英国因贸易和司法冲突引发了一场战争。战争的导火线是英国商人在中国广东海域走私鸦片二十多年不止日盛。林则徐于1839年在广东强行销烟,中英矛盾逐次升级导致战争,从而引发此次战争。战争以中国失败并赔款割地告终,由此签署的《南京条约》是近代中国的第一个不平等条约。除赔款外,将香港岛割让给英国,并使英国得到领事裁判权。第一次鸦片战争之后,中国开始沦为半殖民地半封建社会。

(5)半殖民地半封建社会。这个概念包含两层意思,或者说,由于殖民主义的侵略使中国社会发生了两个方面的变化:一方面是列强的侵略促使封建社会解体,中国产生了资本主义因素,但是旧的封建主义政治、经济仍然顽强地存在,这个社会已经不是完整的封建社会了,而是一个半封建社会;另一方面列强残酷地统治中国,使中国丧失了独立的地位,但此时的中国又与帝国主义、殖民主义直接统治的殖民地有所区别,它们采取的是勾结、支持中国的封建势力作为自己的代理人,在中国实行间接的统治,所以不是殖民地,而是半殖民地性质,这两个方面结合起来就是半殖民地半封建社会。

重难点解析

(一)为什么说鸦片战争是中国近代史的起点?

鸦片战争之后,中国社会发生了四个方面的变化:①中国的社会性质发生了根本性变化,由落后封闭的封建社会沦为半殖民地半封建社会;②中国的发展方向发生变化,封建社会开始缓慢地向资本主义社会发展;③社会主要矛盾发生变化,战前中国的主要矛盾是农民阶级与封建地主阶级的矛盾,战后主要矛盾则包括农民阶级和地主阶级的矛盾及中华民族与外国殖民侵略者的矛盾,社会主要矛盾复杂化;④革命任务发生变化,原先的革命任务是反对本国封建势力,战后则增加了反对外国殖民侵略的任务,革命的性质也由传统的农民战争转为旧民族主义革命。因为这四个方面的变化,鸦片战争成为中国近代史的起点。

(二)为什么说独立的中国逐步变成了半殖民地的中国?

鸦片战争以后,资本-帝国主义列强通过发动侵略战争,强迫中国签订一系列不平等条约,破坏中国的领土主权、领海主权、关税主权、司法主权等,并一步一步地控制中国的政治、经济、外交和军事。中国已经丧失了完全独立的地位,在相当程度上被殖民地化了。

但是由于中国长期以来一直是一个统一的大国,特别是中国人民顽强、持久的反抗,同时也由于帝国主义列强间争夺中国的矛盾无法协调,使得它们中的任何一个国家都无法单独征服中国,也使得它们不可能共同瓜分中国。帝国主义势力与中国的封建势力、买办势力相勾结,共同压迫、剥削中国人民,镇压中国革命。因此,近代中国尽管在实际上已经丧失拥有完整主权的独立国的地位,但是仍然维持着独立国家和政府的名义,也有一定的主权。由于它与连名义上的独立也没有而由殖民主义宗主国直接统治的殖民地尚有区别,因此被称作半殖民地。

(三)为什么说封建的中国逐步变成了半封建的中国?

外国资本主义列强用武力打开中国的门户,把中国卷入世界资本主义经济体系和世界市场之中。随着外国资本主义的入侵,洋纱、洋布等商品在中国大量倾销,逐渐使中国的农业与家庭手工业分离,一方面破坏了中国自给自足的自然经济基础,破坏了城市的手工业和农民的家庭手工业;另一方面则促进了中国城乡商品经济的发展,给中国资本主义的产生创造了某些客观条件。破产的农民和手工业者成了产业工人的后备军。一批官僚、买办、地主、商人投资兴办新式工业。中国出现了资本主义生产关系,已经不是完全的封建社会了。因此被称作半封建的中国。

(四)怎样认识近代中国的半殖民地半封建社会性质?

认识中国近代社会的性质,就是认识近代中国的基本国情。这是认识中国近代一切社会问题和革命问题的最基本的依据。

鸦片战争前的中国社会是封建社会。鸦片战争以后,随着资本-帝国主义的入侵,中国社会发生了两个根本性的变化:其一,独立的中国逐步变成半殖民地的中国;其二,封建的中国逐步变成半封建的中国。从1840年鸦片战争开始,到1949年中华人民共和国成立之前,中国属于半殖民地半封建社会。

中国的半殖民地半封建社会,是近代以来中国在资本主义势力的入侵及其与中国封建主义势力相结合的条件下,逐步形成的一种从属于资本主义世界体系的畸形的社会形态。

(五)怎样认识近代中国的基本特征?

从近代中国的历史进程可以看到,中国半殖民地半封建社会有以下一些基本特征:

(1)资本-帝国主义侵略势力不但逐步操纵了中国的财政和经济命脉,而且逐步控制了中国的政治,日益成为支配中国的决定性力量。

(2)中国的封建势力日益衰败并同外国侵略势力勾结,成为资本-帝国主义压迫、奴役中国人民的社会基础和统治支柱。

(3)中国自然经济的基础虽然遭到破坏,但是封建剥削制度的根基即封建地主的土地所有制依然在广大地区内保持着,成为中国走向现代化和民主化的严重障碍。

(4)中国新兴的民族资本主义经济虽然已经产生,并在政治、文化生活中起了一定的作用,但是在帝国主义和封建主义的压迫下,它的发展很缓慢,力量很软弱,而且它的大部分与资本-帝国主义和本国封建主义都有或多或少的联系。

(5)由于近代中国处于资本-帝国主义列强的争夺和间接统治之下,加上中国地域广大以及在地方性的农业经济基础上形成的地方割据势力的存在,近代中国各地区经济、政治和文化的发展是极不平衡的。后来,资本-帝国主义列强还分别支持不同的政治势力以分裂中国,使中国处于不统一状态。

(6)在资本-帝国主义和封建主义的双重压迫下(后来还加上官僚资本主义的压迫),中国的广大人民尤其是农民日益贫困化以至大批量破产,过着饥寒交迫和毫无政治权利的生活。

(六)怎样认识近代中国的主要矛盾?

近代中国半殖民地半封建社会的矛盾,呈现出错综复杂的状况。其中有中华民族与资本-帝国主义的矛盾、农民阶级与地主阶级的矛盾、资产阶级与地主阶级的矛盾、无产阶级与资产阶级的矛盾、封建统治阶级内部各集团派系的矛盾、各帝国主义国家在中国争夺的矛盾,等等。在这些社会矛盾中,占支配地位的主要矛盾是中华民族和资本-帝国主义的矛盾、封建主义和人民大众的矛盾。这两对主要矛盾及其斗争贯穿整个中国半殖民地半封建社会的始终,并对中国近代社会的发展变化起着决定性的作用。中国近代社会的两对主要矛盾是互相交织在一起的,而帝国主义和中华民族的矛盾是最主要的矛盾。帝国主义勾结、扶持封建势力作为它们统治中国的支柱。除了帝国主义割占的地区和直接管理的租界、租借地以外,它们主要是通过中国政府当局和各地的官僚、军阀来统治中国人民的。

中国近代社会的发展和演变,是上述两对主要矛盾互相交织和交替作用的结果。近代以来伟大的中国革命,是在这些主要矛盾及其激化的基础之上发生和发展起来的。

(七)如何理解近代中国的两大历史任务及其相互关系?

(1)近代中国的两大历史任务:第一,争取民族独立、人民解放;第二,实现国家富强、人民富裕。

(2)近代中国的两大历史任务的相互关系:争取民族独立、人民解放和实现国家富强、人民富裕这两个任务,是相互区别又相互紧密联系的。由于腐朽的社会制度束缚着生产力的发展,阻碍着经济技术的进步,必须首先改变这种社会制度,争得民族独立和人民解放,才能为实现国家富强和人民富裕创造前提,开辟道路。这是因为:不经过反帝反封建的斗争,争得民族独立和人民解放,第一,就不可能推翻帝国主义对中国的反动统治,改变它们控制中国经济财政命脉、利用特权向中国大量倾销商品和输出资本,压迫中国民族工商业发展的局面;第二,就不可能废除封建地主土地所有制和专制政治制度,解放农村生产力,改善农民的生活,扩大民族工商业的国内市场;第三,就不可能达到国家的统一、民族的团结和社会的稳定,从而集中力量进行现代化建设,以实现国家的繁荣富强和人民的富裕幸福。

(八)怎样才能争得民族独立和人民解放?

近代以来,一些爱国人士提出过工业救国、教育救国、科学救国等主张,并为此进行过努力,对中国近代社会的进步做出了一定的贡献。但是,在民族不独立、国家不统一、人民无权利的半殖民地半封建社会里,这些主张并不能从根本上给濒临危亡的中国指明正确的出路。由于这些良好的愿望在实践中不断碰壁,他们中的许多人最终抛弃了这些幻想,毅然走上了争取民族独立和人民解放的斗争道路。

要实现民族独立和人民解放,必须先进行反帝反封建的民主革命。因为帝国主义列强决不会自动放弃在中国攫取的特权,封建主义势力也决不肯自动放弃自己控制的政权,所以,以改良的方式是不可能改变帝国主义和封建主义联合统治中国的半殖民地半封建社会制度的。

近代中国曾有不少人希望通过改良的途径挽救中国的危亡,如维新变法运动和立宪运动等,但统统行不通。民主革命的先行者孙中山等,也是在进行改良的努力归于失败、对当权者幻想破灭的情况下,才走上革命道路的。

事实上,只有通过革命争得民族独立、人民解放以后,中国人民才有可能集中力量进行现代化建设,逐步改变贫穷落后的面貌,实现国家的富强和人民的富裕,从而使无数爱国志士和革命先驱为之献身的中华民族伟大复兴的梦想真正成为现实。

推荐阅读文献

[1] 中共中央马克思恩格斯列宁斯大林著作编译局.马克思恩格斯论中国[M].北京:人民出版社,1997.

[2] 吕思勉.中国通史[M].上海:华东师范大学出版社,2005.

[3] 翦伯赞.中国史纲要[M].北京:人民出版社,1979.

[4] 范文澜.中国近代史[M].北京:人民出版社,1955.

[5] 胡绳.从鸦片战争到五四运动[M].上海:华东师范大学出版社,2014.

[6] 丁名楠.帝国主义侵华史[M].北京:人民出版社,1973.

[7] 茅海建.天朝的崩溃:鸦片战争再研究[M].北京:生活·读书·新知三联书店,2017.

[8] 毛泽东.毛泽东选集[M].北京:人民出版社,1991.

[9] 陈坚.中国共产党为实现中华民族伟大复兴而奋斗[M].北京:中国言实出版社,2018.

[10] 中共中央文献研究室.习近平关于实现中华民族伟大复兴的中国梦论述摘编[M].北京:中央文献出版社,2013.

第一章　反对外国侵略的斗争

(1) 资本-帝国主义对中国的侵略 $\begin{cases} 军事侵略 \\ 政治控制 \\ 经济掠夺 \\ 文化渗透 \end{cases}$

(2) 抵御外国武装侵略，争取民族独立的斗争 $\begin{cases} 反对外来侵略的斗争 \\ 粉碎瓜分中国的图谋 \end{cases}$

(3) 反侵略战争的失败与民主意识的觉醒 $\begin{cases} 反侵略战争的失败及其原因 \\ 民主意识的觉醒 \end{cases}$

(1)师夷长技以制夷。鸦片战争以后，魏源根据《四洲志》等资料，在1843年1月编成《海国图志》一书。魏源在《海国图志》一书中，提出了"师夷长技以制夷"的思想，主张学习外国先进的军事和科学技术，以期富国强兵，抵御外国侵略。

(2)《海国图志》。清朝后期魏源著，是第一部由中国人编撰的最详备的世界史地巨著。书中介绍和传播了西方先进的科学技术，特别是战舰和火器生产技术；系统地阐述了"师夷长技以制夷"的思想和辩证关系。它是一部研究鸦片战争经验教训、探寻向西方学习富国强兵之路的维新思想的启蒙书。

(3)虎门销烟。道光年间，英国大量向中国输送鸦片，造成中国白银大量外流，国民体质下降。道光皇帝于1838年11月15日，特命林则徐为钦差大臣赴广东查办禁烟。次年林则徐到达广州后，收缴大量鸦片，1839年6月3日在虎门海滩当众销毁总重量100多万千克的鸦片，历时23天。虎门销烟沉重打击了英国侵略者的气焰，是中国禁烟运动的伟大胜利。它向全世界表明了中国人民抵抗外国侵略、维护民族尊严的坚强意志，揭开了近代中国反帝爱国斗争的序幕。

(4)《南京条约》。《南京条约》是中国近现代史上第一个不平等条约,也是近代中国走向半殖民地的第一个重要标志。条约的主要内容有:中国割让香港岛给英国;赔款 2 100 万银元;开放广州、厦门、福州、宁波、上海五处为通商口岸,准许英国在通商口岸派驻领事;英商进出口货物缴纳的关税税率,中国须同英国商定;废除"公行"制度。1843 年,英国又强迫清政府签订中英《五口通商章程》和《虎门条约》,作为《南京条约》的附件。英国从中又取得"领事裁判权""片面最惠国待遇",在通商口岸租赁土地、房屋和永久居住的特权。

(5)第二次鸦片战争。第二次鸦片战争又名英法战争或亚罗号战争,是指 1856 年至 1860 年期间发生于中国本土,英国与法国趁中国太平天国起义之际,以亚罗号事件及马神甫事件为借口,联手进攻中国的战争。由于此次战争的原因、性质和目的与第一次鸦片战争的原因、性质和目的一样,这场战争可以看作是第一次鸦片战争的继续和扩大,所以称为"第二次鸦片战争"。

(6)《北京条约》。《北京条约》是 1860 年英法联军攻进北京后,英、法、俄强迫清政府分别签订的结束第二次鸦片战争的不平等条约。《北京条约》是《天津条约》的继续和扩大,它不仅承认《天津条约》完全有效,而且攫取了一些新的侵略权益:增开天津为商埠,使得西方资本主义侵略势力有了大肆掠夺华北经济的侵略据点;割九龙司地方一区给英国、割乌苏里江以东大片领土给俄国,进一步破坏了中国领土主权完整;赔偿英法两国军费各增至 800 万两白银;准许外国人招募华工出国;外国教会侵略势力更加深入和日益猖獗。这些使中国人民的灾难日益深重了。

(7)辛酉政变。1861 年咸丰帝病死后,慈禧太后联合恭亲王奕䜣发动的一次宫廷政变,以时在夏历辛酉年得名,又因改变祺祥年号而称"祺祥政变",亦称"北京政变"。它是由慈禧太后、恭亲王奕䜣和咸丰皇帝委托下的以载垣、肃顺为首的八大顾命大臣之间引起的。从此,慈禧掌握清政府的最高权力。

(8)总理衙门。为了适应外国侵略者的需要,清政府于 1861 年在北京设立总理各国事务的衙门,简称总理衙门,是主管外交、通商以及其他洋务事宜的中央机构。到 1901 年改为外务部,共存在 40 年,是半殖民地性质的机构。它的建立有利于资本主义国家控制清政府的内政与外交,是清政府中央机构半殖民地化的标志。

(9)中法战争。中法战争是指 1883 年 12 月至 1885 年 4 月,由于法国侵略越南并进而侵略中国而引起的一次战争。第一阶段战场在越南北部;第二阶段战场扩大到中国东南沿海。战争双方在军事上互有胜负,由于清政府的腐朽昏庸,最后法国强迫清政府签订了丧权辱国的不平等条约。当时人称:"法国不胜而胜,中国不败而败。"

(10)甲午中日战争。甲午中日战争是 19 世纪末日本侵略中国和朝鲜的战争。它以 1894 年 7 月 25 日丰岛海战的爆发为开端,到 1895 年 4 月 17 日《马关条约》签字结束。这一年是中国农历甲午年,史称甲午中日战争,主要包括丰岛战役、平壤战役、黄海海战、辽东战役、威海卫战役。威海卫一战,北洋舰队全军覆没,标志着历时 30 多年的洋务运动至此告一段落。清政府迫于日本军国主义的军事压力,签订了丧权辱国的《马关条约》,给中华民族带来空前严重的民族危机,大大加深了中国社会半殖民地化的程度。

(11)《马关条约》。《马关条约》是甲午中日战争中国战败的直接后果,1895 年 4 月 17 日清政府代表李鸿章与日本政府代表伊藤博文,在日本马关签订了丧权辱国的《马关条约》。其主要内容是:中国承认日本对朝鲜的殖民统治;割辽东半岛、台湾、澎湖列岛及其附属岛屿给日本;赔偿日本军费2亿两白银;增开沙市、重庆、苏州、杭州为通商口岸;允许日本在中国的通商口岸开设工厂,产品运销中国内地免收内地税等。《马关条约》是继《南京条约》以来最严重、最苛刻的卖国条约。它不但规定中国割地、赔款、增开商埠,还使中国为帝国主义的资本输出敞开大门。从此,中国社会半殖民地化的程度大大加深了。

(12)"门户开放"政策。1899年,美国政府提出了"门户开放"政策。其内容主要是美国承认各国在中国的势力范围和已经取得的特权,但在各国的租借地和势力范围内美国享有均等的权利,并要求中国内地全部开放。"门户开放"政策是各帝国主义国家争夺在华利益的一个妥协方案,从此以后美国在华势力一天天扩大。

(13)庚子国难。处在半殖民地半封建社会历史背景下的清政府听信义和团能够刀枪不入、杀光洋人,便于1900年5月25日对11国宣战。为扑灭义和团的反帝斗争,扩大对中国的侵略,在清政府宣战的11国中,英、美、法、俄、德、日、意、奥八国组成的侵略联军,于1900年6月,由英国海军中将西摩尔率领,从天津租界出发,向北京进犯。这一年为农历庚子年,故又称"庚子国祸""庚子国变"。

(14)《辛丑条约》。《辛丑条约》是"庚子国难"之后,清政府与入侵的八国联军签定的一个和平协定。条约签定于1901年即辛丑年,故名《辛丑条约》。《辛丑条约》是中国近代史上赔款数目最庞大、主权丧失最严重、精神屈辱最深重,从而给中国人民带来空前灾难的不平等条约。它的签订,标志着中国完全沦为半殖民地半封建社会。

(15)三元里人民抗英。三元里人民抗英是鸦片战争时期广州三元里人民自发的武装抗英斗争。1841年5月25日,英军攻陷广州城北诸炮台,设司令部于地势最高的永康台。清军统帅奕山等求和,5月27日与英订立《广州和约》,以支付英军赎城费、外省军队撤离广州等条件,换取英军交还炮台、退出虎门。但和约墨迹未干,英军就不断窜扰西北郊三元里,抢掠烧杀,奸淫妇女。广大民众义愤填膺,各地团练共图抵抗,这就是著名的三元里人民抗英斗争。三元里人民的抗英斗争是近代中国人民第一次大规模的反侵略斗争,它对英国侵略者的沉重打击,有力地证明了人民群众是反侵略的主力军。

(16)火烧圆明园。咸丰十年(1860年)英法联军攻占北京后,占据圆明园。中国守军寡不敌众,英国军队首领额尔金下令烧毁圆明园。3 500名英法联军冲入圆明园,纵火焚烧,大火三日不灭,圆明园及附近的诸多园林均被烧成一片废墟,成为世界文明史上罕见的暴行。火烧圆明园在狭义上指焚烧圆明园,广义上焚烧范围不仅圆明园一处,而是京西的皇家三山五园等,其焚毁的范围及程度远远比圆明园大得多。

重难点解析

(一)资本-帝国主义的入侵给中国带来了什么?

第一,资本-帝国主义的入侵,造成中国近代的贫穷与落后。

近代资本-帝国主义列强对中国发动一系列侵略战争,迫使中国政府签订不平等条约,勒索大量战争赔款,直接割占中国大片领土。设立租界,强占租借地,划分势力范围。列强严重破坏了中国领土完整,严重破坏了中国的主权。列强通过公使驻京直接向清政府发号施令,通过领事裁判权破坏中国司法主权,通过控制中国海关直接干预中国内政外交,他们还扶植收买代理人，共同镇压中国人民的反帝反封建斗争，从而把中国当权者变成自己的代理人和驯服工具。列强通过不平等条约的特权，迫使中国开放通商口岸，通过协定关税，使中国在对外贸易中处于被宰割的地位，通过大规模的商品倾销和资本输出，使中国逐步沦为外国侵略者的商品销售市场和原料掠夺地，并操纵了中国的主要经济命脉。列强还对中国进行文化渗透，一些传教士披着宗教的外衣，进行侵略活动，他们还宣扬"种族优劣论""黄祸论"，目的是为帝国主义侵略制造舆论。资本-帝国主义的侵略和本国封建势力对人民的压迫，是中国落后、贫困的根本原因。

第二，西方资本-帝国主义的入侵，阻碍了中国近代化的进程。虽然列强在侵华的时候也充当了历史的不自觉的工具，把西方资本主义及其技术带入中国，刺激了中国资本主义的发生。但是，其主观上并不希望中国成为独立自主富强的现代化国家。因此，总是千方百计地压制中国民族资本主义的发展，阻挠和破坏中国社会的进步。历史证明，只有推翻帝国主义和封建主义在中国的统治，中国才有可能走上独立富强的道路。

(二)近代中国进行的反侵略战争具有什么意义？

第一，近代中国人民进行的反侵略战争，沉重打击了帝国主义侵华的野心，粉碎了他们瓜分中国和把中国变成完全殖民地的图谋。正是中国人民的英勇斗争，表现了中国人民不屈不挠的爱国主义精神，也给外国侵略者以沉重打击和深刻教训，使他们越来越清楚地认识到，中国是一个不可征服的国家。第二，近代中国人民进行的反侵略战争教育了中国人民，振奋了中华民族的民族精神，鼓舞了人民反帝反封建的斗志，提高了中国人民的民族觉醒意识，促进了中国人民的思考、探索和奋起直追。

(三)中国近代历次反侵略战争失败的根本原因和教训是什么？

(1)失败的根本原因是社会制度的腐败。1840年以后，中国封建社会逐步沦为半殖民地半封建社会。统治中国的清政府从皇帝到权贵，大都昏庸愚昧，不了解世界大势，不懂得御敌之策。许多官员贪污腐化，克扣军饷。不少将帅贪生怕死，临阵脱逃。他们大多害怕拥有坚船利炮的外国侵略者，甚至为了一己私利，不惜出卖国家和民族的利益。他们尤其害怕人民群众，担心人民群众动员起来以后可能危及自身的统治。所以，他们不仅不敢放手发动和依靠人民群众的力量，而且常常压制与破坏人民群众和爱国官兵的反侵略斗争。在这样腐败的政府领导和指挥下的战争，是不可能取得胜利的。不管是在鸦片战争时期，还是在中法战争中，亦或是甲午中日战争，清政府的腐败和软弱无能暴露无遗。所以，正是腐败的中国半殖民地半封建的社会制度，阻碍了中国人民群众的广泛动员和抵抗，这是近代中国反侵略战争屡遭失败的最重要原因。

(2)教训。不推翻腐朽的中国半殖民地半封建社会制度，要想广泛地动员和组织人民群众，去进行胜利的反侵略战争，是不可能的。因此，要想彻底改变自己的命运，在反抗外来势力的同时，必须推翻本国的封建统治。

(四)如何看待资本-帝国主义对中国的侵略问题？

资本-帝国主义对中国的侵略是产生近代中国社会主要矛盾和各种社会矛盾的主要根源，也是近代中国社会贫穷落后的根本原因。但也有人说："鸦片战争一声炮响，给中国带来了近代文明""殖民主义在世界范围推动了现代化进程",甚至还有人说:"没有西方的殖民侵略,东方将永远沉沦"。这些人往往还以马克思论述英国在印度的殖民统治"充当了历史的不自觉的工具"和殖民主义具有"双重使命"的提法,作为自己的理论根据。那么,如何用理论与历史统一的方法去看待这个历史问题?怎样正确理解马克思关于殖民主义具有"双重使命"的论断呢?对此要从历史实际出发,从三个角度来看待和认识。

第一,从主观动机与客观效果关系的角度。英国发动鸦片战争和资本-帝国主义列强侵略中国的主观动机是要掠夺、压迫中国,企图把中国变成其殖民地或半殖民地,这完全是由他们"极卑鄙的利益所驱使的",而决不是为了给中国带来"近代文明",帮助中国变成独立富强的现代化国家。但是同时,我们也应该承认它在实现其利益和目的的过程中不得不带来的客观效果,如瓦解中国的封建自然经济,把中国卷入世界市场和世界资本主义经济体系,传播了西方资本主义生产方式和物质文明,并客观上为中国资本主义的发展和中国资产阶级、无产阶级、新型知识分子的产生创造了物质前提。这就是马克思所说的殖民主义充当了"历史的不自觉的工具",并具有破坏性和建设性的"双重使命"。

第二,从正义和非正义、是非善恶的道德判断角度。英国发动鸦片战争以及资本-帝国主义列强侵略中国是非正义的。它们向中国走私毒品鸦片,贩卖人口,发动战争,运用各种手段掠夺、屠杀、压迫、剥削中国人民,这些都是极其野蛮的、可耻的、不道德的罪行。马克思在著作中愤怒揭露和谴责了殖民主义的这些侵略罪行。因此决不能因其有"双重使命"客观效果而替资本-帝国主义侵略辩护、美化甚至评功摆好。

第三,从生产力和生产关系的角度。资本-帝国主义为了其自身利益,在把西方资本主义生产方式传入中国的同时,又有意保留中国的封建生产关系,扶植中国封建势力,阻碍中国民族资本主义的发展,并使中国走上半殖民地经济畸形发展道路。更重要的是中国采用资本主义生产方式和物质文明所产生的成果和利益,绝大多数中国人民是享受不到的。正如马克思指出的因为这"不仅仅决定于生产力的发展,而且还决定于生产力是否归人民所有。"因此中国人民必须首先通过革命推翻帝国主义和封建主义的统治,争取独立和民主,否则不可能真正实现中国的富强和现代化。

(五)如何看待中国人民反对外国侵略的正义性?

这个问题的核心是如何看待在反对外国侵略的斗争中中国自身暴露出的落后性和愚昧性问题。

近代中国人民反对外来侵略、保卫社稷家园的斗争,其正义性是不容否定的。正是这种英勇顽强、不屈不挠的斗争,才避免了中国被瓜分、被彻底殖民而沦为亡国奴的悲惨命运,这对于中华民族的伟大复兴具有至关重要的意义。诚然,在反对外来入侵的斗争中,尤其是义和团运动确实表现出了难以回避的落后性和局限性,但决不能因其表现出了落后性和局限性就否定这种反侵略斗争的正义性。落后固然要挨打,但落后不等于就应该挨打,否则就是弱肉强食的强盗逻辑,就是为殖民主义助威的社会达尔文主义。正是这"应该"与"不应该"的分野,人类才有了善与恶的观念,才有了野蛮与文明的区别,也才有了进步的希望。对于近代中国来说,落后与挨打是现实,可正是中国人民不屈服于这种现实而英勇拼战,流血牺牲,中华民族才有了生存下去的可能,才有了求发展、求复兴的可能。至于在此过程中表现出的落后性和愚昧性,是需要我们逐步总结经验教训,在追求中华民族伟大复兴征途中逐步克服的问题,而与反侵略斗争的正义性无关。

(六)19世纪70年代帝国主义列强掀起瓜分中国的高潮的原因及后果

(1)19世纪70至90年代,自由竞争的资本主义向垄断资本主义即帝国主义过渡,出现了列强夺取殖民地的狂潮,成为"世界史上最大规模的掠夺领土的时代"。在这个世纪的最后30年里,欧洲列强基本上把非洲瓜分完毕,亚洲也大部分被瓜分。中国这个还保存着名义上独立的半殖民地国家,成了尚未被瓜分的"仅有的富源"中的最重要部分。因此,列强展开了对中国的激烈争夺,并酝酿着瓜分中国的阴谋计划。

(2)列强掀起瓜分中国的高潮标志着西方资本主义国家对中国的侵略进入了一个新的阶段。由于资本主义国家侵略中国新阶段的出现,使清政府在对待外国的态度上,在继承前一段的勾结、妥协的基础上又向前发展了一步,即无论战局进展如何,一味妥协投降,从而出现中法战争中中国不败而败的屈辱结局。这些都反映出在西方列强加紧侵略中国的新危机中,清政府更加腐败,民族危机更加深化。

(七)中国人民是如何抵御外国武装侵略和争取民族独立的斗争的?

1.反抗外来侵略的斗争历程

资本-帝国主义侵略、压迫中国人民的过程,同时也是中国人民反抗他们的侵略、压迫的过程。

三元里人民的抗英斗争,是中国近代史上中国人民第一次大规模的反侵略武装斗争,显示了中国人民不甘屈服和敢于斗争的英雄气概。《马关条约》签订后,台湾军民为保卫祖国神圣领土,写下了可歌可泣的一页。此后,在日本统治台湾的半个世纪里,台湾人民反抗日本侵略者的斗争从未间断过。1900年八国联军侵华时,义和团及部分清军与之展开殊死战斗。

近代中国人包括统治阶级中的爱国人物在反侵略斗争中表现出来的爱国主义精神,铸成了中华民族的民族魂。正是由于中国人民前赴后继、英勇顽强的斗争,才使我们的国家和民族历尽劫难、屡遭侵略而不亡。那些不畏强暴、赴汤蹈火、血战疆场、宁死不屈的民族英雄,乃是中华民族的脊梁。

2.粉碎瓜分中国的图谋

帝国主义侵略中国的最终目的,是要瓜分中国、灭亡中国。19世纪70至80年代,帝国主义列强从侵占中国邻国发展到蚕食中国边疆地区,使中国陷入"边疆危机",英国从印度入侵西藏,又从缅甸入侵云南,法国则从越南侵犯广西,俄国从中亚入侵新疆,日本吞并琉球、侵犯中国台湾。帝国主义列强对中国的争夺和瓜分的图谋,在1894年甲午中日战争爆发后达到高潮。德、俄、英、法、日等国于1898年至1899年竞相租借港湾和划分势力范围,掀起了瓜分中国的狂潮。而最终帝国主义列强不能灭亡和瓜分中国,最根本的原因是中华民族进行的不屈不挠的反侵略斗争。

(八)如何认识殖民主义的本质和特征?

殖民主义给殖民地区、民族、国家带来灾难,殖民主义的表现在各个历史时期是不一样的,在资本原始积累时期,殖民主义大都采取赤裸裸的暴力手段,像武装占领、海盗式的掠夺、血腥的奴隶买卖、欺诈性的贸易、海外移民等,到了自由资本主义时期,资本主义的殖民形式有了某种改变,主要是通过自由贸易的形式把不发达国家、民族和地区变成自己的商品市场、原料场地、投资场所以及廉价劳动力和雇佣兵的来源地。进入帝国主义时期以后,除了继续采取上述各种手段以外,资本输出成了剥削这些国家、民族和地区的主要形式。西方的殖民主义侵略曾经大大地促进了西方资本主义的发展。可以这样说,殖民主义同资本主义是本质地联系在一起的,剥削、奴役殖民地和半殖民地是资本主义生存的必要条件。毛泽东甚至在《新民主主义论》中这样说:"帝国主义阶段,资本主义到了非更加依赖殖民地半殖民地不能过活的地步。"

西方的殖民主义势力统治或控制了殖民地半殖民地国家和地区之后,为了最大限度地获取自己的利益,它必然会按照自己的面貌去改造殖民地半殖民地国家,从而不可避免地向这些国家和地区传播某些资本主义的文明,比方说,把一些资本主义的生产方式、管理模式、科学技术引到殖民地半殖民地国家和地区,毫无疑问,这在客观上对这些地区的发展会产生一定的积极的影响,这就是马克思所说的:"它们充当了历史的、不自觉的工具"。对于这些,我们不必要回避,也不应该回避。我们在揭露和批判殖民主义的罪恶时,应该实事求是地肯定它起到的历史进步作用。这就是实事求是,但是我们绝不能一味地夸大问题的这个方面,以至于像某些观点所说的把殖民主义看作是传播文明的天使,看作是引领历史前进的圣贤,看作是给人类带来普遍发展的救世主。为什么呢?因为问题还有更加本质、更加主要、更加具有决定意义的方面。说到底,殖民统治者实行殖民统治的根本目的绝不是要把这些地区变成资本主义国家,也绝不允许这些地区真正走向现代化,也绝不允许它们由自己的经济附庸变成自己的竞争者。我们且不说殖民主义在武力征服过程中带给被殖民国家令人发指的民族灾难,也不说通过战争赔款、投资利润、欺诈贸易等攫取的大量财富,我们仅仅从强迫订立的各种不平等条约中,就可以看到它们所取得的各种政治的、经济的、外交的特权,这些特权就像一根根巨大的绳索,把被压迫民族捆绑得死死的,扼杀了这些民族任何新政治、新经济的生机。就像20世纪20年代,有位著名的经济学家说了这样一段话:"我不是一个马克思主义者,更不是一个共产党人,我只是一个经济学研究者,我就能得出这样的结论。"所以从近代历史发展的全过程来看,资本-帝国主义勾结中国封建势力、压迫中国资本主义的发展、阻止和破坏中国社会的前进,这是由无数事实证明的本质真相。

有的人以香港为例,证明殖民主义怎样促使一个地区走向了现代化,他们很可惜地认为中国没有都像香港那样成为殖民地。他们甚至发出这样的感慨,说中国想要康乐富强,现在再被殖民150年也不为过。这种观点是典型的"只见树木,不见森林",为什么这样说呢?香港这样一个地方发展成今天这个样子,它是由一系列特殊条件造成的。世界上那么多殖民地半殖民地,哪里都能像香港一样得到这样的发展条件和发展机会呢?我们可以看看印度的例子,印度是英国的殖民地,英国在印度的殖民统治,无论是进行暴力掠夺还是把印度作为原料供应地和商品的销售场所、投资场所,都从印度获取了巨大的财富,而印度根本没有因为当了殖民地而变成现代化国家。再来看看当今的所谓最不发达国家,这是联合国对当今国家做的区分,其中一种叫做最不发达国家,这些最不发达国家没有一个不是历史上的殖民地,它们今天的落后和贫困正是当年殖民主义者对他们残酷掠夺和无穷榨取的结果。不仅如此,殖民主义者留下的种种问题直到今天仍然严重地困扰着这些国家和地区,成为它们前进道路上的制约因素和障碍,正像德国《民进周刊》1999年发表的一篇文章所说:"现在世界上已经没有殖民王国了,但是还是有很多遗留下来的问题。"

所有这些具体生动的历史现实是对殖民主义历史作用的最好说明。殖民地半殖民地必须挣脱殖民统治才能得到正常的发展,这是历史证明的一个规律。

(九)正确判断中国近代社会性质的意义?

以鸦片战争为开端的中国社会是半殖民地半封建社会,那么什么是半殖民地半封建社会?这实际上包含有两层意思,或者说由于殖民主义的侵略使中国社会发生了两个方面的变化:一方面是列强的侵略促使封建社会解体,促使中国产生了资本主义因素,但是旧的封建主义政治、经济仍然顽强地存在,所以这个社会已经不是完整的封建社会了,而是一个半封建社会;另一方面,列强残酷地统治中国,使中国丧失了独立的地位,但是它又同帝国主义、殖民主义直接统治的殖民地有所区别,它们采取的是勾结、支持中国的封建势力作为自己的代理人,在中国实行间接的统治,所以不是殖民地,而是半殖民地性质,这两个方面结合起来就是半殖民地半封建社会。毛泽东同志在把马克思主义中国化的过程中对中国社会的半殖民地半封建社会性质作了系统的论述,形成了一整套完整的理论。

做出这一科学判断的重要意义在于:

(1)认识中国近代社会性质,就是认识中国近代的国情。要做好中国的事情,首先需要了解中国的国情,对中国的现实、历史一知半解、若明若暗甚至一无所知、漆黑一团,那么干什么事情都是凭主观想象,难免要处处碰壁。国情的内容包括很多方面,但是最根本的是要了解当时的社会性质,因为许多问题都会受到社会性质的制约,有些问题甚至是由社会性质所决定的。在中国近代史的头80年里,一些不同的政治势力,在强烈的爱国主义精神的推动下,曾经提出过一个又一个救国的方案。虽然这些方案都有它自己的历史合理性,也产生过一定的积极作用,成为发展链条中不可缺少的环节,但是最后都在社会实践中不断无情地碰壁,没有避免失败的命运,其重要原因之一,就是缺乏对国情的深刻认识,无法对社会性质做出科学的判断。

(2)认清社会性质是认清一切革命问题的基本根据。毛泽东在《中国革命和中国共产党》中说过这样一段话:"只有认清中国社会的性质,才能认清中国革命的对象、中国革命的任务、中国革命的动力、中国革命的性质、中国革命的前途和转变。所以,认清中国社会的性质,即认清中国的国情是认清一切革命问题的基本根据。"中国共产党就是根据中国社会是半殖民地半封建社会这个判断制定了新民主主义纲领、路线、政策,引导革命取得了胜利,而革命的胜利又反过来雄辩地证明了中国社会是半殖民地半封建社会这个判断的正确性和科学性,因为实践是检验真理的唯一标准。

(3)正确认识中国近代社会性质是研究中国近代史的基本出发点。我们了解中国、研究中国近代史,首先要理清中国近代史的基本线索,掌握近代历史发展的基本规律。中国社会进入近代以后,由于殖民主义的侵略,使中国社会发生了两个方面的变化:一方面是殖民帝国主义残酷地统治中国,把一个独立的中国变成了一个半殖民地的中国;另一方面,列强的侵略促使封建社会解体,促使中国产生了资本主义因素,把一个封建社会变成了半封建社会。当然,资本主义侵略中国的目的决不是要把封建的中国变成资本主义中国。我们既要看到列强侵略、刺激中国产生资本主义这一面,更要看到资本-帝国主义列强勾结中国封建势力压迫和阻碍中国资本主义发展这一面。所以,中国人民为了维护民族主权、挽救民族危亡、争取社会的进步,同资本主义列强进行了艰苦卓绝、不屈不挠的斗争。掌握了这一点,我们就有了了解中国近代史全貌的一把钥匙。

（十）近年以来，在一部分人群中流行的一种观点：中国的反侵略战争都是在敌强我弱的情况下进行的，像林则徐这样的抵抗派是不识时务、狂妄自大、虚骄误国，正是他们的顽强抵抗，才给近代中国带来战争，他们应该为战争负责。而琦善、李鸿章等主张妥协、求和的人，是能审时度势、权衡利弊、委曲求全，了解中国和世界的国情，符合国家的利益。这一部分人做出这一判断的理由是：既然落后，必定挨打，反抗是没有用的，反抗以后仍然是失败，失败将付出更为惨重的代价。你如何看待弱国反对强国的反侵略战争？

这种说法，看似有点道理，仔细分析站不住脚。

（1）落后就要挨打，这是中国人民从近代以来屡遭外来侵略的悲惨经历中得出的一个刻骨铭心的教训，无疑是正确的。但上面所说的观点对此作了不正当的引申，把"落后就要挨打"变成"落后只能挨打"，虽然只有两字之差，意思却截然不同。"落后就要挨打"是一个积极的命题，要求我们要有强烈的忧患意识，警醒我们一个国家只有自强，才能在世界上自立，要通过艰苦的努力，尽快地摆脱落后的状况，使自己强盛起来，赶上世界先进大国家，以平等的姿态跻身于世界民族之林，只有这样才能改变任人宰割、听人摆布、受尽屈辱的悲惨命运。"落后只能挨打"是一个消极的命题，它宣扬奴隶主义、顺民哲学，涣散人民的斗志，鼓吹在强敌当前、横逆袭来的时候应该俯首帖耳、逆来顺受，任凭侵略者作威作福、欲取欲求。

（2）这种观点有一个假设的前提，那就是落后的、弱小的国家和民族在反侵略战争中，失败是必然的。它们的逻辑是：既然一定要失败，反抗就是徒劳无益的，既然这样不如不反抗。这个假设没有科学根据，在历史上，不论是国与国之间的战争，还是国内战争，弱小的一方战胜表面上势力强大的一方的实例可以说是不胜枚举。美国在独立战争中打败了当时世界上最先进的英国，落后的小国海地赶走了法国殖民者，赢得了独立。那么从我们国家的历史来看，如果因为力量对比悬殊就放弃斗争，那么哪里还有中国共产党推翻国民党的胜利呢？长征开始的时候，中国共产党的武装力量与国民党的武装力量相差甚远，如果因为当时力量弱就不去斗争，哪还有后来的一系列胜利呢？对于中国的民族战争来说，以弱胜强的最典型的例子就是抗日战争，胡锦涛在谈到抗日战争时说过这样一段话："中国人民能够赢得抗日战争的胜利，以落后的武装打败经济实力和军事装备远比自己强大的侵略者，绝不是偶然的。"

为什么弱的能胜强的呢？这是因为战争的胜利是由多种因素决定的，军事力量、经济力量固然重要，但是战争的性质、人心的向背、政治的动员、战争的谋略也起着不可忽视的作用。其实，一个真正的爱国者绝不会在有必胜把握的时候才投入反侵略的斗争中。

（3）当强大的敌人兵临城下时，弱小的一方该怎么办？应该何以自处呢？他们认为：其一是先不要抵抗，等准备充分再战；其二是放弃反抗，求得安定。对于前面一点，我们不必多费唇舌，因为这不过是一张空头支票，说穿了是一种搪塞而已。战争什么时候打、找什么借口来打，从来都是由侵略者决定的，难道侵略者会等到你准备充分、国力充实之后再来发动战争吗？这不是很荒唐吗？关于第二点，清政府在面对列强侵略时，实施过这个办法，中日战争、中法战争之前，李鸿章曾幻想通过不断让步，祈求通过各国的调解来避免战争，结果怎么样呢？结果战火还是照样在中国大地上熊熊燃烧。为什么呢？因为侵略者的要求正所谓欲壑难填，绝不是一点小的让步就可以令他满足的，相反，你越是让步，他越是得寸进尺。

林华国曾经说过:"中外战争史中,被侵略者顽强抵抗迫使侵略者降低侵略要求的事并不少见,而以放弃抵抗赢得侵略者让步的实例却闻所未闻。"

(4)近代以来,世界上的帝国主义国家几乎都曾经欺凌过中国,而近代中国的反侵略战争,从1840年反对英国的侵略战争一直到抗日战争以前,无不以中国失败、被迫接受丧权辱国的不平等条约而告终。它的根本原因一个是社会制度的腐败,一个是经济技术的落后。那么我们应该怎样看待这个令人痛心的事实呢?也就是,除了抗日战争以外,所有的反侵略战争都失败了。我们不能根据反侵略战争都失败了这个事实得出一个根本就不应该进行反侵略战争这样的结论。

(一)单项选择题

1. 中国封建社会的文化思想体系以( )为核心。
   A. 儒家思想　　　B. 道家思想　　　C. 墨家思想　　　D. 佛教思想
2. 世界历史开始进入资本主义时代的标志性事件是( )。
   A. 1640年英国资产阶级革命　　　B. 1680年俄国彼得一世改革
   C. 1789年法国大革命　　　　　　D. 1868年日本明治维新
3. 19世纪末资本主义进入帝国主义阶段后,( )成为殖民主义剥削的重要形式,并出现瓜分世界的狂潮。
   A. 商品输出　　　B. 资本输出　　　C. 贩卖奴隶　　　D. 掠夺土地
4. 鸦片战争以清政府的失败而告终。1842年8月29日,清政府与英国签订了中国近代史上的第一个不平等条约是( )。
   A. 中英《南京条约》　　　　　　B. 中英《虎门条约》
   C. 中美《望厦条约》　　　　　　D. 中法《黄埔条约》
5. 近代中国的社会性质是( )。
   A. 半殖民地社会　　　　　　　　B. 半封建社会
   C. 半殖民地半封建社会　　　　　D. 不完全的殖民地社会
6. 近代中国诞生的新兴的被压迫阶级是( )。
   A. 失业的农民　　B. 手工业者　　　C. 城市贫民　　　D. 工人阶级
7. 资本-帝国主义列强对中国的侵略,首先和主要的是进行( )。
   A. 文化渗透　　　B. 经济掠夺　　　C. 军事侵略　　　D. 政治控制
8. 资本-帝国主义列强对中国进行文化渗透的目的是( )。
   A. 传播西方文化和科学
   B. 进行传教活动
   C. 宣扬殖民主义奴化思想,麻醉中国人民的精神,摧毁中国人民的民族自尊心和自信心
   D. 干涉中国内政
9. 中国近代史上人民第一次大规模的反侵略武装斗争是( )。
   A. 虎门销烟　　　　　　　　　　B. 三元里人民抗英斗争
   C. 太平天国运动　　　　　　　　D. 义和团运动

10. 1895年,日本强迫清政府签订《马关条约》,割去中国（　　）全岛及所有附属岛屿和澎湖列岛。
　　A.香港　　　　B.台湾　　　　C.澳门　　　　D.崇明
11. 到（　　）的订立为止,庞杂的不平等条约体系已宣告中国半殖民地社会的完全形成。
　　A.《天津条约》　　　　　　　　B.《北京条约》
　　C.《马关条约》　　　　　　　　D.《辛丑条约》
12. 近代中国睁眼看世界的第一人是（　　）。
　　A.李鸿章　　　B.魏源　　　C.郑观应　　　D.林则徐
13. 魏源在其（　　）中,提出了"师夷长技以制夷"的思想,主张学习外国先进的军事和科学技术,以期富国强兵,抵御外国侵略,开创了中国近代向西方学习的新风。
　　A.《四洲志》　　B.《海国图志》　　C.《夷情备采》　　D.《盛世危言》
14. 中国近代史的起点是（　　）。
　　A.虎门销烟　　　　　　　　　B.鸦片战争
　　C.辛亥革命　　　　　　　　　D.中华人民共和国诞生
15. 鸦片战争以后,一股"向西方学习"的新思想萌发,其主要目的是（　　）。
　　A.重新认识世界,寻求强国御侮之道
　　B.学习西方先进技术,发展资本主义经济
　　C.了解西方国家,与之建立平等的外交关系
　　D.学习西方的先进的政治制度,进行社会改革
16. 德国元帅瓦德西说:"无论欧、美、日各国,皆无此脑力与兵力,可以统治此天下生灵四分之一,故瓜分一事,实为下策。"这表明（　　）。
　　A.帝国主义已放弃灭亡中国的图谋　　B.帝国主义之间相互勾结
　　C.帝国主义之间的矛盾　　　　　　　D.帝国主义瓜分中国图谋的破产
17. 中国半殖民地半封建社会最主要的矛盾是（　　）。
　　A.地主阶级与农民阶级的矛盾　　　　B.资产阶级与工人阶级的矛盾
　　C.封建主义与人民大众的矛盾　　　　D.帝国主义与中华民族的矛盾
18. 鸦片战争前在中国占统治地位的社会经济是（　　）。
　　A.地主经济　　B.皇权经济　　C.自然经济　　D.手工业经济
19. 《辛丑条约》签订后,中国完全陷入半殖民地半封建社会的深渊,这主要是指（　　）。
　　A.中国自给自足的自然经济完全解体
　　B.帝国主义直接控制清政府的内政外交
　　C.赔款数额巨大,清经济被帝国主义完全控制
　　D.清政府完全成为列强的侵华工具
20. 所谓"国中之国"是指（　　）。
　　A.帝国主义在华的势力范围　　　　　B.帝国主义强迫我国开放的通商口岸
　　C.帝国主义在华的租借地　　　　　　D.帝国主义强迫清政府割让的土地

（二）多项选择题

1. 中国封建社会的社会结构特点是族权和政权相结合的封建宗法等级制度,其核心是宗族家长制,突出（　　）。

A. 父权   B. 夫权   C. 君权   D. 族长权

2. 中国封建社会的经济、政治、文化、社会结构对中国社会造成的影响有（　　）。
A. 巩固和维系了中国封建社会的稳定和延续
B. 在很大程度上抑制了中国封建社会的生机和活力
C. 使中国社会发展缓慢甚至迟滞
D. 造成了不可克服的周期性的政治经济危机

3. 鸦片战争前，中国虽是一个独立自主的封建国家，但已处于封建社会晚期。下列对中国当时经济社会状况的叙述，正确的有（　　）。
A. 经济上，中国资本主义萌芽并不断发展
B. 政治上，清王朝实行高度集权的君主专制已腐败不堪；军事上，清王朝国防空虚，军备废弛
C. 文化上，清朝统治者实行严厉的文化专制政策，钳制人们的思想，禁锢人们的反抗意识
D. 对外关系上，清王朝长期实行严格限制对外交往和贸易的闭关锁国政策

4. 资本主义生产方式产生需要的前提是（　　）。
A. 思想上的启蒙运动
B. 少数人积累大量货币财富
C. 大批劳动者成为自由出卖劳动力的无产者
D. 世界市场的广泛开拓

5. 英国对中国发动侵略战争（　　）。
A. 是英国资本主义扩张发展的客观要求
B. 是英国政府蓄谋已久的政策
C. 是由中国人民禁烟斗争引起的
D. 根本目的在于打开中国大门，使中国成为英国资本主义发展的商品市场和原料产地。

6. 鸦片战争后，中国经济逐渐被卷入世界资本主义市场，对中国的影响包括（　　）。
A. 自给自足的自然经济逐步解体
B. 西方的先进生产技术逐步传入中国
C. 英国对华输出商品激增
D. 封建地主土地所有制瓦解

7. 关于租界的叙述，正确的有（　　）。
A. 1845年11月，英国驻上海领事强迫清政府地方官吏议定土地章程，在上海划出一个特定区域，作为英国人居留地。这是外国人在中国设立租界的开端
B. 1848年和1849年，美、法两国也相继在上海强行划分了租界
C. 外国侵略者在租界逐步排斥中国的主权，使租界成为"国中之国"
D. 中国政府对租界内的行政、司法有干预权

8. 为了统治中国，资本-帝国主义列强在政治上采取的主要方式是（　　）。
A. 控制中国的内政、外交　　　　　　B. 发动侵略战争，划分势力范围
C. 镇压中国人民的反抗　　　　　　　D. 扶植、收买代理人

9. 资本-帝国主义列强对中国进行经济掠夺所采取的手段有（　　）。
A. 控制中国的通商口岸　　　　　　　B. 剥夺中国的关税自主权

C. 实行商品倾销和资本输出　　　　　　D. 控制中国的经济命脉

10. 资本-帝国主义对中国的入侵（　　）。
   A. 为中国带来了资本主义的先进生产方式
   B. 是决定近代中国社会性质、革命性质的重要依据
   C. 是产生近代中国社会基本矛盾和各种社会矛盾的主要根源
   D. 是近代中国社会贫困落后的根本原因

11. 鸦片战争成为中国近代史的起点，这是因为随着西方列强的入侵，（　　）。
   A. 中国逐步成为半殖民地半封建国家
   B. 中国社会主要矛盾的变化
   C. 中国逐渐开始了反帝反封建的资产阶级民主革命
   D. 中国革命属于世界无产阶级革命的组成部分

12. 中国逐步变成半殖民地的原因是（　　）。
   A. 西方列强通过发动侵略战争，中国已经丧失了完全独立的地位
   B. 西方列强侵略中国的目的，是要把它变成自己的殖民地，但中国仍然维持着独立国家和政府的名义，还有一定的主权
   C. 外国资本主义列强把中国卷入世界资本主义经济体系和世界市场之中
   D. 西方列强并不愿意中国成为独立的资本主义国家

13. 近代中国半殖民地半封建社会的矛盾有（　　）。
   A. 帝国主义与中华民族的矛盾，封建主义与人民大众的矛盾
   B. 资产阶级与地主阶级的矛盾
   C. 无产阶级与资产阶级的矛盾
   D. 封建统治阶级内部各集团派系之间的矛盾，各帝国主义国家在中国争夺的矛盾

14. 近代中国人民的反侵略战争（　　）。
   A. 沉重地打击了资本-帝国主义列强的侵华野心
   B. 使我们的国家和民族历尽劫难、屡遭侵略而不亡
   C. 表现出来的爱国主义精神，铸成了中华民族的民族魂
   D. 反侵略战争的失败，从反面教育了中国人民，极大地促进了中国人的思考、探索和奋起，反侵略战争的过程，是中华民族逐步觉醒的过程

15. 近代以来中华民族的两大历史任务是（　　）。
   A. 争取民族独立和人民的解放
   B. 实现国家富强和人民富裕
   C. 反对封建主义，进行土地制度的彻底改革
   D. 反对帝国主义，打破外国垄断资本的控制

16. 从1840—1919年的80年间，中国人民的反侵略战争都是以失败和签订不平条约而告终，其根本原因是（　　）。
   A. 武器装备落后　　　　　　　　　　B. 人民没有觉醒
   C. 社会制度腐败　　　　　　　　　　D. 经济技术落后

17. 资本-帝国主义列强侵略中国，在军事上采取的主要方式是（　　）。
   A. 发动侵略战争，屠杀中国人民　　　B. 控制中国的内政、外交

C. 侵占中国领土,划分势力范围　　　　D. 勒索赔款,抢夺财富

18. 资本-帝国主义列强在文化上采取的主要方式是(　　)。
　　A. 控制中国的内政、外交　　　　　　B. 发动侵略战争,划分势力范围
　　C. 披着宗教外衣,进行侵略活动　　　D. 为侵略中国制造舆论

19. 林则徐领导的禁烟运动(　　)。
　　A. 是中国禁烟运动的胜利　　　　　　B. 销毁了英国和美国商人的大量鸦片
　　C. 显示了反抗外国侵略的坚强决心　　D. 是英国发动鸦片战争的根源

20. 鸦片战争对中国的影响有(　　)。
　　A. 中国自给自足的封建经济开始逐步解体
　　B. 中国半殖民地半封建社会由此开端
　　C. 中国人民从此肩负起了反帝反封建的双重革命任务
　　D. 中国从此进入旧民主主义革命时期

(三)问答题

1. 为什么说鸦片战争是中国近代史的起点?

2. 简述近代中国工人阶级的产生及其特点。

3. 简述中国资产阶级的产生及其特点。

4. 简述近代中国社会的两对主要矛盾及其相互关系。

5. 中国近代社会的两大历史任务是什么?二者之间的关系如何?

6. 资本-帝国主义的入侵给中国带来了什么?

7. 帝国主义列强并没有能够实现瓜分中国的图谋,原因何在?

8. 半殖民地半封建社会是近代中国社会最基本的国情,请您谈谈对中国近代半殖民地半封建社会性质的认识。

9. 试述中国半殖民地半封建社会的基本特征。

10. 中国近代历次反侵略战争失败的原因和教训是什么?

(四)材料分析题

材料分析题 1

【材料1】　1841年12月,曾担任过美国总统的亚当斯在马萨诸塞州历史协会发表演说,为英国挑起侵华战争辩解,称"战争的原因是叩头",即"中国妄自尊大",不愿与西方国家平等交往。

【材料2】 英国的大炮破坏了皇帝的权威,迫使天朝帝国与地上的世界接触。与外界完全隔绝曾是保存旧中国的首要条件,而当这种隔绝状态通过英国而为暴力所打破的时候,接踵而来的必然是解体的过程,正如小心保存在密闭棺材里的木乃伊一接触新鲜空气便必然要解体一样。

——摘自马克思《中国革命与欧洲革命》

【材料3】 帝国主义列强侵略中国,在一方面促使中国封建社会解体,促使中国发生了资本主义因素,把一个封建社会变成了一个半封建的社会;但是在另一方面,它们又残酷地统治了中国,把一个独立的中国变成了一个半殖民地半封建的中国。

——摘自《毛泽东选集》(第二卷)

请根据以上材料思考下列问题:

(1)材料1中亚当斯的论调是否符合历史事实?这种论调说明了什么问题?

(2)请根据材料2和材料3及所学知识,说明资本-帝国主义的入侵对中国的影响。

材料分析题2

英国大炮破坏了中国皇帝的权威,迫使天朝帝国与地上的世界接触。与外界完全隔绝曾是保存旧中国的首要条件,而当这种隔绝状态通过英国而为暴力所打破的时候,接踵而至的必然是解体的过程,正如小心保存在密闭棺木里的木乃伊一接触新鲜空气便必然要解体一样。

——摘自马克思《中国革命与欧洲革命》

回答问题:

(1) 材料题中所提的"解体"是指什么?

(2) 分析西方列强入侵对近代中国政治、经济产生的重大影响。

(3) 驳斥"鸦片战争一声炮响,给中国带来近代文明"的谬论。

材料分析题3

近年以来,在一部分人中流行一种观点,那就是近代以来,中国的反侵略战争都是在敌强我弱的情况下进行的,像林则徐这样的抵抗派是不识时务、狂妄自大、虚骄误国,正是他们的顽强抵抗,才给近代中国带来战争,他们应该为战争负责。而琦善、李鸿章等主张妥协、求和的人,是能审时度势、权衡利弊、委曲求全,了解中国和世界的国情的,符合国家的利益。这一部分人做出这一判断的理由是:既然落后,必定挨打,反抗是没有用的,反抗以后仍然是失败,失败将付出更为惨重的代价。

结合材料,谈谈如何看待弱国反对强国的反侵略战争。

 **推荐阅读文献**

[1]中共中央马克思恩格斯列宁斯大林著作编译局.马克思恩格斯论中国[M].北京:人民出版社,1997.

[2]中共中央马克思恩格斯列宁斯大林著作翻译局.列宁选集[M].北京:人民出版社,1960.

[3]毛泽东.毛泽东选集[M].北京:人民出版社,1991.

[4]吕思勉.中国通史[M].上海:华东师范大学出版社,2005.

[5]翦伯赞.中国史纲要[M].北京:人民出版社,1979.

[6]范文澜.中国近代史[M].北京:人民出版社,1955.

[7]胡绳.从鸦片战争到五四运动[M].北京:红旗出版社,1983.

[8]丁名楠.帝国主义侵华史[M].北京:人民出版社,1973.

[9](英)李约瑟.中国科学技术史[M].上海:科学出版社、上海古籍出版社,1990.

[10]张岱年,方克立.中国文化概论[M].北京:北京师范大学出版社,1994.

[11]李剑农.中国近百年政治史[M].上海:复旦大学出版社,2002.

[12]李侃.中国近代史[M].北京:中华书局,2004.

第二章　对国家出路的早期探索

(1)农民群众斗争风暴的起落 { 太平天国农民战争
农民斗争的意义和局限

(2)洋务运动的兴衰 { 洋务事业的兴办
洋务运动的历史作用及失败

(3)维新运动的兴起和夭折 { 戊戌维新运动的开展
戊戌维新运动的意义和教训

(1)金田起义。金田起义是太平天国领袖洪秀全在广西省桂平县金田村发起的反抗清王朝统治的武装起义,标志着太平天国农民战争的开始。

1843年,洪秀全同冯云山、洪仁玕在广东花县创拜上帝教。次年春,洪秀全、冯云山入广西传教,积极发动、组织农民群众。其后,洪秀全回广东家乡从事宗教理论创作,冯云山则留广西深入紫荆山地区,宣传组织群众,建立拜上帝会,开辟革命基地,吸收杨秀清、萧朝贵等人,形成起义领导核心。1849年前后,起义时机臻于成熟。1850年7月,洪秀全、冯云山开始部署起义,下团营令,要求各地拜上帝会会众变卖田产到金田集中,准备起义。1851年1月11日,拜上帝会会众齐集金田犀牛岭,誓师起义,向清王朝宣战。建号太平天国,起义军称太平军,开始了轰轰烈烈、规模空前的太平天国农民战争。

(2)《天朝田亩制度》。太平天国定都天京后,进行了一系列制度建设,于1853年冬,颁布了《天朝田亩制度》。《天朝田亩制度》是最能体现太平天国社会理想和这次农民起义特色的纲领性文件。该文件的核心内容是:平均分配土地。此外,还涉及政治、经济、文化等各方面改革内容,其实际上是一个以解决土地问题为中心的比较完整的社会改革方案。《天朝田亩制度》一方面从根本上否定了封建地主的土地所有制,体现了广大农民要求平均分配土地的强烈愿望,具有进步意义;另一方面却未能超出农民小生产者的狭隘眼界,其社会理想很大程度上具有不切实际的空想性质。

(3)《资政新篇》。《资政新篇》是太平天国后期颁布的社会发展方案。1859年,洪仁玕从香港来到天京,被封为干王,总理朝政。不久,他根据自己多年身居香港的所见所学,提出了一个统筹全局的改革方案——《资政新篇》。《资政新篇》的基本思想是:效仿西方,进行政治、经济、文化等诸多方面的变革。例如:在政治上,主张学习西方,制定法律、制度;经济上,主张发展近代工矿、交通、邮政、银行等事业,提倡雇佣劳动制;文化上,建议设立新闻馆,兴办学校、医院和社会福利事业等。《资政新篇》是一个具有资本主义色彩的方案。洪秀全对其中的绝大部分条款表示赞同,并下令镌刻颁布,但是限于当时的历史条件,未能付诸实施。

(4)天京事变。天京事变发生于1856年,是太平天国领导层的一次严重内讧。1856年,太平军打破清军围困天京长达3年之久的江南、江北两座大营,军事上达到全盛。东王杨秀清自恃功高,逼洪秀全封他为"万岁",于是,洪秀全密令韦昌辉、秦日纲等回京相救。9月初,杨秀清及其部属数万人被韦昌辉杀害。其后,韦昌辉因滥杀,被洪秀全处死。石达开返回天京辅政,却遭洪秀全疑忌,于1857年5月率数万将士负气出走,后虽继续反清,但远离根据地,1863年6月于大渡河畔全军覆灭。经此内讧,太平天国受到极大损害,军事形势不断恶化。天京事变严重地削弱了太平天国的领导和军事力量,是太平天国由盛转衰的分水岭。

(5)洋务运动。洋务运动是在太平天国农民起义的冲击和第二次鸦片战争战败的刺激下,清朝统治集团内部中央以奕䜣为代表,地方以曾国藩、李鸿章、左宗棠、张之洞等为代表的一些官员,为挽救清政府的统治危机,领导实施的一场引进西方军事装备、机器生产和科学技术的以"自强"和"求富"为目标的运动。洋务运动以"中学为体,西学为用"为指导思想,主要内容包括:兴办近代企业;建立新式海陆军;创办新式学堂,派遣留学生。历时30多年的洋务运动终究未能使中国富强起来,甲午一役的战败,标志着洋务运动的破产。

(6)北洋水师。北洋水师是清朝后期建立的一支近代化海军舰队。1874年,日本派兵入侵台湾,清政府深受震动,此后,筹办海防、建设海军之议随之兴起。从19世纪70年代到90年代,分别建成福建水师、广东水师、南洋水师和北洋水师。其中,以北洋水师实力最强、规模最大。北洋水师于1888年成军,拥有舰艇20多艘。创建之初,实力号称亚洲第一,但是建立之后,发展陷于停滞,逐渐落后于日本。1894年,甲午中日战争爆发,北洋水师在丰岛海战、黄海海战中,与日本舰队几度交手,至1895年威海卫之战,困守刘公岛,遭日本海、陆两军合围,腹背受敌之下,全军覆没,标志着洋务运动的失败。

(7)中体西用。中体西用是"中学为体,西学为用"的缩略语。"中学"指以三纲五常为核心的儒家学说,"西学"指近代传入中国的西方自然科学和社会科学。"体",即根本的意思。"用",即具体的措施。"中体西用"是洋务派关于中西文化关系的核心命题,也是洋务运动的指导思想。最先对这一思想作出比较完整表述的是冯桂芬。他在《校邠庐抗议》中说:"以中国之伦常名教为原本,辅以诸国富强之术。"这一思想后被进一步概括为"中体西用",亦即:以中国封建伦理纲常所维护的统治秩序为主体,用西方的近代工业和技术为辅助,并以前者来支配后者。"中体西用"思想早期对于冲破顽固派阻挠、引进西方科学和促进军事、教育近代化起过积极作用,后期成为清朝统治者对抗资产阶级维新和资产阶级革命的思想武器。

(8)百日维新。百日维新,亦称戊戌变法。甲午战争之后,中国的民族危机愈发深重,为救亡图存,在康有为、梁启超等维新派的推动下,光绪皇帝决意变法。1898年6月11日,光绪帝颁布"明定国是"谕旨,宣布开始变法,此后,接连发布了一系列推行新政的政令,主张学习西方,改革政治、教育制度;发展农工商业;改练新军,采用西洋兵制等。新政遭到了封建守旧势力的激烈反对。由于中央和地方守旧官僚们的抵制,光绪帝所颁布的新政命令,大多未能付诸实施。经过密谋策划，守旧势力于1898年9月21日发动政变，一手结束了变法。从1898年6月11日至9月21日，此次变法历时103天宣告夭折，故史称"百日维新"。

(9)戊戌政变。甲午战败之后，为挽救民族危亡，变法维新的思潮逐渐兴起。1898年6月11日，在维新派的推动下，光绪皇帝宣布正式开始变法。此后，陆续颁布了一系列资产阶级性质的改革政令，但遭到了封建守旧势力的激烈反对。1898年9月21日，以慈禧太后为首的守旧势力发动政变，慈禧以"训政"的名义，重新独揽大权，将光绪皇帝软禁于中南海瀛台，同时下令搜捕维新人士。康有为、梁启超被迫逃亡海外，戊戌六君子血染菜市口，新政措施大都被废除，维新派人士和参与或同情变法的官员，或被囚禁，或被革职，或遭放逐。以慈禧太后为首的保守势力扼杀维新变法的这场政变，史称"戊戌政变"。

(10)戊戌六君子。1898年9月21日，在戊戌变法进行到103天时，以慈禧太后为首的守旧势力发动政变，一手扼杀了变法。慈禧太后重新独揽大权，光绪皇帝被软禁，维新人士遭到搜捕。维新派领袖康有为、梁启超被迫逃亡海外，维新志士谭嗣同、康广仁、林旭、杨深秀、杨锐、刘光第6人于1898年9月28日被处死于北京菜市口，为变法维新事业献出了生命，史称"戊戌六君子"。

重难点解析

(一)《天朝田亩制度》的主要内容及评价

太平天国定都天京后，颁布了《天朝田亩制度》，勾画了一个建设地上天国的宏伟蓝图。这是一个以平分土地为核心的全面社会改革方案。其主旨是想建立一个"天下一家，共享太平"的社会，"务使天下共享天父上主皇上帝大福，有田同耕，有饭同食，有衣同穿，有钱同使，无处不均匀，无人不饱暖也"。其主要内容包括以下五个方面。

(1)土地分配方面。它确立了平均分配土地的方案，即根据"凡天下田，天下人同耕"的原则，将土地按亩产高低划分为9等，好坏搭配，按人口平均分配。凡16岁以上的男女，每人皆可分得一份数量相同的土地，不满16岁的减半。

(2)产品分配方面。在平分土地耕种的基础上，规定"凡天下，树墙下以桑，凡妇，蚕绩缝衣裳"。每家养五母鸡，二母彘。"凡二十五家中，陶冶木石等匠，俱用伍长及伍卒为之，农隙治事"。"凡二十五家中，设国库一"。"凡当收成时，两司马督伍长，除足其二十五家每人所食可接新谷外，余则归国库。凡麦、豆、苎麻、布帛、鸡、犬各物及银钱亦然"。"天下人人不受私，物物归上主"。所有"婚娶、弥月、喜事，俱用国库，但有限式，不得多用一钱"。鳏寡孤独废疾者"皆颁国库以养"。

(3)基层政权组织方面。太平天国规定了一种兵农合一的基层组织制度。这种制度以13 156家为一军，设立军帅、师帅、旅帅、卒长、两司马等乡官。每五家设一伍长，五伍长设一两司马，四两司马设一卒长，五卒长设一旅帅，五旅帅设一师帅，五师帅设一军帅。凡"每年每家，设一人为伍卒。有警，则首领统之为兵，杀敌捕贼；无事，则首领督之为农，耕田奉尚"。在一军内，设"典分田二，典刑法二，典钱谷二，典入二，典出二，俱一正一副，即以师帅、旅帅兼摄"。由此，每个基层组织均为一自成体系的单位，其生产、军事、行政三者统一。

(4)宗教、教育方面。规定每二十五家，设礼拜堂一所，两司马住在堂内。二十五家的儿童,每天都到礼拜堂,由两司马教读旧遗诏圣书、新遗诏圣书、真命诏旨书。每到礼拜日,伍长率男女到礼拜堂,颂赞祭奠上帝。每七七四十九礼拜日,师帅、旅帅、卒长轮番到他们所属两司马礼拜堂讲圣书,教化民众,兼考察他们遵天条、违天条及勤惰等情况。

(5)选举、黜陟方面。规定自军帅至两司马各职官一般由各地公举或由上级官员委派本地乡人担任。全国每年选举一次,以补诸官之缺。举得其人,保举者受赏;举非其人,保举者受罚。另外,官员的升迁或罢黜,三年一次,以考迹而定,考迹则以贤迹、恶迹为标准,以示天朝之公。

从以上可以看出,《天朝田亩制度》除规定了土地、产品的分配原则外,还涉及政治、宗教、教育等方面的内容,实际上是一个以解决土地问题为中心的比较完整的社会改革方案。

《天朝田亩制度》的主张,从根本上否定了封建社会的基础即封建地主的土地所有制,体现了广大农民要求平均分配土地的强烈愿望,是对以往农民战争中"均贫富""等贵贱"和"均平""均田"思想的发展和超越,具有进步意义。不过,它并没有超出农民小生产者的狭隘眼界。它所描绘的理想天国,仍然是闭塞的自给自足的自然经济,是小农业和家庭手工业相结合的传统生活方式;同时又是一个没有商品交换的和绝对平均的社会。这种社会理想,在很大程度上具有不切实际的空想的性质。

(二)如何理解太平天国起义是中国旧式农民战争的最高峰?

太平天国起义建立起了与清王朝对峙的政权,前后历时14年,势力波及18省,其存续期间,颁布了一系列重要的纲领、政策和法令,尤其是《天朝田亩制度》彻底否定了封建地主的土地所有制,提出了平均分配土地和一切社会产品的比较完整的方案。

以往中国的农民起义也曾提出过一些革命的主张和口号。例如,规模巨大的隋末农民大起义,以"无向辽东浪死歌"相号召,主要是为了反对封建徭役;唐末的农民大起义,主要是为了反对捐税。他们虽然有力地打击了当时的封建王朝,但并没有触及封建制度的基础——封建土地所有制。而宋代的王小波、李顺、钟相、杨么等农民起义军,为了反对封建统治者的剥削和压迫,要求平等、平均生活,曾经提出过"均贫富""等贵贱、均贫富"的口号;明末李自成领导的农民起义,也曾经提出"均田免粮"的口号。但是,究竟如何"均平""均田"?此前的农民起义并没有提出具体的设想。

而《天朝田亩制度》则明确提出了平均分配土地的方案,即根据"凡天下田,天下人同耕"的原则,将土地按亩产高低划分为9等,好坏搭配,按人口平均分配。凡16岁以上的男女,每人皆可分得一份数量相同的土地,不满16岁的减半。另外,在财产方面,规定实行"圣库制度",对社会产品进行平均分配。因而,上述主张从根本上否定了封建社会的基础——封建地主的土地所有制,体现了广大农民要求平均分配土地的强烈愿望,是对以往农民战争中"均贫富""等贵贱"和"均平""均田"思想的发展和超越。

另外,太平天国后期颁布的《资政新篇》则以建立和发展资本主义为目标,是中国近代历史上第一个比较系统的发展资本主义的方案,反映了太平天国某些领导人在后期试图通过向外国学习来寻求出路的一种努力。太平天国起义也因此具有了不同于以往农民战争的新的历史特点。

综上所述,太平天国起义不失为中国旧式农民战争的最高峰。

（三）如何认识太平天国农民战争失败的原因和教训？

太平天国农民起义动摇了清王朝封建统治的基础，有力地打击了西方资本主义侵略者，显示了农民阶级的反抗精神和战斗力量，然而，其失败的原因和教训是深刻的。

农民阶级不是新的生产力和生产关系的代表，无法克服小生产者所固有的阶级局限性，缺乏科学思想理论的指导，没有先进阶级的领导，因而无法从根本上提出完整的、正确的政治纲领和社会改革方案。

太平天国后期无法制止和克服领导集团自身腐败现象的滋生，领导集团的一些人在生活上追求享乐，在政治上争权夺利。太平天国诸王在建都后不久就大兴土木，建立豪华府邸。天王洪秀全"为繁华迷惑，养尊处优，专务于声色货利"；东王杨秀清"自恃功高，一切专擅"；诸王与部将及广大士兵关系逐渐疏离，诸王之间更是"彼此睽隔，猜忌日生"，无法长期保持领导集团的团结。这些都大大削弱了太平天国的向心力和战斗力。

太平天国军事战略上出现了重大失误，比如，没有解决好与捻军这一抗清斗争主力的关系，没有同他们结成同盟，以致丢失了在北方赖以发展的良机，使北伐军艰难支撑直至失败；在天京被围困的情况下死守孤城，拒绝"让城别走"，导致太平天国的最后覆灭。

太平天国是以宗教来发动、组织群众的，但是，拜上帝教教义不仅不能正确指导斗争，而且给农民战争带来了危害。在太平天国后期，洪秀全甚至认为"天生真命主，不用兵而定太平一统"，梦想以虚幻的力量代替农民起义者自身的努力。

太平天国也未能正确地对待儒学。他们开始时把儒家经书笼统地斥之为"妖书"，后来虽主张将"四书""五经"删改后加以利用，但原封不动地保留了儒学中的封建纲常伦理原则。

太平天国的领袖们不承认不平等条约，这是很正确的。但他们不能把西方国家的侵略者与人民群众区别开来，而是笼统地把信奉天父上帝的西方人都视为"洋兄弟"，这说明他们对于西方资本主义侵略者还缺乏理性的认识。

太平天国起义及其失败表明，在半殖民地半封建的中国，农民具有伟大的革命潜力，但它自身不能担负起领导反帝反封建斗争取得胜利的重任。单纯的农民战争不可能完成争取民族独立和人民解放的历史任务。

（四）"中体西用"的思想是如何形成的？

"中学为体，西学为用"作为一种社会思潮在鸦片战争时期便已经出现了。魏源"师夷长技"的主张已经道出了"西学为用"的思想，而1861年冯桂芬在《校邠庐抗议》中用"以中国之伦常名教为原本，辅以诸国富强之术"，进一步发展了魏源的思想，勾勒出了"中体西用"的基本框架。其后的人们，无论是洋务派，还是早期改良主义者，甚至资产阶级维新派，为引进西学都对这一思想继续进行了探讨、阐述和发展。1877年，李圭在《环游地球新录》中提出："是道德纲常者，体也；兼及西人事为者，用也。必体用皆备，而后可备国家器使，此尤今之所不可不知也。"1892年，郑观应在《西学》一文中强调："中学其本也，西学其末也。主以中学，辅以西学。"1895年4月，沈寿康在《万国公报》第75期上发表《匡时策》一文，提出："中西学问本自互有得失，为华人计，宜以中学为体，西学为用。"1896年8月，孙家鼐在《议覆开办京师大学堂折》中说："今中国创立京师大学堂，自应以中学为主，西学为辅；中学为体，西学为用。中学有未备者，以西学补之；中学有失传者，以西学还之。以中学包罗西学，不能以西学凌驾中学。"

1898年5月,张之洞完成《劝学篇》。他站在洋务派的立场上,对"中体西用"思想进行了充分的阐述和论证。在张之洞那里,"体"被视作根本原则,是立人立国之本。张之洞认为,中外国情不同,根源在于立国之本不同。中国的立国之本乃是以三纲五常为核心的宗法制度,这是造成"中国所以为中国"的根本原则。张之洞引用董仲舒"天不变,道亦不变",强调了这一根本原则的永恒不变。同样,在张之洞那里,"用"被视为具体方法,是立人立国之器。而西艺、西政、西史这些新学的作用在于"益智":"智以救亡,学以益智",教以新学或西学是完全必要的。当然,引进西学有个原则:"果其有益于中国,无损于圣教者,虽于古无征,为之固亦不嫌。"从表面看,张之洞力图折中新旧,合璧中西,但实际上其倾向性是十分明确的。《劝学篇》始终以"尊朝廷,卫社稷"为第一义,以"保名教""杜危言"为己任,强调讲西学必须先以中学固其根柢,否则"其祸更烈于不通西学者矣",从而使"中体西用"的时代特色和阶级特色最终明朗化而被确定下来。如果说,此前"中体西用"思潮的侧重点在于为引进西学鸣锣开道,那么,至此,"中体西用"思潮已然成为清朝统治者反对中国资本主义化的理论武器了。

(五)如何评价洋务运动"中体西用"的指导思想?

"中体西用"思想表现了近代中国人对西方物质文化和精神文化的矛盾态度。从理论上看,这一思想是经不起推敲的。体与用本是中国传统哲学中的一对重要范畴,它们都统一在中国封建经济政治体制的基础之上。体为精神之主导,用为应事之方术,体与用是统一的。一方面由体达用,在根本原则的指导下举而措之天下,经世宰物,利济群生。另一方面用不能离开体。但是到了近代,传统文化的体用观衍变为中体西用论,由一种文化内部区分体用之学发展到两种文化之间讲体用关系,情况便发生了很大的变化。洋务派只是在一定程度上承认了西方的物质文明,而坚持认为中国的精神文明远远高于西方的精神文明。因而力图"择西学之可以补吾缺者用之,西政之可以起吾疾者取之",使体用的含义已经变成了一种所谓的本末或主辅的关系了。正是在这一意义上,中体西用论割裂了体用的统一。事实上,在近代中国,西学之用常常遇到中体的障碍而举步维艰。反过来,西学之用的深入又逐步危及中体的稳固。这些都证明了中体西用论的矛盾乃至荒谬。洋务派之所以要接受这一思想,一定程度上是因为它表现出了一种民族优越感的心理。在民族危机深重的情势下,这一思想在一定程度上满足了封建士大夫的心理需要。而且这一思想所采取的折中主义形式,实际上是以消极的态度来适应世界历史变化的潮流。这对于处在江河日下情势中的封建士大夫也不失为一种抚慰。因而从总体讲,这是一种典型的文化保守主义思想,是中国走向世界、走向近代化这一历史进程的阻碍。

但是,我们不能因为中体西用论的矛盾或幼稚而一概否定它的历史正当性。在封建旧文化根深蒂固的封建时代,整个民族意识浸染在愚昧落后和妄自尊大的文化氛围中。如果没有维护"中体"的名义,要引进西学是根本不可能的。而且,把西学置于中体的轨道上,使它有个进身之阶和用武之地,这本身就是一个进步。事实上,中国近代化正是在"中体西用"的旗帜下迈开第一步的。中体西用思想的流行,给封闭僵化的封建文化打开了一个缺口,为西学在中国的传播和发展争得了一定的合法地位,从而为中国近代社会的变革注入了新的物质力量和精神力量。这在当时确实起了开风气的进步作用。从这一意义上讲,中体西用论是中国近代化第一阶段的思想旗帜,它的历史地位是不能抹杀的。

（六）如何认识洋务运动的性质和历史作用？

洋务运动倡导学习西方的出发点是为了解决当时迫在眉睫的"内忧外患"，避免清政府在这种内外交困中垮台。所以，从本质上说，洋务运动是地主阶级洋务派为挽救封建专制统治而兴起的一场求强求富的自救运动。

洋务派提出"自强""求富"的主张，通过所掌握的国家权力集中力量优先发展军事工业，同时也试图"稍分洋商之利"，发展若干民用企业，在客观上对中国的早期工业和民族资本主义的发展起了某些促进作用。

洋务运动时期，为了培养通晓洋务的人才，开办了一批新式学堂，派出了最早的官派留学生，这是中国近代教育的开始。与此同时，还翻译了一批近代自然科学书籍，给当时的中国带来了新的知识，使人们开阔了眼界。

洋务运动时期，伴随着资本主义生产方式的出现，传统的"重本抑末"等观念受到冲击，社会风气和价值观念亦开始变化，工商业者的地位上升。对一部分人来说，西方的各种技术和器物不再被当作"奇技淫巧"受到排斥，而是被视为模仿、学习的对象。这一切，都有利于资本主义经济的发展，也有利于社会风气的改变。

但是，洋务派兴办洋务新政，其目的主要是为了维护封建统治，并不是要使中国朝着独立的资本主义方向发展。

（七）洋务运动为何没能实现中国的富强？

洋务运动历时30余年，耗尽国库，却未能使中国富强起来，原因主要有以下三个方面。

第一，洋务运动的封建性。所有现代化发展成功的国家，必须有一个能够主导现代化发展的中央政府以及与此相适应的政治结构。由于洋务运动由清王朝统治集团中的洋务派主持，其根本目的在于维护封建专制统治，所以，他们大规模引进的只是西方的物质文明与科学技术，对西方的社会经济制度却讳莫如深，对西方资本主义的政治制度则坚决抵制和反对。洋务运动封建性非常重要的表现，是洋务派不敢也不愿对清王朝的政治制度做任何真正的改革，在不触动腐朽的封建制度的前提下，洋务派试图利用西方资本主义的某些长处来维护封建专制统治。这种变革手段与社会基础之间的矛盾，使洋务运动不可能从根本上改变中国近代社会历史的发展方向，变革注定是不可能成功的。同时，洋务运动处处受到顽固派的阻挠和破坏，也加大了洋务运动的阻力。

第二，洋务运动的依赖性。洋务运动对西方列强具有依赖性。在半殖民地半封建社会的历史条件下，西方列强不希望中国通过兴办洋务富强起来。因此，在表面上扶植、支持洋务的同时，又不断采取政治的、经济的、外交的、军事的手段进行控制。虽然洋务派中也有希图通过办洋务摆脱对列强事事仰仗的主观愿望，但身为洋务派的封建官僚内在的腐朽本质，决定了他们没有能力摆脱对列强的依赖。洋务派办的军工厂，均高薪聘请洋匠。在采掘工业、金属冶炼工业、钢铁工业及一般机械制造业毫无基础的情况下，要发展军事工业，也只能是一切向洋人购买。这不但表现在全部机器买自列强，而且原材料以及许多产品的诸多零件也都要向列强购买。因此，也就出现了"中国制造之银，倍于外洋购船之价"等现象。建立在一切依靠列强基础上的洋务活动，不可能使中国真正拥有独立富强所需的力量，更何况列强也并不希望中国富强。

第三，洋务运动的腐朽性。从根本上说，洋务运动的腐朽性是由其封建性决定的，洋务派所兴办的企业均由洋务官僚操纵，经营管理大权都被其委派的总办、会办、帮办或提调等把持，他们经营不善，管理腐败，不可避免地使企业内部充满了封建性。这些企业在封建性的严重束缚下，或瘫痪停办，或被帝国主义侵吞，或转让私人经营。在落后和腐朽的政治、经济制度未改变的前提下，腐朽性是必然的产物。由于洋务派本身的阶级局限性，决定了他们既是近代工业的创办者和经营者，也是其摧残者和破坏者，其封建衙门和官僚式的体制，必定导致洋务企业的失败。洋务企业除少数采取官办或官商合办方式外，多数采取官督商办的方式。洋务企业充斥着任人唯亲、营私舞弊、贪污受贿、挥霍浪费等官场恶习，使企业无法维持。朝廷、地方官府、官员个人都想谋取利益，许多官员把创办或经营企业视为牟利的新手段。

洋务运动的失败说明，在不触动封建专制统治、没有摆脱列强控制的前提下，试图通过局部的枝节改革，达到自强求富的目的，是不可能的。只有推翻封建专制制度，摆脱列强对中国的侵略，中国才能实现真正的繁荣和富强。

（八）维新派与守旧派论战的内容及其意义

甲午战争之后，维新派与守旧派之间展开了一场激烈论战，论战主要围绕以下三个问题展开。

第一，要不要变法。

守旧派坚持"祖宗之法不可变"，有的人甚至主张"宁可亡国，不可变法"。而维新派则根据西方进化论的观点，认为自然界和人类社会都是不断发展变化的。他们提出，"变者天下之公理也"，"能变则全，不变则亡，全变则强，小变仍亡"。只有维新变法，革除积弊，才能挽救中国所面临的危亡局面，以图求存和自强。

第二，要不要兴民权、设议院，实行君主立宪。

守旧派认为，"民权之说无一益而有百害"，"民权之说一倡，愚民必喜，乱民必作，纪纲不行，大乱四起"。维新派则运用西方资产阶级政治学说，对封建君主专制制度作了批判。谭嗣同指出："君末也；民本也"。严复甚至认为，国家是"民之公产"，王侯将相不过是"通国之公仆隶"，而专制帝王则是"窃国者耳"。维新派还认为，"欲兴民权，宜先兴绅权"，即首先要为正在向资产阶级转化的士绅争取政治地位；只有君主立宪制度才是当时中国理想的政治方案，兴民权、设议院，实行君主立宪，才是"治国之大经"。

第三，要不要废八股、改科举和兴西学。

守旧派把西方近代科学技术斥之为"奇技淫巧"。洋务派虽认为西方的军事和技术可以学习，但坚持封建的政治制度、科举八股，尤其三纲五常绝对不能触动。而维新派则痛斥八股取士的科举制度是统治者"牢笼天下"的愚民政策，因此要救中国必须废八股、改科举、办学堂、兴西学。严复大声疾呼："民智者，富强之原"，"欲开民智非讲西学不可"，"救亡之道在此，自强之谋亦在此"。针对洋务派"中体西用"的口号，维新派驳斥道："未闻以牛为体，以马为用者"。因为体用是不可分的，把中学之"体"和西学之"用"凑在一起，就如同要让"牛体"产生"马用"一样荒谬。

维新派与守旧派的这场论战，实质上是资产阶级思想与封建主义思想在中国的第一次正面交锋。维新派以救亡图存和发展资本主义的思想为指导，用西方资产阶级的社会政治学说为武器，提出了系统的维新变法的理论和主张，尽管也表现出对孔孟学说不敢正面批判的弱点,但通过这场论战,西方资产阶级的社会政治学说开始在中国传播开来,在知识分子中不少人开始摆脱封建思想的束缚,形成向西方寻找真理,学习新学的热潮。这在当时的历史条件下是进步的,具有一定的思想解放意义。

(九)如何认识戊戌维新运动的历史意义?

戊戌维新运动虽然失败了,但它在中国近代史上仍然有着重大的历史意义。

第一,戊戌维新运动是一次爱国救亡运动。维新派在民族危亡的关键时刻,高举救亡图存的旗帜,要求通过变法,发展资本主义,使中国走上富强的道路。维新派的政治实践和思想理论,不仅贯穿着强烈的爱国主义精神,而且推动了中华民族的觉醒。

第二,戊戌维新运动是一场资产阶级性质的政治改良运动。维新派突破洋务派"中体西用"思想的局限,主张用君主立宪制取代君主专制制度。戊戌维新运动虽然未能成功地建立起资本主义的君主立宪制度,其颁布的促进民族资本主义发展的若干措施也未能生效,但在政治、经济等领域一定程度上冲击了封建制度。

第三,戊戌维新运动更是一场思想启蒙运动。维新派大力传播西方资产阶级的社会政治学说和自然科学知识,宣传自由平等、社会进化观念,批判封建君权和封建纲常伦理,从而把顽固的封建主义思想壁垒打开了一个缺口,有利于民主思想在中国的传播,有利于人们的思想解放。在维新派的推动下,"诗界革命""文体革命""小说界革命""戏剧改良""史学革命"等相继而起,形成了广泛的文化革新运动。以维新运动为起点,资产阶级新文化开始打破封建文化独占文化阵地的局面。在教育方面,维新派主张采用西方近代教育制度,兴办新式学堂,这对中国近代教育的发展起了积极的推动作用。

第四,维新派在改革社会风习方面也提出了许多新的主张。如主张革除吸食鸦片及妇女缠足等恶俗陋习,提出"剪辫易服"的主张,倡导讲文明、重卫生等。

(十)如何认识戊戌维新运动失败的原因和教训?

戊戌维新运动的失败,主要是由于维新派自身的局限和以慈禧太后为首的强大的守旧势力的反对。当时民族资本主义经济力量还十分微弱,民族资产阶级的社会基础相当狭窄。民族资产阶级的政治代表维新派的势力更是非常弱小,很多人自身还保留着封建士大夫的痕迹。他们既没有严密的组织,也不掌握实权和军队,更没有去发动群众。这样,他们就只能把自己实行改革的全部希望寄托在一个没有实权的光绪皇帝身上。在这样的情况下,其失败在所难免。

维新派本身的局限性突出表现在以下三个方面:

首先,不敢否定封建主义。他们在政治上不敢根本否定封建君主制度,只是幻想依靠光绪皇帝"以君权雷厉风行",通过和平、合法的手段,实现自上而下的改良,让资产阶级和开明士绅的代表参加政权,逐步实现君主立宪。在经济上,他们虽然要求发展民族资本主义,却未触及封建主义的经济基础——封建土地所有制。在思想上,他们虽然提倡学习西学,却仍要打着孔子的旗号,借古代圣贤之名"托古改制"。

其次,对帝国主义抱有幻想。他们虽然大声疾呼救亡图存,却又幻想西方列强能帮助自己变法维新。维新派尖锐地揭露了俄国侵华的事实,却幻想依靠与英、日结成同盟来抵抗俄国。有人甚至建议聘请日本前首相伊藤博文来中国任维新的顾问。英、日帝国主义虽然表面上同情维新派,但实质上只是为了乘机扩大在华侵略势力,并寻找它们在中国的代理人,同时也是为了与俄国进行争夺。因此,在戊戌政变前夕,维新派分别乞求英、美、日公使的支持,结果都落了空。

最后,惧怕人民群众。维新派的活动基本上局限于官僚士大夫和知识分子的小圈子。他们不但脱离人民群众,而且惧怕甚至仇视人民群众。康有为在每次上书中,都反复提醒光绪皇帝不要忘记人民反抗的危险,强调"即无强敌之逼,揭竿斩木,已可忧危",如果不实行变法,下层群众将会起来造反,使皇帝及其大臣们"求为长安布衣而不可得"。正因为没有人民力量作为后盾,所以当他们得悉守旧派要发动军事政变时,只得打算依靠掌有兵权的袁世凯,结果反被袁世凯出卖。而一旦守旧派操刀反击,维新派也就没有丝毫抵抗的能力。谭嗣同慷慨就义前的临终语"有心杀贼,无力回天",正反映了这一点。"回天之力"存在于亿万民众之中,这是维新派的志士们所没有认识到的。

戊戌维新运动的失败不但暴露了中国民族资产阶级的软弱性,同时也说明在半殖民地半封建的旧中国,企图通过统治者走自上而下的改良的道路,是根本行不通的。要想争取国家的独立、民主、富强,必须用革命的手段,推翻帝国主义、封建主义联合统治的半殖民地半封建的社会制度。

(一)单项选择题

1. 太平天国是以(　　)为精神号召的?
   A. 基督教　　　　　B. 道教　　　　　C. 拜上帝教　　　　　D. 白莲教
2. 最能体现太平天国社会理想和这次农民起义特色的纲领性文件是(　　)。
   A.《太平天日》　　B.《天朝田亩制度》　　C.《原道醒世训》　　D.《资政新篇》
3. 太平天国由盛转衰的分水岭是(　　)。
   A. 北伐失利　　　　B. 天京城外的破围战　　C. 天京事变　　　　D. 安庆失守
4. 在《校邠庐抗议》中最早对洋务运动的指导思想作出比较完整表述的是(　　)。
   A. 沈寿康　　　　　B. 张之洞　　　　　C. 魏源　　　　　D. 冯桂芬
5. 洋务运动时期,清政府新建的四支新式水师中,实力最强的是(　　)。
   A. 福建水师　　　　B. 广东水师　　　　C. 南洋水师　　　　D. 北洋水师
6.【2018年考研真题】19世纪60年代到90年代,清朝统治阶级内部的洋务派兴办近代企业,建立新式海陆军,创办新式学堂,派遣留学生。洋务派兴办洋务新政的主要目的是(　　)。
   A. 迎合帝国主义　　　　　　　　　B. 维护封建统治
   C. 对抗顽固派　　　　　　　　　　D. 发展资本主义
7.【2013年考研真题】甲午战争后,维新运动迅速兴起,针对洋务派提出的"中体西用"的方针,维新派指出,"体"与"用"是不可分的。中学有中学的"体"与"用",西学有西学的"体"与"用",把中学之"体"与西学之"用"凑在一起,就如同让"牛体"产生"马用"一样荒谬。维新派与洋务派分歧的实质是(　　)。
   A. 要不要社会革命　　　　　　　　B. 要不要以革命手段推翻清王朝
   C. 要不要在中国兴办近代企业　　　D. 要不要学习西方的政治制度与思想文化

8. 资产阶级思想与封建主义思想在中国的第一次正面交锋是(　　)。
   A. 维新派与守旧派的论战　　　　　　B. 洋务派与顽固派的论战
   C. 革命派与改良派的论战　　　　　　D. 革命派与守旧派的论战

9.【2019年考研真题】由于民族危机越来越严重,在维新派的推动和策划下,1898年6月11日,光绪皇帝颁布了"明定国是"谕旨,宣布开始变法,并在此后的103天中,接连发布了一系列推行新政的政令,史称"戊戌变法",又称"百日维新"。戊戌维新是一场资产阶级性质的改良运动,这是因为变法的政令(　　)。
   A. 触及封建制度根本
   B. 采纳了维新派提出的开国会等政治主张
   C. 一定程度上反映了资产阶级的政治和经济诉求
   D. 带有彻底性和不妥协性

10. 中国民族资产阶级登上政治舞台的第一次表演是(　　)。
    A. 洋务运动　　　B. 戊戌维新　　　C. 辛亥革命　　　D. 五四运动

(二)多项选择题

1. 下列关于《资政新篇》的表述,正确的是(　　)。
   A. 是太平天国后期颁布的社会发展方案　　B. 由洪仁玕提出
   C. 提出了平均分配土地的方案　　　　　　D. 是一个具有资本主义色彩的方案

2. 太平天国农民起义失败的原因主要包括(　　)。
   A. 太平天国政权的封建化
   B. 领导集团蜕化变质
   C. 中外反动势力联合绞杀
   D. 农民阶级不是新的生产力和生产关系的代表,无法克服小生产者所固有的阶级局限性

3. 从19世纪60到90年代,洋务派举办的洋务事业归纳起来有(　　)。
   A. 兴办近代军用工业　　　　　　　　B. 兴办近代民用工业
   C. 建立新式陆海军　　　　　　　　　D. 创办新式学堂,派遣留学生

4.【2012年考研真题】第二次鸦片战争后,清朝统治集团内部一部分人震惊于列强的"船坚炮利",主张学习西方以求"自强",洋务运动由此兴起。洋务运动的一个重要内容就是创办新式学堂,主要有(　　)。
   A. 翻译学堂　　　B. 工艺学堂　　　C. 军事学堂　　　D. 法政学堂

5. 下列关于洋务运动的表述,正确的是(　　)。
   A. 洋务运动在客观上对中国的早期工业和民族资本主义的发展起了某些促进作用
   B. 洋务派兴办洋务新政,是要使中国朝着独立的资本主义方向发展
   C. 洋务运动给当时的中国带来了新的知识,使人们开阔了眼界
   D. 甲午战争中,北洋水师的全军覆没,标志着以"自强""求富"为目标的洋务运动的失败

6.【2010年考研真题】19世纪下半叶,以自强、求富为目标的洋务运动历时30年,最终失败的重要原因是(　　)。
   A. 指导思想的封建性　　　　　　　　B. 对外具有依赖性
   C. 资金、人才的匮乏性　　　　　　　D. 洋务企业管理的腐朽性

7. 戊戌维新时期,康有为向光绪皇帝进呈的介绍外国变法经验教训的书籍是( )。
   A.《变法通议》　　　　B.《日本变政考》　　　C.《俄彼得变政记》　　　D.《波兰分灭记》
8. 维新派与守旧派论战的主要内容包括( )。
   A. 要不要变法　　　　　　　　　　　　B. 要不要兴民权、设议院,实行君主立宪
   C. 要不要废八股、改科举和兴西学　　　D. 要不要推翻帝制,建立民主共和国
9. 戊戌政变后,( )6人遭杀害,史称"戊戌六君子"。
   A. 谭嗣同、刘光第　　　　　　　　　　B. 林旭、杨锐
   C. 杨深秀、康广仁　　　　　　　　　　D. 康有为、梁启超
10.【2016年考研真题】1898年的"百日维新"如昙花一现,只经历103天就夭折了。谭嗣同在慷慨就义前仰天长叹:"有心杀贼,无力回天"。维新派"无力回天"的主要原因是( )。
   A. 他们提倡全面学习"西学",彻底否定"中学"
   B. 他们遭到了以慈禧太后为首的强大的守旧势力的反击和镇压
   C. 他们惧怕人民群众,把改革的全部希望寄托在一个没有实权的皇帝身上
   D. 他们不敢触动封建主义的经济基础

(三)问答题

1. 如何认识太平天国农民战争的历史意义?

2. 如何认识太平天国农民战争失败的原因和教训?

3. 如何认识洋务运动失败的原因和教训?

4. 如何认识戊戌维新运动的历史意义?

5. 如何认识戊戌维新运动失败的原因和教训?

(四)材料分析题

材料分析题1

【材料1】　……中国欲自强,则莫如学习外国利器;欲学习外国利器,则莫如觅制器之器,师其法而不必尽用其人。

——摘自李鸿章《致总理各国事务衙门函》

【材料2】　议院者,公议政事之院也。集众思,广众益,用人行政,一秉至公,法诚良、意诚美矣。……故欲借公法以维大局,必先设议院以固民心。

——摘自郑观应《盛世危言·议院上》

【材料3】　泰西近政论,皆有三权:有议政之官,有行政之官,有司法之官,三权立,然后事体备。以我朝论之,皇上则为元首,百体所从,军机号曰政府,出纳王命。

——摘自康有为《应诏统筹全局折》

请根据以上材料回答:

(1)材料1是近代哪一政治派别的主张?其主要观点是什么?

(2)材料2、3的主张有何相似之处?

(3)上述材料的思想在当时起了怎样的作用?

材料分析题2

【材料1】 张之洞说:"民权之说,无一益而有百害,将立议院欤？中国士民至今安于固陋者尚多,环球之大势不知,国家之经制不晓,外国兴学、立政、练兵、制器之要不闻,即聚胶胶扰扰之人于一室,明者一,暗者百,游谈呓语,将焉用之？且外国筹款等事,重在下议院,立法等事,重在上议院。故必家有中资者,乃得举议员。今华商素鲜巨资,华民又无远志,议及大举筹饷,必皆推委默息,议与不议等耳,此无益者一。"

——摘自《劝学篇》

【材料2】 谭嗣同说:"生民之初,本无所谓君臣,则皆民也。民不能相治,亦不暇治,于是共举一民为君。""夫曰共举之,则因有民而后有君。君,末也;民,本也。"

——摘自《仁学》

【材料3】 严复说:"国者,斯民之公产也;王侯将相者,通国之公仆隶也。"

——摘自《辟韩》

请根据以上材料回答:

(1)张之洞为何认为民权无益?

(2)材料2、3,说明维新派在政治体制改革方面持何立场?

(3)结合材料1、2、3,说明维新派和守旧派论战的实质是什么?

推荐阅读文献

[1]陈旭麓.近代中国社会的新陈代谢[M].北京:生活·读书·新知三联书店,2018.
[2]李泽厚.中国近代思想史论[M].北京:生活·读书·新知三联书店,2008.
[3]罗尔纲.太平天国史纲[M].长沙:岳麓书社,2013.
[4]夏春涛.太平天国与晚清社会[M].北京:北京师范大学出版社,2018.
[5]丁贤俊.洋务运动史话[M].北京:社会科学文献出版社,2011.
[6]夏东元.洋务运动史(修订本)[M].上海:华东师范大学出版社,2009.
[7]茅海建.戊戌变法史事考初集[M].北京:生活·读书·新知三联书店,2018.
[8]茅海建.戊戌变法史事考二集[M].北京:生活·读书·新知三联书店,2018.
[9]梁启超.戊戌政变记[M].长沙:岳麓书社,2011.
[10]王鲁英,刘斌,宫燕.中国近现代史纲要[M].北京:中共中央党校出版社,2012.
[11]钟俊生,杜志明,金万成.中国近现代史专题研究[M].沈阳:东北大学出版社,2014.
[12]王建军.中国教育史新编[M].广州:广东高等教育出版社,2014.

第三章　辛亥革命与君主专制制度的终结

(1) 举起近代民族民主革命的旗帜 $\begin{cases} 辛亥革命爆发的历史条件 \\ 资产阶级革命派的活动 \\ 三民主义学说和资产阶级共和国方案 \\ 关于革命与改良的辩论 \end{cases}$

(2) 辛亥革命与建立民国 $\begin{cases} 封建帝制的覆灭 \\ 中华民国的建立 \end{cases}$

(3) 辛亥革命的失败 $\begin{cases} 封建军阀专制统治的形成 \\ 旧民主主义革命的失败 \end{cases}$

（1）中国同盟会。1905年8月20日，孙中山和黄兴、宋教仁等人以兴中会和华兴会为基础，在日本东京成立中国同盟会，孙中山被公举为总理，黄兴被任命为执行部庶务，实际主持会内日常工作。同盟会以《民报》为机关报，并确定了革命纲领。它是近代中国第一个领导资产阶级革命的全国性政党，它的成立标志着中国资产阶级民主革命进入了一个新的阶段。

（2）黄花岗起义。为推翻清政府的统治，以孙中山为首的资产阶级革命党人在辛亥革命之前曾先后发动了多次武装起义，其中，影响最大的是1911年4月27日举行的广州起义。是日，黄兴率敢死队120余人在广州举行起义，大部在激战中牺牲。其中七十二烈士的遗骸被葬于黄花岗，故是役史称"黄花岗起义"。

（3）保路运动。1905年，湖北、湖南、广东三省人民从美国资本家手中收回粤汉铁路，清政府允许三省人民分段集股自造。1911年5月，清政府宣布"铁路干线收归国有"，并与四国银行团订立粤汉、川汉铁路借款合同，借"国有"名义把铁路利权出卖给帝国主义，同时借此"劫夺"商股。此举引发了湖北、湖南、广东、四川四省的保路运动，其中以四川为最烈。参加保路同志会者达数十万人，清政府下令镇压。1911年9月7日，四川总督赵尔丰枪杀请愿群众，激起川民更大愤怒，保路运动由和平请愿转为武装暴动。清政府急调湖北新军入川，从而为武昌起义的成功创造了条件。

(4)《中华民国临时约法》。1912年3月,南京临时参议院颁布了《中华民国临时约法》。这是中国历史上第一部具有资产阶级共和国宪法性质的法典。它确立了"主权在民""三权分立"等原则;规定中华民国国民一律平等,并且享有各项基本的自由和民主权利。这部法典以根本大法的形式废除了两千多年来的封建君主专制制度,确认了资产阶级共和国的政治制度。《中华民国临时约法》是辛亥革命的重要成果。1914年5月,被《中华民国约法》取代。

(5)二次革命。1913年初,国民党领袖宋教仁准备组织责任内阁,在中国推行资产阶级议会民主制度,袁世凯为阻止国民党执政,指使心腹收买刺客暗杀了宋教仁。宋教仁遇刺事件,使孙中山开始看清了袁世凯的真面目,于是,毅然发动了武装反袁的"二次革命"。不过,这次革命由于北洋军阀在军事上占绝对优势,而国民党方面缺乏兵力和财力,内部意见又不一致,结果只坚持了两个月便失败了。

(6)善后大借款。1913年4月,袁世凯为消灭国民党在南方各省的革命势力,以办理"善后"为名,未经国会同意,先后与英、法、德、俄、日五国银行团非法签订《善后借款合同》,借款2 500万英镑,以中国的盐税、关税及直隶、山东、河南、江苏四省中央税款为担保。借款合同成立后,袁世凯即向南方革命党人发动了军事进攻。

(7)中华革命党。1913年,二次革命失败之后,孙中山逃亡到了日本。他从二次革命的失败中深切地感到:国民党内部思想混乱,组织严重不纯,已不能领导革命继续前进,所以,他决心重组新党,拯救革命。1914年7月8日,孙中山在日本东京成立了中华革命党。中华革命党以推翻袁世凯专制政府、建设完全民国为目的。不过,由于该党带有强烈的宗派性,严重脱离群众,因而参加的人数很少,社会影响不大。

(8)筹安会。1915年8月14日,由袁世凯授意,杨度联络孙毓筠、李燮和、胡瑛、刘师培、严复,联名发起成立"筹安会"。筹安会打着"学术团体"的招牌,宣称其宗旨是"筹一国之治安","研究君主、民主国体何者适于中国",实则是伪造民意,为袁世凯复辟帝制制造舆论。

(9)护国运动。1915年,袁世凯复辟帝制,激起了全国各界人民的反对。蔡锷、李烈钧与唐继尧等通电反袁,宣布云南独立,成立护国军。贵州、广西、广东等省也相继宣布独立,通电促袁退位。1916年3月,袁世凯被迫宣布取消帝制,但仍居大总统之位,遭到各方反对。6月,袁世凯忧惧而死。进步党联络西南各省实力派,与北洋军阀段祺瑞相勾结,以黎元洪继任总统、恢复国会为条件,结束了护国战争,护国运动随之结束。

(10)护法运动。1917年,段祺瑞在镇压了张勋复辟,掌握了北洋政府之后,拒绝恢复《临时约法》和国会。在此局面下,孙中山举起了"护法"的旗帜。由于不掌握军队,孙中山不得不依靠与皖系军阀有矛盾的西南军阀。1917年9月,以孙中山为大元帅的护法军政府在广州成立,并出师北伐。然而,不久后,西南军阀与直系军阀勾结,擅自停战,并排挤孙中山,改组军政府。1918年5月,孙中山愤而离开广州,去往上海,护法运动失败。

(一)如何理解辛亥革命与清末"新政"的内在联系?

尽管革命者与"新政"的主持者——清朝统治者彼此对立,但辛亥革命与清末"新政"却互相联系、互相依存，无法割断彼此间多方面的因果关系，主要表现在以下几个方面。

其一，孙中山等革命者的活动迫使清朝统治者加快推行"新政"，特别是政治体制改革即预备立宪的步伐。统治者已然明白，唯有尽快推行"新政"，才能将自身的统治秩序维持下去，使"内乱可弭"。然而，统治者的预备立宪反而促使革命者抓紧革命反清的准备。后者试图抢在宪法与君主立宪制确立之前推翻清朝，以免爱新觉罗家族成为宪法所规定的"万世一系"的合法统治者。

其二，"新政"期间，新军的编练、科举制废除之后士人群体的分化、新式知识分子的兴起，为革命阵营准备了可资发动的基本力量。

其三，"新政"期间，资本主义经济的发展、预备立宪的展开，为革命者准备了自己的同盟军和合作者——资产阶级和君主立宪论者。

其四，预备立宪期间，关于民权思想的公开宣传以及历次国会请愿运动的实践，为中华民国成立后的民权政治建设提供了一定的条件。

其五，南京临时政府的财政危机亦与晚清统治者的财政危机一脉相承。清朝政府早已国库空虚，在经济上留下了一个烂摊子。这既有利于革命者推翻它，也在一定程度上限制了取而代之的南京临时政府可资利用的经济资源，不利于革命者自身的政权建设。

其六，民国初期的军阀割据与混战也同清末中央权力式微与地方督抚专权的趋势有关。

可以说，"新政"的主持者与革命者之间固然势同水火，彼此难容，但"新政"与反清革命运动之间实际上存在一种相互依存、相互制约的关系。

（二）孙中山"三民主义"思想的主要内容

"三民主义"是伟大的民主革命的先行者孙中山先生所倡导的中国民主革命纲领。它由民族主义、民权主义和民生主义三部分构成，简称"三民主义"。"三民主义"准确地反映了旧民主主义革命时期中国社会的基本矛盾，提出了革命将要承担的三大斗争任务。

民族主义是孙中山首先揭橥的战斗旗帜。它反映了近代中国社会错综复杂的民族矛盾——既有帝国主义同中华民族的矛盾，又有以满族贵族为首的清朝统治集团同汉族及其他少数民族的矛盾，而帝国主义和清朝统治集团正日益勾结起来。民族主义的主要内容之一，就是"反满"。"驱除鞑虏，恢复中华"，始终是资产阶级革命民主派在清末的战斗口号。这不仅由于清王朝是一个由满族贵族"宰制于上"的封建专制政权，还因为它已经成为"洋人的朝廷"。"反满"口号所以具有广泛的动员意义，原因就在于此。避免中国被瓜分、共管的厄运，争取民族的独立和解放，是民族主义的另一主要内容。在《民报》发刊词中，孙中山把"外邦逼之"和"异种残之"并列为民族主义"殆不可须臾缓"的基本原因。"非革命无以救垂亡"，而革命必须"先倒满洲政府"，民族主义的反对帝国主义压迫的意义蕴涵于此。

民权主义是三民主义的核心。它反映了近代中国社会的又一个主要矛盾，即封建主义和人民大众的矛盾。民权主义的基本内容是：揭露和批判封建专制主义，指出封建的社会政治制度剥夺了人权，因而，决非"平等的国民所堪受"；必须经由"国民革命"的途径推翻封建帝制，代之以"民主立宪"的共和制度，结束"以千年专制之毒而不解"的严重状态。与这种"国体"的"变革"相适应，关于政体的擘划也构成民权主义的重要内容。

民生主义是孙中山的"社会革命"纲领，它希望解决的课题是中国的近代化，即发展资本主义经济，使中国由贫弱至富强；同时还包含着关怀劳动人民生活福利的内容，以及对资本主义社会经济溃疡的批判和由此产生的"对社会主义的同情"。孙中山把民生主义的主要内容归结为土地与资本两大问题。"平均地权""土地国有"是孙中山的土地方案，主要内容为"当改良社会经济组织，核定天下地价。其现有之地价仍归原主所有，其革命后社会改良进步之增价，则归于国家，为国民所共享"。孙中山认为这一方案的实施可以防止垄断，也能使"公家愈富"，从而促进"社会发达"。在有关资本的课题上，孙中山确认"实业主义为中国所必须"。他认为中国的近代化是历史的必然趋势，《实业计划》一书就是发展社会经济的宏伟蓝图。他把发展社会经济的途径归结为"节制资本"和发展"国家社会主义"，即将"不能委诸个人及有独占性质"的"大实业"（如铁路、电气和水利等）"皆归国有"，因为这既可"防资本家垄断之流弊"，又得以"合全国之资力"。民生主义实质上是最大限度发展资本主义的方案，虽然它涂上了主观社会主义的色彩。

（三）革命派在与改良派的论战中是如何论述革命的必要性、正义性、进步性的？

1905年至1907年间，围绕中国究竟应该采用何种手段——革命的还是改良的，来推翻清朝统治的问题，革命派与改良派展开了一场大论战。

改良派声称，在清朝统治下，"举国人民其在法律上本已平等，无别享特权者"，因此民族革命是完全不必要的。革命会引起下层社会暴乱，招致外国的干涉、瓜分，使中国"流血成河""亡国灭种"，所以要爱国就不能革命，只能改良和立宪。

革命派以大量事实揭露清朝统治者施行的种族压迫、奴役及歧视政策，强调救国必先反清排满，铲除异族政府。他们控诉了清政府卖国媚外的罪行，强调欲救中国，免除民族灾难，只有坚决推倒清朝专制政府，指出"满洲去，则中国强"。针对改良派曲解"排满"口号是"种族复仇"的谬论，革命派声明"排满"只是"仇一姓""不仇一族"，种族革命并非尽杀满族数百万众，而是"倾覆其政府，不使少数人扼我主权，为制于上之谓也"，明确地把满族平民与满族贵族区分开来，将打击矛头指向封建统治者。他们一针见血地指出：清政府是帝国主义的鹰犬，因此，爱国必须革命，只有通过革命，才能"免瓜分之祸"，获得民族独立和社会进步。

针对改良派提出的因革命要"杀人流血""破坏一切"而不可革命的说法，他们指出：第一，进行革命，固然会有牺牲，但是，不进行革命，而容忍清王朝在中国的统治，则意味着中国人民将长期地遭受难堪的痛苦和作出更大的牺牲。由于害怕流血牺牲就否定革命，"是何异见将溃之疽而戒毋施刀圭？"革命虽不免流血，但可"救世救人"，是治疗社会的捷径。第二，人们在革命过程中所付出的努力，乃至作出的牺牲，是以换取历史的进步作为补偿的。也就是说，革命本身正为了建设，破坏和建设是革命的两个方面。

经过这场论战，革命派进一步划清了与改良派的界限，使人们清楚地认识到了革命的必要性、正义性和进步性。

（四）如何正确理解"孙中山领导的辛亥革命"？

毛泽东在《纪念孙中山先生》一文中称孙中山为"中国民主革命的伟大先行者"，并称赞他在辛亥革命时期领导人民推翻了帝制，建立了共和国的丰功伟绩。孙中山对于20世纪中国历史的贡献，史学界早已达成共识。但辛亥革命时期，孙中山远在美国，并没有直接指导参与其中任何一次起义，为何说他是辛亥革命的领导者？

其原因主要在于：

其一，孙中山是资产阶级革命民主派的卓越政治、思想代表。他首先提出了比较明确的、系统的民主革命纲领。在当时的历史条件下，他所倡导的三民主义无疑是最先进、最科学的社会政治和经济变革方案。它在解决近代中国民主革命所面临的中心课题——独立、民主和富强方面，较之农民阶级和资产阶级维新派的纲领优越得多。旧民主主义革命运动获得了三民主义的指导，方才具有比较完全的意义，从而跨越了鸦片战争以来长达半个世纪的"准备阶段"。

其二，孙中山是资产阶级革命民主派的杰出领袖。1894年冬，他在檀香山组织了第一个革命小团体兴中会。10年后，他创建了统一的、全国性的革命政党——中国同盟会。这个具有近代形态的政党，在政治上、思想上和组织上都有其不可比拟的优点。农民阶级的秘密结社固然难于望其项背，资产阶级维新派的"学会"也不可同日而语。革命政党的领导是正规的民主革命得以实现的重要因素。辛亥革命主要就是由同盟会所领导的。

其三，孙中山是革命的"战争事业"的坚决倡导者。他把反清武装斗争当作民主革命的主要手段，始终重视革命暴力的作用，既摒弃了资产阶级维新派的上书、请愿方式，又超越了局囿于皇权主义的农民战争。孙中山关于武装斗争的理论和实践有着重大意义，反映了近代中国民主革命的一个基本特点——武装的革命反对武装的反革命。摧毁了清王朝的辛亥革命，实质上是一场全国范围的武装斗争。

其四，孙中山是共和国的真正缔造者和捍卫者。他在武昌起义后全国半数以上省份独立的时刻返回祖国，建立共和国成为迫在眉睫的主要任务。他被推选为中华民国的首任临时大总统，组建和主持了设在南京的临时政府。在短暂而又困难的三个月里，他力求对共和制度有所建树。当辛亥革命的成果被袁世凯及其后继者攫夺后，他又举起了旨在捍卫共和国的"二次革命"、中华革命党反袁斗争和"护法运动"的旗帜。

由此可见，孙中山的活动是与辛亥革命的全过程相始终的。"孙中山领导的辛亥革命"确为实至名归的评价。

（五）如何评价南京临时政府的历史地位？

南京临时政府是辛亥革命时期资产阶级在南京建立的临时中央政权。1912年1月1日，孙中山宣誓就任中华民国临时大总统，中华民国临时政府正式成立。1912年4月2日，由于新任中华民国临时大总统袁世凯拒绝南下就职，南京临时参议院决定临时政府迁往北京，南京临时政府遂告结束。南京临时政府存在的时间虽短，然其在中国近代历史上的重要地位应予以肯定。

首先，南京临时政府是中国历史上第一个资产阶级民主共和国政府。这个有别于中国两千多年封建王朝的资产阶级政权的建立，使中国社会跨入了一个新的时代。它提出并确立了资产阶级共和国的若干基本原则，包括：其一，实行民主共和，反对封建专制；其二，主张"国家之本，在于人民"；其三，倡言"民族之统一"；其四，力主"领土之统一"。此外，它还推行选举制度。凡此种种，不仅是中国政治现代化的重要标志，更是中国朝着近代民族国家的重大迈进。

其次，南京临时政府颁布了第一部具有资产阶级共和国性质的宪法——《中华民国临时约法》（以下简称《临时约法》）。《临时约法》确认主权在民，规定，"中华民国之主权属于国民全体"，而"以参议院、临时大总统、国务员、法院行使其统治权"。《临时约法》确立了"三权分立"

的原则,规定参议院行使立法权,参议员由各省选派。临时大总统代表临时政府总揽政务。国务总理及各部总长称国务员,辅佐临时大总统负其责任。法院行使司法权。参议院有权弹劾大总统和国务员。《临时约法》还肯定了国民的基本权利,规定中华民国国民一律平等,享有人身、财产、集会、结社、出版、言论等自由,享有请愿、陈诉、考试、选举与被选举等民主权利。这样,《临时约法》就以根本大法的形式废除了两千多年来的封建君主专制制度,确认了资产阶级共和国的政治制度。

再次,南京临时政府制定并颁布了一系列具有改革性质的条例法规。这些条例法规涉及社会习俗、道德风尚、工商矿业、财政金融、文化教育等诸多方面。它使资产阶级民主共和国的建设目标更加具体化,使南京临时政府作为现代国家政府的形象更加鲜明。

总之,南京临时政府是一个资产阶级共和国性质的政权,是辛亥革命的重要成果。它是中国走向近代民族国家的重要标志,有着十分重要的历史地位。

(六)如何理解中国比较完全意义上的资产阶级民主革命是从孙中山开始的?

中国的资产阶级民主革命,按照毛泽东的说法,就是要破坏帝国主义和封建主义。

孙中山生活在19世纪后半叶至20世纪初叶,那时中国遭受着帝国主义列强的野蛮蹂躏和侵略,中国人民遭受着封建制度的腐朽统治和压迫,中国的民族独立受到严重侵害,主权不断丧失,中国成为半殖民地半封建社会,中国人民处于水深火热之中。先进的中国人在苦难中觉醒,奋起反抗,追求中国的独立和富强,孙中山就是其中的杰出代表。

其一,孙中山明确提出了用革命的手段推翻清王朝的统治,他不同于以前的其他派别。

孙中山早年也曾经尝试过采取和平的手段来推进中国的变革和进步,但经过现实的教育,他逐渐认识到只有推翻清朝政府的统治,以一个新的、开明的、进步的政府来代替旧政府,把过时的清朝君主政体变为"中华民国",才能真正解决中国问题。

其二,孙中山成立了中国第一个资产阶级革命政党——中国同盟会,制定了一个完整的资产阶级民主革命纲领——三民主义。

成立于1905年的中国同盟会是近代中国第一个领导资产阶级革命的全国性政党,它的成立标志着中国资产阶级民主革命进入了一个新的阶段。孙中山的三民主义学说,初步描绘出了一个中国还不曾有过的资产阶级共和国方案,是一个比较完整而明确的资产阶级民主革命纲领。它的提出,对推动革命的发展产生了重大而积极的影响。

其三,孙中山领导和影响了一系列武装起义。

自兴中会成立伊始,孙中山便全身心地投入到反对帝国主义和封建统治的革命事业之中,他奔走于海内外,联合各方力量,建立革命团体,从事宣传鼓动,组织和发动了一系列武装起义。

其四,孙中山建立了中国第一个资产阶级共和民主政府——南京临时政府,颁布了一系列有利于资本主义发展和资产阶级利益的政策和措施。

1912年1月1日,孙中山在南京宣誓就任中华民国临时大总统,成立中华民国临时政府。南京临时政府是一个资产阶级共和国性质的革命政权。在孙中山的领导下,南京临时政府制定和颁布了一系列集中代表和反映中国民族资产阶级愿望和利益的政策措施。例如:扫除种种封建弊端,保护人权;鼓励发展资本主义工商业;宣布改革文化教育制度,否定忠君尊孔教育等。

其五，辛亥革命失败后，孙中山进行了一系列挽救民主共和的努力。

袁世凯窃国后，孙中山起初一度受到袁世凯的欺骗，以修建铁路、发展实业为己任。1913年宋教仁遇刺后，他开始看清了袁世凯的真面目，毅然发动武装反袁的"二次革命"，开始了挽救民主共和的努力，先后组织了中华革命党、护法运动等，但最终其努力均受挫，旧民主主义革命陷入绝境。

正是鉴于孙中山所从事的以上资产阶级革命事业，毛泽东指出："中国反帝反封建的资产阶级民主革命，正规地说起来，是从孙中山先生开始的。"

（七）为什么说孙中山领导的辛亥革命引起了近代中国的历史性巨大变化？

在近代历史上，辛亥革命是中国人民为救亡图存、振兴中华而奋起革命的一个里程碑，它使中国发生了历史性的巨变。

第一，辛亥革命推翻了封建势力的政治代表、帝国主义在中国的代理人清王朝的统治，沉重打击了中外反动势力，使中国反动统治者在政治上乱了阵脚。在这以后，帝国主义和封建势力在中国再也不能建立起比较稳定的统治，从而为中国人民斗争的发展开辟了道路。

第二，辛亥革命结束了中国两千多年封建社会的君主专制制度，建立了中国历史上第一个资产阶级共和政府，使民主共和的观念开始深入人心，并在中国形成了"敢有帝制自为者，天下共击之"的民主主义观念。正因为如此，当袁世凯、张勋先后复辟帝制时，均受到了社会舆论的强烈谴责和人民群众的坚决反抗。

第三，辛亥革命推动了中国人民的思想解放。自古以来，皇帝被看作至高无上、神圣不可侵犯的绝对权威，如今连皇帝都可以被打倒，那么还有什么陈腐的东西不可以被怀疑、不可以被抛弃？辛亥革命激发了人民的爱国热情和民族觉醒，打开了禁锢思想进步的闸门。

第四，辛亥革命推动了中国的社会变革，促使中国的社会经济、思想习惯和社会风俗等方面发生了新的积极变化。南京临时政府成立后，先后颁布了一系列有利于工商业发展的政策和措施，以推动民族资本主义经济的发展，使随后的几年成了资本主义发展的"黄金时代"。革命政府还提倡社会新风，扫除旧时代的"风俗之害"。如：下级官吏见上级官吏不再行跪拜礼；男子以"先生""君"的互称取代"老爷"等称呼；男子剪辫、女子放足等。这些变化不仅改变了社会风气，也有助于人们的精神解放。

（八）以袁世凯为首的北洋政府的专制统治的主要表现是什么？

袁世凯窃夺辛亥革命的果实之后，建立了代表大地主和买办资产阶级利益的北洋军阀反动政权。

首先，在政治上，北洋政府实行军阀官僚的专制统治。以袁世凯为首的封建军阀大力扩充军队，建立特务、警察系统。他们制定《暂行新刑律》《戒严法》等一系列反动法令，剥夺《临时约法》赋予人民的言论、出版、集会、结社等各种政治权利，任意逮捕、杀害革命党人和无辜民众。民国初年，从形式上看，有了约法，有了国会，有了众多的公开活动的政党，当时的中国似乎有点像民主共和国的样子了。实际上，全部政权都操纵在以袁世凯为首的北洋军阀手里，他们对资产阶级民主制度是不能容忍的。从1913年到1914年短短一年多的时间里，通过暗杀宋教仁，镇压二次革命，解散国民党，遣散国会议员，撕毁《临时约法》，修改《总统选举法》，袁世凯治下的中华民国很快便只剩下一块空招牌。而及至1915年，袁世凯更是公然迈出了复辟帝制的步伐。1915年12月12日,袁世凯发表接受帝位申令。第二天,在中南海居仁堂接受百官朝贺。12月31日,下令以1916年为"中华帝国洪宪元年",准备在元旦举行登基大典。但是,帝制复辟活动遭到举国反对,袁世凯从1916年1月1日到3月23日只当了83天皇帝就被迫取消帝制和洪宪年号。

其次,在经济上,北洋政府竭力维护帝国主义、地主阶级和买办资产阶级的利益。军阀、官僚本身就是大地主,他们还以各种手段兼并土地。北洋政府还通过"清丈地亩"、征收各种苛捐杂税等手段,对农民进行压榨。另外,军阀与官僚还借助于政治势力,组成官僚买办资本集团,操纵、垄断财政金融和工业、运输业等。

最后,在文化思想方面,尊孔复古思潮猖獗一时。1913年6月,袁世凯向全国发布《通令尊崇孔圣文》。不久,又命令全国恢复祀孔、祭孔典礼,恢复跪拜礼节,中、小学恢复尊孔读经。一些清朝遗老遗少、保守分子纷纷组织孔教会、孔道会、尊孔会等尊孔复古团体,发行《不忍》杂志、《孔教会杂志》等尊孔刊物。他们攻击民主共和,宣传封建伦常,甚至要求将孔教定为"国教"。一些帝国主义分子也鼓吹孔教是"中国独一无二之根本",只有尊孔才能避免"人人之心皆为革命所颠倒"。

袁世凯当权时,北洋政府统治下的中国在形式上是统一的。在1916年袁称帝败亡之后,连这种形式上的统一也维持不住了,中国陷入了军阀割据的局面。军阀的专制统治和割据、纷争乃至混战,给人民带来无穷灾难,使经济遭到极大破坏。

总之,北洋政府从政治上、经济上和文化思想上对辛亥革命进行了全面的反攻倒算。中国重新落入了黑暗的深渊。

(九)孙中山为挽救共和进行了哪些斗争?

辛亥革命失败后,孙中山为捍卫辛亥革命成果,进行了一系列挽救共和的斗争。

其一,发动二次革命。1913年宋教仁被刺后,孙中山开始看清了袁世凯的真面目,毅然发动武装反袁的"二次革命"。

其二,组织中华革命党。二次革命失败后,孙中山流亡日本。1914年,孙中山在日本组织中华革命党,继续坚持反袁武装斗争。

其三,响应护国运动。1915年12月25日,即袁世凯准备"登极"前一周,蔡锷等在云南组织"护国军",宣布"独立",发起护国运动。孙中山积极响应,他致电海内外,并发表第二次讨袁宣言。

其四,发动护法运动。皖系军阀头子段祺瑞掌握北洋政府后,变本加厉地推行独裁卖国的反动统治,拒绝恢复《临时约法》和国会。在这种局面下,孙中山举起了"护法"的旗帜,发起护法运动。

其五,成立中国国民党。1919年10月,孙中山将中华革命党改组为中国国民党,继续开展捍卫约法、恢复民国的斗争。

辛亥革命后,孙中山为了维护辛亥革命的成果,曾进行了不屈不挠的斗争,虽遭受了许多挫折和失败,却始终坚持奋斗,不愧是中国民主革命的伟大的先行者。

(十)辛亥革命为什么会失败?它的失败说明了什么?

辛亥革命之所以失败,从根本上说,是因为在帝国主义时代,在半殖民地半封建的中国,资本主义的建国方案是行不通的。尽管当时先进的中国人真诚地希望把中国建设成为资产阶级共和国,但是,帝国主义绝不容许中国建立一个独立、富强的资产阶级共和国,从而使自己失去中国这个占世界人口四分之一的剥削、奴役的对象。因此,它们用政治、外交、军事、经济、财政等各种手段来破坏、干涉中国革命,扶植并支持它们的代理人袁世凯夺取政权。帝国主义与以袁世凯为代表的大地主大买办势力以及旧官僚、立宪派一起勾结起来,从外部和内部绞杀了这场革命。

另外,这场革命之所以失败,从主观方面来说,在于它的领导者资产阶级革命派本身存在着许多弱点和错误。主要表现在:

第一,没有提出彻底的反帝反封建的革命纲领。他们没有明确提出反帝的口号,甚至幻想以妥协退让来换取帝国主义对中国革命的承认和支持。他们只强调反满和建立共和政体,并没有认识到必须反对整个封建统治阶级,致使一些汉族旧官僚、旧军官也混入革命的营垒,为辛亥革命埋下了失败的种子。

第二,不能充分发动和依靠人民群众。由于中国民族资产阶级同封建势力有着千丝万缕的联系,因而不敢依靠反封建的主力军农民群众。正因为中国民主革命的主力军农民没有被动员起来,这个革命的根基就显得相当单薄。

第三,不能建立坚强的革命政党,作为团结一切革命力量的强有力的核心。同盟会建立后缺乏严密的组织和纪律,内部的组织比较松散,派系纷杂,缺乏一个统一和稳定的领导核心。没有一个坚强的革命政党,就不能使革命者紧密地团结起来形成坚强的战斗力。袁世凯能够窃取辛亥革命果实,也与同盟会的涣散、领导成员政见不一有关。

由于资产阶级革命派的上述弱点和错误,辛亥革命仅仅赶跑了一个皇帝,却没有能够改变封建主义和军阀官僚政治的统治基础,无法完成反帝反封建的根本任务。辛亥革命的失败表明,资产阶级共和国的方案没有能够救中国,先进的中国人需要进行新的探索,为中国谋求新的出路。

(一)单项选择题

1. 孙中山在《建国方略》中说,国人对待自己革命的态度,以庚子失败为界,"前后相较,差若天渊"。人们对孙中山倡导革命的态度发生根本变化的主要原因是(   )。

A. 民族资产阶级革命力量增强　　　　B. 清政府完全沦为帝国主义统治中国的工具
C. 资产阶级维新派的改革未成功　　　　D. 义和团运动的失败

2. 近代中国第一个领导资产阶级革命的全国性政党是(   )。

A. 强学会　　　　B. 兴中会　　　　C. 中国同盟会　　　　D. 国民党

3. 1905年11月,孙中山在《民报》发刊词中将中国同盟会的纲领概括为(   )。

A. 创立民国、平均地权　　　　B. 驱除鞑虏、恢复中华、创立合众政府
C. 民族主义、民权主义、民生主义　　　　D. 联俄、联共、扶助农工

4. 康有为曾提出,"夫革命非一国之吉祥善事也""革命未成,而国大涂炭,则民权自由,且不可得也。是故真有爱国之心,爱民之诚,但言民权自由可矣,不必谈革命也"。而革命党人陈天华在《猛回头》中痛心疾首地指出,"这中国哪一点我还有份;这朝廷原是个名存实亡",并以

"太息神州今去矣,劝君猛醒莫徘徊"作为文章结尾,号召革命。这表明,革命派和改良派之间的论战焦点是(   )。

   A. 要不要兴民权、设议院,实行君主立宪　　B. 要不要进行维新变法
   C. 要不要以革命手段推翻清王朝　　　　　D. 要不要学习西方政治制度

5. 中国历史上第一部具有资产阶级共和国宪法性质的法典是(   )。

   A.《钦定宪法大纲》　　　　　　　　　　B.《中华民国临时约法》
   C.《中华民国约法》　　　　　　　　　　D.《试训政纲领》

6. 袁世凯复辟帝制的年号为(   )。

   A. 洪宪　　　　B. 同治　　　　C. 光绪　　　　D. 咸丰

7. 1917年,孙中山针对(   ),指出"以假共和之面孔,行真专制之手段",并举起"护法"旗帜。

   A. 黎元洪　　　B. 张勋　　　　C. 张作霖　　　D. 段祺瑞

8. 振兴中华的口号是由(   )率先提出的。

   A. 梁启超　　　B. 孙中山　　　C. 蔡元培　　　D. 陈独秀

9.【2015年考研真题】毛泽东在谈到辛亥革命时指出,辛亥革命有它胜利的地方,也有它失败的地方,"辛亥革命把皇帝赶跑,这不是胜利了吗?说它失败,是说辛亥革命只把一个皇帝赶跑"。毛泽东这里所说的"只把一个皇帝赶跑"是指(   )。

   A. 反帝反封建的革命任务没有完成　　　　B. 没有推翻帝制
   C. 孙中山没有继续革命　　　　　　　　　D. 袁世凯窃夺了胜利果实

10. 辛亥革命失败的根本原因在于(   )。

   A. 帝国主义的干涉
   B. 立宪派、旧官僚投机革命
   C. 袁世凯的背叛
   D. 在帝国主义时代,在半殖民地半封建的中国,资本主义的建国方案行不通

(二)多项选择题

1. 20世纪初,宣传民主革命思想的书籍纷纷涌现,其中包括(   )。

   A.《革命军》　　　　　　　　　　　　　B.《猛回头》《警世钟》
   C.《变法通议》　　　　　　　　　　　　D.《驳康有为论革命书》

2. 孙中山所设计的资产阶级共和国方案,在中国近代思想史上占有重要地位,主要体现在(   )。

   A. 冲破了几千年的封建君主专制制度束缚,提供了一个崭新的国家模式
   B. 以"天下为公"思想冲破了封建等级观念
   C. 富国强民的政治思想,给未来的国家发展指明了方向
   D. 试图吸取西方政治思想的精华,同时避免西方社会的弊病

3. 1905年至1907年间,资产阶级革命派与改良派论战的主要议题是(   )。

   A. 要不要以革命手段推翻清王朝　　　　　B. 要不要推翻帝制,实行共和
   C. 要不要进行社会革命　　　　　　　　　D. 要不要废科举、兴西学

4. 南京临时政府建立伊始,制定了一系列集中代表和反映中国民族资产阶级愿望和利益的政策,包括(   )。

A. 鼓励发展资本主义工商业,提倡兴办工厂、矿山、银行、垦殖事业等

B. 禁止刑讯、保护华侨、禁止贩卖华工、禁止买卖人口、废除奴婢等

C. 扫除种种封建弊端,保护人权

D. 发布《通令尊崇孔圣文》

5.【2014年考研真题】1912年3月,中华民国临时参议院颁布的《中华民国临时约法》是中国历史上第一部具有资产阶级共和国宪法性质的法典。毛泽东曾称赞它"带有革命性、民主性"。其"革命性、民主性"主要体现在(   )。

A. 它不承认清政府与列强签订的一切不平等条约

B. 它规定中华民国国民一律平等

C. 它规定中华民国之主权属于国民全体

D. 它以根本大法的形式废除了封建君主专制制度

6. 为了制约袁世凯,1912年2月13日,临时大总统孙中山在给临时参议院的辞职咨文中提出辞职的附加条件是(   )。

A. 新总统承认共和　　　　　　　B. 以南京为首都

C. 新总统在南京就职　　　　　　D. 新总统遵守《中华民国临时约法》

7. 辛亥革命失败后,资产阶级革命派为挽救革命成果而进行的斗争主要有(   )。

A. 二次革命　　　B. 护国运动　　　C. 护法运动　　　D. 保路风潮

8.【2017年考研真题】孙中山先生是伟大的民族英雄,伟大的爱国主义者,中国民主革命的伟大先驱,一生以革命为己任,立志救国救民,为中华民族作出了彪炳史册的贡献。孙中山先生的伟大表现在(   )。

A. 坚定维护民主共和制度和国家完整统一

B. 发动了以推翻北洋军阀统治为目标的北伐战争

C. 重新解释三民主义并提出了联俄、联共、扶助农工三大政策

D. 领导了辛亥革命

9.【2011年考研真题】辛亥革命是我国近代史上一次比较完全意义上的资产阶级民主革命,这次革命(   )。

A. 提出了平均地权、耕者有其田的重要原则

B. 建立了中国近代史上第一个资产阶级政党

C. 制定了比较完整的资产阶级民主革命纲领

D. 结束了封建君主专制制度,建立了资产阶级共和国

10. 辛亥革命失败的原因在于(   )。

A. 资本主义的建国方案并不是半殖民地半封建中国的治病良方

B. 资产阶级革命派没有提出彻底的反帝反封建的革命纲领

C. 不能充分发动和依靠人民群众

D. 不能建立坚强的革命政党

(三)问答题

1. 革命派在与改良派的论战中是如何论述革命的必要性、正义性、进步性的?

2. 为什么说孙中山领导的辛亥革命引起了近代中国的历史性巨大变化?

3. 袁世凯是怎样窃取辛亥革命胜利果实的?

4. 孙中山为挽救共和进行了哪些斗争?

5. 辛亥革命为什么会失败?它的失败说明了什么?

(四)材料分析题

材料分析题1【2012年考研真题】

【材料1】 余维欧美之进化,凡以三大主义:曰民族,曰民权,曰民生。罗马之亡,民族主义兴,而欧洲各国以独立。泊自帝其国,威行专制,在下者不堪其苦,则民权主义起。十八世纪之末,十九世纪之初,专制仆而立宪政体殖焉。世界开化,人智益蒸,物质发舒,百年锐于千载,经济问题继政治问题之后,则民生主义跃跃然动,二十世纪不得不为民生主义之擅场时代也。是三大主义皆基本于民,递嬗变易,而欧美之人种胥冶化焉。

中国数千年来都是君主专制政体,这种政体,不是平等自由的国民所堪忍受的,要去这种政体,不是专靠民族革命可以成功……我们推倒满洲政府,从驱除满人那一面说是民族革命,从颠覆君主政体那一面说是政治革命,并不是分作两次去做。讲到政治革命的结果,是建立民主立宪政体。照现在这样的政治论起来,就算汉人为君主,也不能不革命。

——摘自《孙中山全集》(第一卷)

【材料2】 一百多年以来,我们的先人以不屈不挠的斗争反对内外压迫者,从来没有停止过,其中包括伟大的中国革命先行者孙中山先生所领导的辛亥革命在内。我们的先人指示我们,叫我们完成他们的遗志。我们现在是这样做了。我们团结起来,以人民解放战争和人民大革命打倒了内外压迫者,宣布中华人民共和国成立。我们的民族将从此列入爱好和平自由的世界各民族的大家庭,以勇敢而勤劳的姿态工作着,创造自己的文明和幸福,同时也促进世界的和平和自由。我们的民族将再也不是一个被人侮辱的民族了,我们已经站起来了。

——摘自《毛泽东文集》(第五卷)

【材料3】 辛亥革命推翻了清王朝统治,结束了统治中国几千年的君主专制制度,传播了民主共和的理念,以巨大的震撼力和深刻的影响力推动了近代中国社会变革。虽然由于历史进程和社会条件的制约,辛亥革命没有改变旧中国半殖民地半封建的社会性质,没有改变中国人民的悲惨境遇,没有完成实现民族独立、人民解放的历史任务,但它开创了完全意义上的近代民族民主革命,极大推动了中华民族的思想解放,打开了中国进步潮流的闸门,为中华民族发展进步探索了道路。中国共产党人是孙中山先生开创的革命事业最坚定的支持者、最亲密的合作者、最忠实的继承者,不断实现和发展了孙中山先生和辛亥革命先驱的伟大抱负。

——摘自胡锦涛《在纪念辛亥革命100周年大会上的讲话》

请根据以上材料回答：

(1) 如何理解"就算汉人为君主,也不能不革命"？

(2) 为什么说中国共产党人是孙中山开创的革命事业"最忠实的继承者"？

材料分析题 2

【材料1】 若夫革命主义,为吾侪所倡言,万国所同喻,前次虽屡起屡蹶,外人无不鉴其同心。八月以来,义旗飙发,诸友邦之抱平和之望,持中立之态,而报纸及舆论,尤每表其同情,邻谊之笃,良足深谢。

——摘自《中华民国临时大总统宣言书》

【材料2】 凡革命以前所有满清政府与各国缔结之条约,民国均认为有效。

——摘自《临时大总统宣告各友邦书》

【材料3】 一切不平等条约,如外人租借地、领事裁判权……皆当取消,重订双方平等互尊主权之条约。

——摘自《中国国民党第一次全国代表大会宣言》

【材料4】 不过要以后真是和平统一,还是要军阀绝种;要军阀绝种,便要打破串通军阀来作恶的帝国主义;要打破帝国主义,必须废除中外一切不平等的条约。

——摘自孙中山1924年《在神户欢迎会上的演说》

请根据以上材料回答：

(1)材料1中孙中山对"诸友邦"的评价是否符合事实？据材料分析这种评价的思想根源。

(2)材料1、2的共同点是什么？说明什么问题？

(3)材料3和材料1、2相比,孙中山的态度有何变化？为什么会有这种变化？

(4)材料4反映出孙中山的认识又有怎样的提高？这种变化说明了什么？

推荐阅读文献

[1]习近平.在纪念孙中山先生诞辰150周年大会上的讲话[M].北京:人民出版社,2016.
[2]孙中山.三民主义[M].北京:东方出版社,2014.
[3]孙中山.建国方略[M].北京:中华书局,2011.
[4]左舜生.辛亥革命史[M].长沙:岳麓书社,2011.
[5]金冲及,胡绳武.辛亥革命史稿[M].上海:上海辞书出版社,2017.
[6]章开沅,林增平.辛亥革命史[M].北京:东方出版中心,2010.
[7]杨天石,谭徐锋.辛亥革命的影像记忆[M].北京:中国人民大学出版社,2011.
[8]杜亚泉.辛亥前十年中国政治通览[M].北京:中华书局,2012.
[9]雷颐.从甲午到辛亥——清王朝的最后时刻[M].北京:东方出版社,2015.

[10]胡绳武,金冲及.从辛亥革命到五四运动(上、下)[M].太原:山西人民出版社,2010.

[11]沈渭滨.孙中山与辛亥革命[M].上海:上海人民出版社,2016.

[12]茅家琦.孙中山评传[M].南京:南京大学出版社,2001.

[13]唐德刚.袁氏当国[M].桂林:广西师范大学出版社,2015.

[14]丁云.研究性教学视野下的《中国近现代史纲要》教学问题[M].北京:知识产权出版社,2014.

[15]齐鹏飞,汪云生,陈宗海."中国近现代史纲要"疑难解析[M].北京:中国人民大学出版社,2008.

[16]郭世佑.辛亥革命与清末"新政"的内在联系及其他[J].学术研究,2002,9:88-92.

[17]张磊.孙中山与辛亥革命——纪念辛亥革命90周年[J].广东社会科学,2001,5:74-82.

中 编

从五四运动到新中国成立(1919—1949)

综述 翻天覆地的三十年

(1)中国所处的时代和国际环境 $\begin{cases} 第一次世界大战和俄国十月革命后的世界 \\ 世界反法西斯战争及其胜利 \\ 反法西斯战争胜利后国际格局的深刻变化 \end{cases}$

(2)"三座大山"的重压 $\begin{cases} 外国垄断资本在中国的扩张 \\ 占优势地位的中国封建经济 \\ 官僚资本的急剧膨胀 \\ 民族资本主义经济的艰难处境 \end{cases}$

(3)两个中国之命运 $\begin{cases} 三种政治力量,三种建国方案 \\ 两种基本的选择,两个中国之命运 \end{cases}$

(1)新民主主义革命。中国在半殖民地半封建社会中,由无产阶级领导的,广大人民群众参加的,以推翻帝国主义、封建主义和官僚资本主义统治,建立无产阶级领导的各革命阶级联合专政为目标的革命。中国的民主革命经历了从旧民主主义革命到新民主主义革命的转变过程,这一转变始于五四运动。五四运动以后,中国的无产阶级成为了有觉悟的独立的政治力量。1921年中国共产党成立后,领导中国各族人民进行了反对帝国主义、封建主义和官僚资本主义的斗争。从此,中国的资产阶级民主革命就从旧民主主义革命转变为新民主主义革命。新民主主义革命的胜利,客观上为资本主义发展扫清了障碍,但其主要目的是为社会主义革命创造前提。

(2)十月革命。十月革命又称布尔什维克革命、俄国共产革命等,是1917年俄国革命经历了二月革命后的第二个阶段,发生于1917年11月7日(俄历10月25日)。十月革命是经列宁和托洛茨基领导下的布尔什维克领导的,联合贫苦农民举行的武装革命。起义最终推翻了以克伦斯基为领导的资产阶级俄国临时政府,建立了人类历史上第三个无产阶级政权——苏维埃政权和第一个社会主义国家,为1918—1920年的俄国内战和1922年苏联成立奠定了基础。十月革命不仅开创了俄国历史的新纪元,也开创了世界历史的新纪元。革命的胜利给全世界无产阶级和被压迫的民族、国家指明了解放的方向。从此,殖民地半殖民地国家民族解放运动的地位和作用也发生了根本的改变,成为世界无产阶级革命的一部分。在十月革命的影响下,出现了世界革命的高潮。

(3)北洋军阀。在1902—1928年间存在的,由袁世凯建立起来的封建军阀集团。1902年时任直隶总督兼北洋大臣的袁世凯将武卫右军改称北洋常备军,"北洋军"之名自此始。此后,在袁世凯的极力扩充下成为清政府中最大的军事实力派。袁世凯窃取大总统职位后,将北洋军的大小头目分据全国各地,形成控制中央和地方政权的军事集团,被称为"北洋军阀"。1916年,袁死后,各将领划省割据导致分裂,主要派系有:长江中下流域及直隶由美国、英国扶植的直系军阀,代表人物有冯国璋、曹锟、吴佩孚、孙传芳等;安徽、浙江、山东、福建、陕西由日本扶植的皖系军阀,代表人物为段祺瑞;奉天、黑龙江、吉林由日本扶植的奉系军阀,代表人物为张作霖;山西由日本扶植的晋系军阀,代表人物为阎锡山。后经过二期北伐战争与东北易帜,1928年,北洋军阀归于消灭。

(4)第三国际。第三国际又称共产国际,是在列宁领导下于1919年3月成立的全世界共产党和共产主义组织的国际联合组织。在十月社会主义革命的推动和影响下,欧洲各国无产阶级革命运动迅速发展,许多国家先后建立了共产党。在革命运动高涨的形势下,新成立的各国共产党迫切需要建立新的国际组织。与此同时,列宁和布尔什维克党同第二国际修正主义者进行了坚决的斗争,对其修正主义思潮进行了有力的揭露和批判,为建立共产国际奠定了思想基础。共产国际第一次代表大会于1919年3月2日至6日在莫斯科举行,通过了《共产国际纲领》和《共产国际宣言》,正式成立共产国际。共产国际的建立,使各国无产阶级和革命人民有了一个团结战斗的中心,从而有力地推动了各国革命的发展。在共产国际的指导和帮助下,东方各殖民地半殖民地国家的民族解放运动也开始进入一个新的历史时期。

(5)中间路线。中间路线又称"第三条道路",是指中国人民解放战争时期代表民族资产阶级和上层小资产阶级的民主党派和民主人士的政治主张。既反对国民党的大地主大资产阶级的专政,也不赞成共产党的新民主主义革命路线,幻想另辟"第三条道路",实际上就是英美式的资本主义制度。由于打着"中立"的旗号,标榜"不左不右""不偏不倚",故称中间路线。这种资产阶级共和国的方案,对于地主阶级与买办性的大资产阶级专政的政治现实是一种批判,但在实际上却并不具备现实的可行性。随着国民党反动、独裁的面目日益暴露,人民解放战争的胜利发展,拥护这种主张的人,逐渐认识到"中间路线"在中国走不通,转而拥护中国共产党的主张。

(一)中国新民主主义革命是在什么时代条件下和国际环境中发生和发展的?

1919年以来的中国历史,尤其是中国共产党的创建和新民主主义革命发生和发展的历史的时代条件和国际环境如下。

1. 第一次世界大战的爆发

19世纪末20世纪初,西方发达国家从自由资本主义阶段进入垄断资本主义阶段即帝国主义阶段。当时,欧洲是世界的政治中心。外国在华侵略势力中,英国占主要地位。在帝国主义时代,各资本主义列强之间的激烈争夺,引发了1914年至1918年的第一次世界大战。大战的后果之一,是欧洲走向衰落(德国战败;英、法虽为战胜国,但受到削弱)和美国、日本的兴起。当欧洲国家忙于战争暂时放松对中国的经济侵略时,美国尤其是日本的对华商品倾销和资本输出迅速增加。大战结束后,英国势力又卷土重来。其后,日本侵略势力日益构成对中国的主要威胁。

2. 十月革命后的世界

1917年11月7日(俄历10月25日),俄国爆发十月社会主义革命。十月革命给世界人民的解放事业开辟了广大的可能性和现实的道路,建立了一条从西方无产者经过俄国革命到东方被压迫民族的新的反对世界帝国主义的革命战线。中国反帝反封建的民主革命从此成了世界无产阶级社会主义革命的一部分。1919年3月,列宁领导的共产国际宣告成立。它积极帮助包括中国在内的一些国家的先进分子创建共产党。亚洲、非洲、拉丁美洲人民逐步觉醒,开始进行反对帝国主义压迫的民族解放运动。

(二)新民主主义革命与旧民主主义革命相比有哪些新特点?

新民主主义革命与旧民主主义革命相比,在革命的领导权、指导思想、同盟军和革命前途等方面都有所不同。

(1)新民主主义革命的领导阶级是无产阶级,旧民主主义革命的领导权属于资产阶级和小资产阶级,这是两者的根本区别所在。无产阶级是中国社会新生产力的代表,深受帝国主义、资本主义和封建主义的三重压迫与剥削,是中国最革命的阶级。五四运动发生后,马克思主义同中国的工人运动相结合,产生了中国工人阶级自己的政党——中国共产党。从此无产阶级通过自己的先锋队中国共产党,担负起领导中国革命取得胜利的重任。

(2)新民主主义革命的指导思想是马克思主义。在旧民主主义革命时期,曾用近代西方资产阶级的政治学说指导革命,但都失败了。十月革命以后,中国人民接受了马克思主义的真理。中国共产党在领导中国人民进行革命斗争的过程中,把马克思主义的普遍真理和中国的具体实践相结合,形成了毛泽东思想。中国的新民主主义革命正是在马克思列宁主义、毛泽东思想的指导下取得胜利的。

(3)无产阶级领导的新民主主义革命的广大同盟军是农民。在资产阶级领导的旧民主主义革命中,虽然也有工人农民的参加,但是资产阶级害怕工农群众。五四运动以后,工人阶级把农民作为自己最广大最可靠的同盟军,并在中国共产党领导下进行土地革命,建立农村革命根据地,使中国革命的胜利获得了最基本的保证。

(4)新民主主义革命的前途是社会主义。资产阶级领导的旧民主主义革命的理想是在中国建立资产阶级共和国,但在世界进入帝国主义时代以后,旧民主主义革命已经没有前途。只有在无产阶级领导下,以马克思主义为指导思想,才能取得中国民主主义革命的彻底胜利。新民主主义革命胜利的最终目标是要建立人民民主专政的社会主义新中国。

(三)为什么中国的新民主主义革命必须把帝国主义、封建主义、官僚资本主义作为对象?

帝国主义、封建主义、官僚资本主义是长期压在中国人民头上的"三座大山"。这在北洋政府和国民党政府统治时期不仅没有改变,而且进一步加深。新民主主义革命必须以它们为对象。

(1)新民主主义革命必须以反对帝国主义、打破外国垄断资本的控制作为首要任务。因为帝国主义势力一直以各种形式维护和强化其在中国的特权,破坏中国的主权,损害中国人民的尊严;帝国主义通过在中国寻找代理人,使中国长期陷于军阀混战,社会秩序严重混乱;帝国主义利用各种不平等条约和公然的掠夺,垄断中国的经济命脉,扼杀中国民族经济;世界性经济危机发生后,日本帝国主义甚至野蛮发动侵略中国的战争,日军所到之处烧杀抢掠,无恶不作,中国人民遭到空前蹂躏,抗日战争胜利后美国又妄图取代日本的地位继续控制中国。

(2)新民主主义革命必须反对封建主义,进行土地制度的根本改革。因为中国要实现民族和人民的解放,必须将占人口绝大多数的农民解救出来,而农民最基本的生产资料是土地。在战国时代以来的整个中国历史中,土地问题始终是中国治乱兴衰的关键因素,也是农村生产力发展的决定性因素。地主占有大量土地,把土地出租给无地和少地的农民,借以剥削农民的封建制度,是两千多年来主导性的经济制度,也是农民生活始终贫困的根源。与此同时,由于农业生产力的低下,农村无法为中国工业的发展提供必要的商品粮、轻工业原料、工业品市场等条件,从而从根本上严重限制了中国工业的发展。

(3)新民主主义革命还必须反对官僚资本主义。1927年国民党建立全国政权后,与国家政权结合并依附于外国垄断资本的官僚买办资本急剧膨胀起来,成为这个政权的经济基础。与发达资本国家的垄断资本不同,中国的官僚资本主义不是建立在一般民族资本主义充分发展基础上的,而是作为帝国主义和封建主义联姻的怪胎出现的。它不仅残酷掠夺工农劳动群众,也极大地阻碍了社会生产力的发展和中国民族资本主义的成长。中国民族资本主义在外国资本的压迫、官僚资本的排挤、封建生产关系的束缚和军阀官僚政府的压榨下始终十分弱小,无法成为建立民族国家的基础。所以为了中华民族的独立和中国人民的解放必须坚决打倒帝国主义、封建主义、官僚资本主义这"三座大山"。

(四)近代中国三种力量分别提出了哪三种不同的建国方案?

(1)1921年中国共产党诞生到1949年新中国成立以前的时期,中国存在着三种主要的政治力量。

一是地主阶级和买办性的大资产阶级(1927年后形成为官僚资产阶级)。他们是反动势力(有时称顽固势力)、民主革命的对象。其政治代表先是北洋政府,以后主要是国民党统治集团。二是民族资产阶级。他们是中间势力、民主革命的力量之一。其政治代表是民主党派的某些领导人物和若干无党派民主人士。三是工人阶级、农民阶级和城市小资产阶级。他们是进步势力,民主革命的主要力量。其政治代表是中国共产党。

(2)三种政治力量分别提出了三种不同的建国方案:

第一是地主阶级和买办性的大资产阶级的方案。

长时间里,地主阶级与买办性的大资产阶级是半殖民地半封建的中国社会中占统治地位的力量。他们同广大人民处于尖锐对立的地位,因而主张继续实行地主阶级、买办性的大资产阶级的军事独裁统治,使中国继续走半殖民地半封建社会的道路。

国民党统治集团的首领蒋介石认为,社会主义制度、资产阶级民主主义制度,都是不能行之于中国的。他主张,"领导素无政治经验之民族","非藉经过较有效能的统治权之行施不可"。而法西斯主义即为"统治最有效能者"。他们就是据此实行反革命军事独裁统治,来维护帝国主义和地主阶级与买办性的大资产阶级的利益的。

第二是民族资产阶级的建国方案。

在旧中国,民族资产阶级在政治上始终没有占据统治地位。他们是要建立一个名副其实的资产阶级共和国,以便使资本主义得到自由和充分的发展,使中国成为一个独立的资本主义社会。

尽管辛亥革命的流产已经宣告了资产阶级共和国方案在中国行不通,中国的资产阶级及其代表人物还是一次又一次地把这个方案重新提了出来。抗日战争胜利以后的一个时期内,一些民主党派的领导人物和若干无党派人士更大力鼓吹过"中间路线"或"第三条道路",企图在国民党坚持的地主阶级与买办性的大资产阶级专政和共产党主张的无产阶级领导的各革命阶级联合专政的政权之外,另找一条道路,实际上就是资产阶级共和国的道路。这种方案,对于地主阶级与买办性的大资产阶级专政的政治现实是一种批判,但在实际上却并不具备现实的可行性。

第三是工人阶级和其他进步势力的方案。

工人、农民和城市小资产阶级是中国民主革命的基本动力和主要依靠。他们的政治代表中国共产党主张,中国人民应当在工人阶级及其政党的领导下,首先进行一场彻底的反帝反封建的新式资产阶级民主革命,即新民主主义革命,以便建立一个工人阶级领导的人民共和国,即人民民主专政的国家;并且经过这个人民共和国,逐步到达社会主义和共产主义。

革命的根本问题是国家政权问题。建立一个工人阶级领导的、以工农联盟为基础的、团结一切可以团结的力量的人民民主专政的人民共和国,这就是中国共产党领导中国人民进行新民主主义革命所要达到的基本目标。

(五)如何理解近代中国三种力量分别提出的三种不同的建国方案?

尽管长时期里,近代中国三种建国方案始终摆在中国人民的面前,由他们在自己的政治实践中去作出选择,但是,从根本上说,由于资产阶级共和国的方案并不具备现实性,可供中国人民选择的方案主要是两个:或者是继续半殖民地半封建的旧中国,或者是创建新民主主义的新中国。

资产阶级共和国的方案之所以行不通,是由当时中国所处的时代条件和国内阶级关系的状况所决定的。

第一,资产阶级的共和国,外国有过的,中国不能有,因为中国是受帝国主义压迫的国家。对于它们来说,政治上、经济上不独立的中国,乃是理想的倾销商品的市场、投资的场所与廉价原料、廉价劳动力的供应地。如果中国成为独立、富强的资本主义国家,它就要在平等的基础上与西方发达国家建立和发展关系。这是它们不能容忍的。它们既不愿意失去在中国的殖民主义利益,更不愿意看到中国在国际市场上成为它们的竞争对手。

第二,民族资产阶级力量过于软弱,没有勇气和能力去领导人民进行彻底反帝反封建的革命斗争,从而为建立资产阶级共和国扫清障碍。代表这个阶级要求的中间派,提不出彻底的土地革命的纲领,无法动员农民这个最广大的群众;不敢进行革命的武装斗争,根本不掌握军队。因此,他们在政治上没有很大的分量。在这种情况下,他们往往把实现民主政治的希望,寄托在统治阶级让步这种幻想之上。而中国的反动统治者由于自身社会基础极其狭窄,其统治是十分残暴、同时又是十分虚弱的,它不能容忍、更经受不住任何的民主改革。它绝不会对中间势力关于建立民主共和国的要求作出原则性的让步。反动统治者不断地用暴力对他们施行迫害,直至取缔他们的组织,监视、逮捕以至杀害他们个人。严酷的事实教育了他们,使他们逐步放弃了走中间路线的幻想,站到了拥护共产党主张的新民主主义革命的立场上来。在反对蒋介石独裁统治的斗争中,中国各民主党派和无党派民主人士都作出了自己的贡献。

总之,地主阶级与买办性的大资产阶级的方案由于违背中国人民的根本利益,遭到了广大人民的唾弃,他们的反动统治也在根本上被推翻了。民族资产阶级的方案由于脱离中国实际,也没有得到中国广大群众的拥护,连提出这种方案的多数人最终也承认这个方案是行不通的。只有中国共产党提出的关于建立人民共和国的方案,逐步地获得了工人、农民、城市小资产阶级乃至民族资产阶级及其政治代表的拥护,由此成了中国最广大群众的共同选择。

推荐阅读文献

[1] 毛泽东. 毛泽东选集(第二卷)[M]. 北京:人民出版社,1991.

[2] 毛泽东. 毛泽东选集(第四卷)[M]. 北京:人民出版社,1991.

[3] 中共中央文献研究室,中央档案馆. 建党以来重要文献选编(1921—1949)[M]. 北京:中央文献出版社,2011.

[4] 李景田. 中国共产党历史大辞典 新民主主义革命时期(1921—2011)[M]. 北京:中共中央党校出版社,2011.

[5] 夏征农,陈至立,熊月之,等. 大辞海·中国近现代史卷[M]. 上海:上海辞书出版,2013.

[6]《历史知识手册》编写组. 历史知识手册[M]. 上海:上海大学出版社,2015.

[7](英)戴维·米勒,韦农·波格丹诺. 布莱克维尔政治制度百科全书[M]. 邓正来,译. 北京:中国政法大学出版社,2011.

[8] 金冲及. 二十世纪中国史纲[M]. 北京:社会科学文献出版社,2009.

[9] 张宪文,等. 中华民国史(第一卷)[M]. 南京:南京大学出版社,2005.

[10](美)费正清,费维恺. 剑桥中华民国史(1912—1949)(上卷)[M]. 刘敬坤,译. 北京:中国社会科学出版社,1994.

第四章 开天辟地的大事变

(1) 新文化运动和五四运动 $\begin{cases} 新文化运动与思想解放的潮流 \\ 十月革命与马克思主义在中国的传播 \\ 五四运动：新民主主义革命的开端 \end{cases}$

(2) 马克思主义进一步传播与中国共产党诞生 $\begin{cases} 中国早期马克思主义思想运动 \\ 马克思主义与中国工人运动的结合 \\ 中国共产党的创建及其意义 \end{cases}$

(3) 中国革命的新局面 $\begin{cases} 制定革命纲领，发动工农运动 \\ 实行国共合作，掀起大革命高潮 \end{cases}$

(1) 新文化运动。新文化运动是 20 世纪早期中国文化界中一群受过西方教育的人发起的革新运动。近代以来，少数先觉者挽救国家危亡的实践屡遭碰壁，一些人认为其症结在于没有改造中国的国民性，故而决心发动反对封建思想的启蒙运动，后被称为新文化运动。五四运动以前的新文化运动是资产阶级民主主义的新文化反对封建主义的旧文化的斗争，其起点为 1915 年陈独秀在上海创办《青年杂志》（后改名《新青年》）。运动的代表人物有：陈独秀、李大钊、胡适、鲁迅、易白沙、吴虞、钱玄同等。运动的基本内容：①提倡民主，反对封建专制和伦理道德，要求平等自由，个性解放，主张建立民主共和国；②提倡科学，反对尊孔复古思想和偶像崇拜，反对迷信鬼神，要求以理性与科学判断一切；③提倡新文学，反对旧文学和文言文，开展文学革命和白话文运动。这一时期的新文化运动未能超出旧民主主义的范畴，但是一次前所未有的解放思想的启蒙运动。五四运动推动了新文化运动的发展。五四运动后期的新文化运动由资产阶级领导的旧民主主义文化运动转变为由马克思主义理论指导的新民主主义文化运动，成为宣传马克思主义及各种社会主义流派的思想运动，促进了马克思主义同中国工人运动的日益结合，为中国共产党的成立创造了良好的条件。

(2) 巴黎和会。巴黎和会指 1919 年 1 月 18 日至 6 月 28 日，一战的战胜国（协约国）在巴黎凡尔赛宫召开的和平会议。27国参加,苏俄未被邀请。会议标榜通过媾和建立世界永久和平。实际上是英、法、美、日、意帝国主义战胜国分配战争赃物,重新瓜分世界,策划反对无产阶级革命和民族解放运动的会议。在1919年上半年,中国政府代表在和会上提出废除外国在华势力范围、撤退外国在华驻军等七项希望条件和废除二十一条的要求,遭到拒绝。在英、法、美的支持下,《巴黎和约》规定德国应将在中国山东获得的一切特权转交给日本。会议给予中国的,只是归还八国联军入京时被德国掠去的天文仪器而已。北洋政府居然准备在这样的和约上签字。消息传到国内,激起了人民的强烈愤怒。五四运动由此爆发。6月28日,在国内群众爱国斗争的压力下,中国代表团拒绝在《巴黎和约》上签字。

(3)五四运动。五四运动是1919年5月4日爆发的中国人民反对帝国主义、封建主义的爱国民主革命运动。它既是一次政治运动,又是一次思想文化运动,是中国新民主主义革命的开端。五四运动的兴起,是近代中国社会历史发展的必然结果,也是在俄国十月社会主义革命的影响和国内工人阶级壮大的条件下发生的。作为爱国政治运动,从1919年5月4日开始,到6月28日拒绝《巴黎和约》签字为止,便胜利告一段落。作为新文化运动,则从1915年《青年杂志》创刊直到1921年中国共产党成立才告一段落。五四运动是中国旧民主主义革命到新民主主义革命的转折点,在中国革命史上具有重要的历史意义。五四运动促进了马克思主义在中国的传播及其与工人运动相结合,从而在思想上和干部上为中国共产党的建立准备了条件。

(4)中国共产党第一次全国代表大会。1921年7月,各地共产主义小组代表在上海和嘉兴南湖召开的中国共产党成立大会。7月23日,大会在上海法租界贝勒路树德里三号秘密召开。出席的各地代表共13人:李达、李汉俊、董必武、陈潭秋、毛泽东、何叔衡、王尽美、邓恩铭、张国焘、刘仁静、陈公博、周佛海、包惠僧,代表身处全国和东京的50多名党员。共产国际代表马林、尼克尔斯基出席大会并讲话。会议议程包括:听取各地方小组的情况报告;起草并制定党的纲领和实际工作计划;选举党的中央机构。后来因为法国搜查人员介入,会议被迫终止,转至嘉兴南湖一艘船上进行,最终圆满落幕。大会通过了《中国共产党第一个纲领》和《中国共产党第一个决议》,讨论了《中国共产党成立宣言》,选举产生了中央领导机关——中央局。大会宣告了中国共产党的成立。从此,中国出现了完全新式的、以共产主义为目的的、以马克思列宁主义为行动指南的、统一的工人阶级政党。它的诞生改变了中国革命的方向,加速了革命胜利的进程,使中国革命的面貌从此焕然一新。

(5)"红船精神"。"红船精神"产生于中国共产党缔造者们建党活动的过程中,蕴含着整个建党初期开展革命活动所体现出来的革命精神。"红船精神"是中国革命精神的历史起点,是走在时代前列的精神,是开天辟地、敢为人先的首创精神,是坚定理想、百折不挠的奋斗精神,是立党为公、忠诚为民的奉献精神。中国共产党的缔造者们的建党活动和革命实践,充分体现了这种走在时代前列的精神,他们开天辟地、敢为人先,用最先进的理论指导中国革命的实践,使一个落后的半殖民地半封建社会的旧中国走上了一条光明大道。

(6)中国共产党第二次全国代表大会。1922年7月16日至23日,陈独秀、张国焘、李达、蔡和森、邓中夏等12人在上海英租界召开的会议。会议根据列宁关于民族和殖民地问题的理论和党成立后对中国革命基本问题的探索,分析了国际形势和中国半殖民地半封建的社会性质,阐明了中国革命的性质、对象、动力和前途,制定了党的最高纲领和最低纲领。会议的主要功绩在于:产生了第一个比较完善的中国共产党章程;首次明确提出了反帝反封建的革命纲领,为中国各族人民的革命斗争指明了方向。会议的不足之处在于没有指出民族民主革命必须由无产阶级领导,对农民的土地问题、工农联盟问题以及工农政权等问题都还没有认识。

(7)中国国民党第一次全国代表大会。在共产国际和中国共产党的推动和帮助下,中国国民党于1924年1月20—30日在广州召开的对国民党进行全面改组、实现国共合作的会议。大会代表以各省地方党部推选和孙中山指派相结合的方法产生,海内外代表总额198人,出席开幕式的代表有165人,其中以个人身份参加国民党的共产党员有李大钊、毛泽东、林祖涵(林伯渠)、瞿秋白、谭平山等。大会接受了中国共产党提出的反帝反封建的主张,重新解释了三民主义,确定了"联俄、联共、扶助农工"的三大政策,同意共产党员以个人身份加入国民党。国民党一大的召开,标志着第一次国共合作统一战线的正式建立和国民党改组的基本完成。改组后的国民党成为了工人、农民、小资产阶级和民族资产阶级的革命联盟。

(8)第一次国共合作。为赢得反帝反封建斗争的胜利,中国共产党决定在各种不同的情形下团结一切可能的革命阶级和阶层,组织革命的统一战线,和当时的民主革命派、国民党进行合作。第一次合作时间从1924年1月起至1927年7月止,方式为"党内合作",即共产党员、青年团员以个人身份加入国民党,把国民党改组成为各革命阶级联盟。1923年6月召开的中国共产党第三次全国代表大会,就国共合作的方针和办法作出了正式决定。1924年国民党一大的成功召开,标志着第一次国共合作的正式形成。第一次国共合作给中国革命带来了生机,掀起了第一次大革命,对国共两党的组织建设和发展都带来了好处,出现"双赢"局面,同时也给中国革命和中国共产党留下深刻的经验和教训,主要体现在:①要坚持无产阶级对统一战线的领导权;②要放手发动农民,坚决依靠农民,建立巩固工农联盟;③要重视武装斗争,建立党和人民直接掌握的革命军队。

(9)北伐战争。1926年至1927年间,国共第一次合作组织领导的以打倒北洋军阀为直接目的反帝反封建的革命战争。革命对象主要有:①占据河南、湖南、湖北的直系军阀吴佩孚;②占据东北各省和北京、天津等重要城市的奉系军阀张作霖;③占据苏、皖、浙、闽、赣的直系军阀系孙传芳。在苏联顾问的帮助下,国民革命军决定采用各个击破的战略方针:先打吴佩孚,后打孙传芳,占领长江流域后,再集中兵力北进,消灭奉系张作霖的部队。1926年7月到1927年6月,革命势力先从珠江流域推进到长江流域,再发展到黄河流域,席卷了大半个中国,给帝国主义和封建军阀在中国的反动统治以沉重的打击。蒋介石、汪精卫先后发动反革命政变后,北伐战争夭折。战争所取得的成果被以蒋介石、汪精卫为代表的大地主大资产阶级窃取。

(10)四·一二反革命政变。1927年4月12日,以蒋介石为首的国民党新右派在上海发动的公开叛变革命,血腥屠杀共产党人和革命群众的严重反革命事件。在蒋介石指使下,反动军队占领上海总工会和工人纠察队总指挥处,查封或解散革命组织和进步团体,进行疯狂的搜捕和屠杀。在事变后3天中,上海共产党员和革命群众被杀者300多人,被捕者500多人,失踪者5 000多人。四·一二反革命政变标志着中国阶级关系和革命形势的重大变化。以蒋介石为首的国民党反动派从民族资产阶级右翼完全转变为大地主大资产阶级的代表。从此,蒋介石和他的追随者完全从革命统一战线中分裂出去。革命在部分地区遭到重大失败。

重难点解析

(一) 如何理解五四运动是中国新民主主义革命的开端？

五四运动是在新的社会历史条件下发生的,它具有以辛亥革命为代表的旧民主主义革命所不具备的一些特点,主要有以下三个方面。

(1) 五四运动表现了反帝反封建的彻底性。近代以来,中国人民对帝国主义的认识经历了两个阶段:第一阶段是表面的感性认识阶段,这典型地表现在义和团等笼统的排外主义的斗争上。第二阶段才进到理性的认识阶段,即看出了帝国主义内部和外部的各种矛盾,并看出了帝国主义联合中国买办阶级和封建阶级以压榨中国人民大众的实质,这种认识是从1919年五四运动前后才开始的。这表明中国人民反帝反封建的斗争已经提升到一个新的水平线上了。

(2) 五四运动是一次真正的群众运动。辛亥革命的根本弱点之一,是没有广泛地动员和组织群众;而五四运动则是一场群众性的革命运动。

(3) 五四运动促进了马克思主义在中国的传播及其与中国工人运动的结合。五四运动前,信仰马克思主义的,仅限于李大钊等极个别人物。在五四运动的推动下,马克思主义才在中国传播开来。

巴黎和会上中国的外交失败,有力地打破了人们对于资本主义列强的幻想。在这些倾向于社会主义的知识分子中,一些人经过比较,开始在马克思主义的旗帜下集合起来。

在五四运动中,工人阶级显示了伟大的力量。工人在斗争中发挥决定性的作用这个事实,给予先进的知识分子以真切的教育。那些接触了社会主义思潮、初步掌握了马克思主义的知识分子开始到工人中去进行宣传工作和组织工作。他们发挥了某种先锋和桥梁的作用。而先进知识分子与工人群众相结合的过程,也就是马克思主义与中国工人运动相结合的过程。这样,五四运动就为1921年中国共产党的成立作了思想上和干部上的准备。

正因为五四运动具备了上述新的历史特点,它也就成了中国革命的新阶段即新民主主义革命阶段的开端。

(二) 中国的先进分子为什么和怎样选择了马克思主义？

中国先进分子选择马克思主义的思想旗帜,走上马克思主义指引的道路,是他们经过长期的、艰苦的探索之后的必然结果。

第一,在帝国主义时代,资本主义制度的内在矛盾已经比较充分地暴露出来,先进分子中的一些人在宣传西方资产阶级民主主义时,就已经开始对它有所怀疑和保留。

第二,先进分子在民主科学思想传播中经常遭遇挫折,联想到过去中国人学习西方的各种努力屡遭失败的事实,他们对资产阶级共和国方案在中国的可行性产生了极大的疑问。

第三,十月革命改变了人类历史的发展进程,使中国的先进分子从中看到了民族解放的新希望:经济文化落后的国家也可以用社会主义思想指引自己走向解放之路;苏俄号召反对帝国主义,并以新的平等的态度对待中国,赢得了先进分子的好感,有力地推动了社会主义思想在中国的传播;十月革命中,俄国工人、农民和士兵群众的广泛发动并由此赢得胜利的事实,给予中国先进分子以新的革命方法的启示,推动他们去研究这个革命所遵循的主义。

第四,在五四运动中,中国工人阶级登上历史舞台,显示了比资产阶级知识分子更加强大的力量,使中国先进分子对马克思主义运用于中国革命的前景产生了极大的希望。

这样,五四运动后中国的先进分子选择了马克思主义的思想旗帜。率先举起马克思主义大旗的是李大钊,他在五四运动前就已经成为一个马克思主义者。五四运动后陈独秀、毛泽东、董必武等更多的先进分子,加入到马克思主义的队伍中。

(三)马克思主义在中国的早期传播情况如何?

十月革命前,中国人已经开始对马克思主义有所接触,然而介绍是零星的、片段的。在中文出版物中,最早提到马克思及其学说的文章,是由广学会总干事李提摩太节译的英国进化论者颉德所著《社会进化论》前三章。最早提到马克思及其学说的中国人是梁启超,他撰写的《进化论革命者颉德之学说》一文发表在1902年的《新民丛报》第十八期上。此后,资产阶级民主主义革命家朱执信、无政府主义者刘师培等介绍引进了部分马克思主义学说的内容。

马克思主义真正在中国传播是在十月革命之后:最为常见的传播方式是在新型媒体上撰写文章,组织研究学会。在中国最早接受马克思主义的是李大钊。从1918年7月到1919年元旦,李大钊先后发表了《法俄革命之比较观》《庶民的胜利》《布尔什维主义的胜利》《新纪元》4篇文章,向中国人民介绍了十月革命的真相和马克思主义的真理,标志着马克思主义在中国传播的开始。1919年5月,李大钊为《新青年》主编了《马克思主义研究专号》,并亲自撰写了《我的马克思主义观》,对马克思主义的三个组成部分——政治经济学、科学社会主义和唯物史观的基本观点作了系统介绍。这是中国人著作中第一次对马克思主义作系统完整的介绍。李大钊还在北京大学发起成立"马克思学说研究会"。陈独秀在1920年前后,先后写了《谈政治》《社会主义批评》《马克思学说》等文章,宣传马克思主义和十月革命。他创办的《新青年》杂志,成为当时宣传马克思主义的主要阵地。此外,北京《晨报》副刊开辟了"马克思研究专栏"。《广东新中华报》刊载了杨匏安《马克思主义——一称科学社会主义》。在孙中山和国民党指导、支持下创办的《建设》和《星期评论》杂志,在"研究系"政客主办的上海《时事新报》和《解放与改造》等报刊上,也发表过介绍马克思主义和十月革命的文章。

其次,以李大钊、陈独秀为代表的中国早期共产主义者同反马克思主义的思想如胡适、张东荪、黄凌霜为代表的改良主义、基尔特社会主义、无政府主义之间进行了三次大论争。通过论争,马克思主义在中国得到了更加广泛的传播。马克思主义在中国的广泛传播,为中国共产党的诞生和发展壮大,奠定了坚实的思想基础。

(四)如何理解中国共产党的诞生是中国社会发展和革命发展的客观要求?

中国共产党的诞生是中国革命发展的客观需要,是马克思主义同中国工人运动相结合的产物。1840年鸦片战争以后,中国人民为了挽救国家和民族的危亡,同帝国主义、封建主义势力进行了长期的英勇顽强的斗争,但无论是农民阶级声势浩大的太平天国运动、英勇悲壮的义和团反帝爱国运动,还是资产阶级改良派领导的戊戌维新运动,都先后以失败告终。孙中山领导的辛亥革命,开创了完全意义上的近代民族民主革命,结束了两千多年的封建帝制,建立了资产阶级民主共和国,但革命的胜利成果却很快被北洋军阀所窃夺,中国仍处于半殖民地半封建社会。

中国革命发生在半殖民地半封建的东方大国,面对强大的帝国主义和封建主义势力,革命任务艰巨而复杂,迫切需要坚强的领导。在中国,谁能领导人民推翻帝国主义和封建势力,谁就能取得人民的支持。然而,近代中国革命的历史已经证明,农民阶级和资产阶级都不能承担起这个责任。中国革命呼唤新的领导阶级、新的革命政党。中国共产党的产生,正是适应了中国革命发展的这一客观要求。

1921年7月,中国共产党正式宣告成立。从此,古老落后的中国出现了新的、以马克思主义为行动指南的、以社会主义和共产主义为奋斗目标的统一的无产阶级革命政党。自从有了中国共产党,中国革命的面貌焕然一新了。这主要表现在以下几个方面:

其一,中国革命有了坚强的领导核心。以往中国人民的革命斗争之所以屡遭失败,其根本原因就是没有一个坚强有力的、密切联系群众的先进政党作为全国革命力量的领导核心。中国共产党是马克思主义同中国工人运动相结合的产物,是中国工人阶级的先锋队。它不仅代表着中国工人阶级的利益,而且代表着中国最广大人民和整个中华民族的根本利益。自从有了中国共产党,灾难深重的中国人民就有了一个可以信赖的组织者和领导者,工人阶级就有了自己坚强的战斗司令部。中国革命的历史由此掀开了崭新的一页。

其二,中国革命有了马克思列宁主义这一指导思想。由于中国共产党掌握着马列主义这个锐利的思想武器,因此它能够为中国人民指明斗争的目标和走向胜利的道路。"自从中国人学会了马克思列宁主义以后,中国人在精神上就由被动转入主动"。从此,中国革命的面目就起了变化。

其三,中国革命的性质虽然仍是资产阶级民主主义革命,但已不是资产阶级领导的以建立资产阶级共和国为目的的旧式资产阶级民主革命,而是以无产阶级及其政党领导的人民大众的反帝反封建的新民主主义革命。而且由于这种新民主主义革命发生于俄国十月革命所开创的世界无产阶级社会主义革命的新时代,因此它已成为世界无产阶级社会主义革命的一部分。

其四,中国共产党把马克思主义的普遍原理同中国革命的具体实际相结合,在中国近代史上第一次提出了明确的反帝反封建的民主革命纲领,回答了自19世纪中叶开始的民主革命长期未能明确弄清的革命对象、革命动力等问题,为中国革命指明了前进方向。

正是由于有了上述根本性的变化,在中国共产党成立后,中国革命就开始出现前所未有的新局面。

(五)中国共产党成立的历史特点是什么?

中国共产党是在特定的社会历史条件下成立的:

一方面,它成立于俄国十月革命取得胜利,第二国际社会民主主义、修正主义遭到破产之后。它所接受的,是没有被修正主义阉割的马克思主义的完整的科学世界观和社会革命论,是在帝国主义和无产阶级革命时代发展了的马克思主义即列宁主义,是在斗争中同资产阶级、小资产阶级社会主义划清了界限的科学社会主义。

另一方面,它是在半殖民地半封建中国的工人运动的基础上产生的。中国工人阶级身受帝国主义者、本国资产阶级和封建势力的三重压迫,具有坚强的革命性。在这个阶级中,不存在欧洲那种工人贵族阶层,没有社会改良主义的基础。而且在半殖民地的中国,工人阶级根本不可能进行和平的议会斗争,他们不可能对资产阶级民主制度抱有期望。

所以,中国共产党一开始就是一个以马克思列宁主义理论为基础的党,是一个区别于第二国际旧式社会改良党的新型工人阶级革命政党。

（六）为什么说中国共产党的成立是"开天辟地的大事变"？

中国共产党的成立，是近现代中国历史发展的必然产物，是中国人民在救亡图存斗争中顽强求索的必然产物，是一个"开天辟地的大事变"。它给灾难深重的中国人民带来了光明和希望。自从有了中国共产党，中国人民就有了可以信赖的组织者和领导者，中国革命就有了坚强的领导力量。

第一，中国共产党的成立，深刻改变了近代以后中华民族发展的方向和进程，深刻改变了中国人民和中华民族的前途和命运，深刻改变了世界发展的趋势和格局。

第二，中国共产党的成立使中国革命有了坚强的领导核心，灾难沉重的中国人民有了可以依赖的组织者和领导者，中国革命从此在无产阶级的领导下不断发展，由民主主义革命向社会主义革命推进。

第三，中国共产党的成立，使中国革命有了科学的指导思想，中国共产党是以马克思列宁主义为指导思想的政党，它把马克思主义同中国革命实践相结合，制定了正确的革命纲领和各种策略，为中国人民指明了斗争的目标。

第四，中国共产党的成立，使中国革命有了新的革命方法，并沟通了中国革命同世界无产阶级革命之间的联系，为中国革命获得广泛的国际援助和避免资本主义的前途提供了可能性。

（七）什么是中国共产党人的初心和使命？如何做到"不忘初心，牢记使命"？

中国共产党人的初心和使命，就是为中国人民谋幸福，为中华民族谋复兴。这个初心和使命是激励中国共产党人不断前进的根本动力。

第一，"不忘初心，牢记使命"就是要牢记我们党从成立起就把为社会主义、共产主义而奋斗确定为自己的纲领，牢记共产主义远大理想，坚定中国特色社会主义共同理想，一步一个脚印向着美好未来和最高理想前进。

第二，"不忘初心，牢记使命"就是要坚持全心全意为人民服务的根本宗旨，永远保持对人民的赤子之心，不断带领人民创造更加幸福美好的生活。

第三，"不忘初心，牢记使命"就是要永远保持建党时中国共产党人的奋斗精神，永远保持永不懈怠的精神状态和一往无前的奋斗姿态。

第四，"不忘初心，牢记使命"就是要始终保持谦虚谨慎、不骄不躁的作风，不畏艰难、不怕牺牲，为实现"两个一百年"奋斗目标、实现中华民族伟大复兴的中国梦而不懈奋斗。

（八）中国共产党产生后，中国革命展现了哪些新面貌？

中国共产党成立后，中国革命呈现出了新的面貌。

第一，第一次提出了反帝反封建的民主革命的纲领，为中国人民指出了明确的斗争目标。分清敌友，是革命的首要问题，以往的斗争之所以成效甚少，一个重要的原因就在于不能团结真正的朋友，以攻击真正的敌人，对于这个在长时间内没有得到解决的问题，中国共产党成立不久，就给予了一个基本的解决。

第二，开始采取民族资产阶级、小资产阶级的政党和政治派别没有采取过、也不可能采取的革命方法，即群众路线的方法。是不是相信群众、依靠群众，这是关系革命成败的一个大问题，以往的斗争之所以成效甚少，一个重要的原因，就在于未能充分地发动群众，这种情况在中国共产党成立之后不久,也有了一个根本的改变。

(九)第一次国共合作形成的原因是什么?

国共合作方针确定的背景——内部条件和外部条件。

(1)帝国主义侵略和封建军阀混战的加剧。20世纪20年代初,欧美列强在第一次世界大战后,在远东又卷土重来,加紧对中国的掠夺。中国在政治、经济上进一步为帝国主义列强所控制。中国人民都感受到来自列强的巨大压力,反帝情绪普遍高涨。在列强操纵下,军阀割据、混战现象愈演愈烈,卷入内战的军队愈来愈多,1924年达到345万人。军队激增,人民负担难以承受,生命财产没有保障。一场改变现状的大革命是全国人民共同的愿望。

(2)由于帝国主义和封建军阀势力的庞大,中国共产党从京汉铁路大罢工失败的事实中认识到,工人阶级虽然有坚强的革命性,但人数比较少,要想实现"打倒列强,除军阀"的愿望,必须团结一切可以团结的力量,包括最可靠的同盟军——广大的农民,还有民族资产阶级和小资产阶级,建立起革命的统一战线。1922年6月,中共中央发表了《中国共产党对于时局的主张》(即《中共中央第一次对于时局的主张》),文中分析了中国的政治情况,认为"中国现存的各政党,只有国民党比较是革命的民主派,比较是真的民主派",提出了"共同建立一个民主主义的联合战线"的主张。7月,中共召开"二大",通过了《关于"民主的联合战线"的议决案》,但没有解决同国民党合作的形式问题。8月28日至30日,中共中央在杭州西湖召开的特别会议上,共产国际驻中国代表马林传达了共产国际要求中共党员以个人身份加入国民党的提议。开始,多数反对加入国民党。张国焘认为那样会混淆阶级阵线,影响中国共产党的独立。陈独秀则表示,如果这是共产国际不可改变的决定,可以服从,但必须向国民党提出一定的条件,如根据民主主义的原则改组国民党等,中共党员才能加入国民党。经过激烈的争论和马林的说服,会议最后同意了共产国际的意见,并采纳了陈独秀提出的基本原则。会后,陈独秀、李大钊和马林一起拜访孙中山,磋商合作的具体问题。

(3)共产国际的促进作用。这个问题可概括为两点:①理论方针上的指导。1920年召开的共产国际第二次代表大会,确认了列宁提出的民族和殖民地问题的革命理论。这一理论的基本点是:殖民地和落后国家的无产阶级要同资产阶级民主派结盟,同时要"绝对"保持无产阶级"运动的独立性"。这一理论成为民族殖民地国家建立革命统一战线的理论基础。此后,共产国际给中国共产党发出了一系列指示,具体地指导了国共合作的进程。②实践上的帮助。在国共实现合作的过程中,马林起了重要作用。马林是荷兰人,共产国际执行委员会委员,民族殖民地委员会书记,共产国际"二大"后被委任为共产国际驻中国代表。他有着丰富的殖民地工作经验。马林来到中国后,为促成国共合作做了大量工作,一是考察了中国革命形势,认定只有国民党才是可以联合的革命政党;二是积极同国民党接触,曾亲往桂林同孙中山会晤,建议孙中山改组国民党,创办军官学校,同共产党实行合作;三是说服中国共产党的主要领导人接受"党内合作"的方式,直到最终促成国共合作。

(4)国民党是革命的民主派与孙中山的转变。孙中山领导的国民党是代表资产阶级和小资产阶级利益的政党,几经挫折后,虽然成分复杂,没有多少实力,但这个党在当时还是革命的民主派。而且,由于孙中山领导的辛亥革命推翻了清朝、创立了民国;而后孙中山又不屈不挠地同列强支持的军阀作斗争,因此这个党在中国还是有威信的。同时,这个党已在中国南方建立了一块革命根据地,并拥有一支几万人的军队。所以,共产党要建立革命的统一战线首先要考虑同国民党合作。更重要的是孙中山在这时有了转变。孙中山转变的外因是护国运动、护法运动的接连失败,特别是第二次护法运动,由于广东军阀陈炯明受帝国主义和直系军阀收买,发动叛变,使孙中山的一切努力前功尽弃,这是他一生中最惨重的失败,给了他极大的刺激。孙中山完全没有想到:"祸患生于肘腋,干戈起于肺腑",陈炯明是他一直信任的部属,竟要置他于死地。这使他认识到:依靠一派军阀打倒另一派军阀,革命不会成功。正在这时,他得到了中国共产党人和苏联的积极帮助,实现了其一生中最伟大的转变。这种转变的内因是孙中山具有强烈的爱国思想和救国救民的崇高责任感。因此,他才能够从国家前途和民众利益出发,接受马林提出的建议。

(十)国民革命失败的原因和经验教训有哪些?

1. 失败的原因

从客观方面来讲,是由于反革命力量的强大,资产阶级发生严重的动摇、统一战线出现剧烈的分化,是由于蒋介石集团、汪精卫集团先后被帝国主义势力和地主阶级、买办资产阶级拉进反革命堡垒里去了。

从主观方面来说,是由于中国共产党中央领导在大革命后期犯了以陈独秀为代表的右倾机会主义的错误,放弃了无产阶级对农民、城市小资产阶级和民族资产阶级的领导权,尤其是武装力量的领导权,使革命遭受了失败。当时的中国共产党还处在幼年时期,缺乏对中国社会和中国革命基本问题的深刻认识,不善于将马克思列宁主义的基本原理和中国革命的实践结合起来。所以,右倾机会主义在大革命后期才在中共中央领导机关中占据了统治地位。

此外,共产国际对右倾机会主义错误也有直接影响。中国共产党作为共产国际的一个支部,直接受共产国际的指导。共产国际及其在中国的代表虽然对这次大革命起了积极的作用,所出的主意有些是正确的,但由于并不真正了解中国的情况,也出了一些错误的主意。幼年的中国共产党还难以摆脱共产国际的那些错误的指导思想。这对酿成陈独秀右倾机会主义错误有直接影响。

2. 经验教训

第一,国共合作有利于中国革命的发展和中华民族的进步,而国共分裂则使中国革命遭受重大损失和挫折,给民族带来灾难。

第二,国共合作使国民党获得新生和发展,而国民党右派集团对革命的背叛,不仅破坏了国共合作,也使国民党走上与人民对立的绝路。

第三,国共合作也使中国共产党获得迅速发展。国共合作破裂后,国民革命失败,中国共产党组织遭受到极大摧残。

因此,无产阶级与资产阶级结成统一战线时,必须坚持无产阶级领导权,对资产阶级实行又联合又斗争的政策;必须充分发动农民,把农民作为自己的主要同盟军;必须掌握革命的军队,以武装的革命反对武装的反革命。

（一）单项选择题

1. "中国产生了共产党,这是开天辟地的大事变",这句出自毛泽东同志撰写的（　　）。
   A.《别了,司徒雷登》　　　　　　　　B.《为什么要讨论白皮书》
   C.《"友谊",还是侵略》　　　　　　　D.《唯心历史观的破产》

2. 从五四运动到新中国成立前,中国的社会性质仍然是（　　）。
   A. 封建主义社会　　　　　　　　　　B. 半殖民地社会
   C. 资本主义社会　　　　　　　　　　D. 半殖民地半封建社会

3. 袁世凯窃取辛亥革命的果实后,统治中国的主要是（　　）控制的政府。
   A. 晚清政府　　B. 北洋军阀　　C. 国民党　　D. 共产党

4.【2014年考研真题】1915年9月,陈独秀在上海创办《青年杂志》。他在该刊发刊词中宣称:"盖改造青年之思想,辅导青年之修养,为本志之天职。批评时政,非其旨也。"此时陈独秀把主要注意力倾注于思想变革的原因是（　　）。
   A. 他认为批评时政不利于改造青年思想　　B. 他对资产阶级民主主义产生了怀疑
   C. 他对政治问题不感兴趣　　　　　　　　D. 他认定改造国民性是政治变革的前提

5. 初期新文化运动的实质是（　　）。
   A. 新文学运动　　　　　　　　　　　B. 民主、民权运动
   C. 反封建礼教的运动　　　　　　　　D. 资产阶级民主主义运动

6. 中国的民族民主革命是无产阶级领导的资产阶级民主革命,但客观上属于世界无产阶级社会主义革命的一部分是在（　　）。
   A. 五四运动后　　　　　　　　　　　B. 中国共产党成立后
   C. 十月革命后　　　　　　　　　　　D. 中华人民共和国成立后

7.【2015年考研真题】1914年至1918年的第一次世界大战,是一场空前残酷的大屠杀。它改变了世界政治的格局,也改变了各帝国主义国家在中国的利益格局,对中国产生了巨大的影响。大战使中国的先进分子（　　）。
   A. 对中国传统文化产生怀疑　　　　　B. 对西方资产阶级民主主义产生怀疑
   C. 认识到工人阶级的重要作用　　　　D. 认识到必须优先改造国民性

8.【2017年考研真题】第一次世界大战,德国战败,1918年12月,陈独秀在《每周评论》的发刊词中说,大战结果是"公理战胜强权",并把美国总统威尔逊称作是"现在世界上第一个好人"。然而,陈独秀在1919年5月4日出版的《每周评论》中的一篇文章又写道:"什么公理,什么永久和平,什么威尔逊总统十四条宣言,都成了一文不值的空话。"导致陈独秀的认识发生变化的直接原因是（　　）。
   A. 日本对德国宣战,出兵山东
   B. 中国巴黎和会外交失败
   C. 苏俄宣布废除以前同中国签订的一切不平等条约
   D. 美国不愿放弃在华种种特权

9. 新民主主义革命的开端是（　　）。
   A. 五四运动　　　　　　　　　　　　B. 中国共产党的成立
   C. 中国无产阶级的产生　　　　　　　D. 中共二大

10. 新文化运动最重要的成果是（　　）。
    A. 动摇了封建思想的统治地位
    B. 民主和科学思想得到弘扬
    C. 为五四运动爆发做了思想准备
    D. 后期传播社会主义思想，成为知识分子拯救国家改造社会的思想武器

11. 【2010年考研真题】"十月革命一声炮响给中国送来了马克思列宁主义"，五四运动后，马克思列宁主义得到广泛传播。在中国最早讴歌十月革命、比较系统地介绍马克思主义的是（　　）。
    A. 陈独秀　　　　B. 李大钊　　　　C. 毛泽东　　　　D. 瞿秋白

12. 学者胡绳认为，近代中国在20世纪初处于一个社会大变革时期，中国民主主义革命向新民主主义革命转折，这是诸多因素共同作用的结果。下列诸多因素中起决定作用的是（　　）。
    A. 中国民族资本主义的发展　　　　　B. 中国无产阶级的壮大
    C. 俄国十月革命的影响　　　　　　　D. 马克思主义的传播

13. 新旧民主主义革命的根本区别是（　　）。
    A. 领导阶级不同　　　　　　　　　　B. 领导方法不同
    C. 所处时代不同　　　　　　　　　　D. 革命性质不同

14. 约在1920年8月，陈独秀、李汉俊、李达等人在（　　）成立了中国工人阶级政党最早的组织。
    A. 北京　　　　　B. 上海　　　　　C. 武汉　　　　　D. 广州

15. 《共产党宣言》第一个中译本的翻译者是（　　）。
    A. 陈独秀　　　　B. 李大钊　　　　C. 陈望道　　　　D. 李达

16. 中国共产党的成立是"开天辟地的大事变"，它给中国革命带来了新的革命方法和新的指导思想。这其中，新的革命方法是指（　　）。
    A. 农村包围城市、武装夺取政权　　　B. 马克思主义
    C. 广泛发动和组织群众　　　　　　　D. 彻底地开展反帝反封建的斗争

17. 中国共产党制定的反帝反封建的民主革命纲领的大会是（　　）。
    A. 中共一大　　　B. 中共二大　　　C. 中共三大　　　D. 中共四大

18. 【2019年考研真题】中国共产党成立后，积极发动工农群众开展革命斗争，中国共产党第一次独立领导并取得完全胜利的工人斗争是（　　）。
    A. 安源路矿工人罢工　　　　　　　　B. 香港海员罢工
    C. 京汉铁路工人罢工　　　　　　　　D. 开滦五矿工人罢工

19. 【2014年考研真题】1924年1月，中国国民党第一次全国代表大会在广州召开，大会通过的宣言对三民主义作出了新的解释。新三民主义成为第一次国共合作的政治基础，究其原因，是由于新三民主义的政纲（　　）。
    A. 同中国共产党在民主革命阶段的纲领基本一致

B. 把斗争的矛头直接指向北洋军阀

C. 体现了联俄、联共、扶助农工三大革命政策

D. 把民主主义概括为"平均地权"

20. 1925年,以(　　)为起点,国共两党掀起了全国范围的大革命高潮。

A. 国民党一大　　B. 成立黄埔军校　　C. 五卅运动　　D. 广州国民政府成立

(二)多项选择题

1. 1949年前,在中国工人阶级的先锋队中国共产党的领导下,中国人民取得了新民主主义革命的胜利,基本上完成的历史任务是(　　)。

A. 民族独立　　B. 人民解放　　C. 国家繁荣富强　　D. 人民共同富裕

2.【2009年考研真题】新民主主义的文化,是民族的科学的大众的文化。其中"民族的"是指(　　)。

A. 反对外来的资本主义文化

B. 反对帝国主义压迫,主张中华民族的尊严和独立

C. 在形式和内容上有中国作风和中国气派

D. 为全民族90%以上的工农大众服务

3. 新文化运动提出的基本口号是民主和科学,其中民主的含义有(　　)。

A. 民主思想

B. 与封建君主专制制度相对立的资产阶级民主政治制度

C. 与封建迷信、蒙昧无知相对立的科学思想、科学精神以及认识和判断事物的科学方法

D. 具体的科学技术、科学知识

4.【2016年考研真题】1915年9月,陈独秀在上海创办《青年杂志》(后改名《新青年》),吹响了新文化运动的号角。新文化运动高举民主和科学两面大旗,向封建主义思想文化发起了前所未有的猛烈冲击。新文化运动的历史意义表现在它(　　)。

A. 是中国历史上一次前所未有的启蒙运动

B. 在社会上掀起了一股思想解放的潮流

C. 为马克思主义在中国的传播创造了有利条件

D. 彻底否定了孔学的历史作用

5. 1919年5月4日,北京爆发了中国近代史上轰轰烈烈的五四运动,五四运动被称作中国新民主主义革命的开端,主要是因为(　　)。

A. 革命力量和指导思想发生了巨大变化

B. 中国社会性质和革命任务发生了根本性变化

C. 无产阶级开始以独立的姿态登上历史舞台

D. 具有历次革命运动所不具备的广泛性和不妥协性

6. 毛泽东同志指出:"五四运动以后,产生了中国共产党,促成了第一次国共合作,掀起了五卅运动,发动了北伐战争,造成了第一次大革命。那么,很明显,没有五四运动,第一次大革命是没有可能的。五四运动的的确确给第一次大革命准备了舆论,准备了人心,准备了思想,准备了干部。"这段话说明五四运动(　　)。

A. 是由工人阶级发起的

B. 推动了中国共产党探索新的革命道路

C. 促进了马克思主义在中国的传播
D. 为中国共产党的成立作了思想上和干部上的准备

7. 毛泽东在《论人民民主专政》一文中指出:"十月革命一声炮响,给中国送来了马克思主义。"这是说(　　)。

A. 十月革命以后马克思主义才开始在中国传播
B. 十月革命给予中国人一个启示,即经济文化落后的国家也可以用社会主义思想指引自己走向解放之路
C. 十月革命推动中国的先进分子把自己的目光从西方转向东方,从资产阶级民主主义转向社会主义
D. 资本主义制度并不是永恒的,无产阶级和其他劳动群众完全可以依靠自身的力量创造出维护绝大多数人利益的崭新的社会制度

8. 胡绳曾说过:"近代中国在20世纪初,处于一个社会大变革时期,中国革命实现了由旧民主主义革命向新民主主义革命转折,这是诸多历史因素共同作用的结果。"这里的"诸多历史因素"包括(　　)。

A. 无产阶级的壮大　　　　　　　B. 十月革命的胜利给中国送来了马克思主义
C. 新文化运动解放了人们的思想　D. 民族资产阶级的软弱性和妥协性

9. 各地中国共产党早期组织成立以后,主要进行的工作有(　　)。

A. 加强对马克思主义的研究和宣传　　B. 在工人中进行宣传和组织工作
C. 建立社会主义青年团　　　　　　　D. 进行有关建党问题的研究和讨论

10. 中共一大选举产生的中央局成员是(　　)。

A. 陈独秀　　　B. 李大钊　　　C. 张国焘　　　D. 李达

11. 1921年中国共产党的成立,是中国革命历史上划时代的里程碑,中国革命从此焕然一新,从此中国革命有了(　　)。

A. 正确的革命道路　　　　　　　B. 科学的指导思想
C. 坚强的领导力量　　　　　　　D. 崭新的奋斗目标

12. 中国国民党第一次全国代表大会对三民主义作出的新解释有(　　)。

A. 在民族主义中突出了"反帝"的内容,强调对外实行中华民族的独立
B. 主张国内各民族一律平等
C. 在民权主义中强调了民主权利应"为一般平民所共有",不应为"少数人所得而私"
D. 在民生主义中则提出了"平均地权"和"节制资本"两大原则

13. 北伐战争的对象是(　　)。

A. 奉系军阀张作霖　　　　　　　B. 直系军阀吴佩孚
C. 皖系军阀段祺瑞　　　　　　　D. 直系军阀孙传芳

14.【2013年考研真题】1925年至1927年的大革命,规模宏伟,内涵丰富。与辛亥革命相比较,其不同点在于(　　)。

A. 它广泛而深刻地发动了工农群众
B. 它的主要斗争形式是武装斗争
C. 它的革命对象是帝国主义和封建军阀
D. 它是在以国共合作为基础的统一战线的组织下进行的

15. 大革命失败的客观原因是（　　）。
A. 资产阶级发生严重的动摇　　　　B. 中国共产党领导人的右倾机会主义错误
C. 反革命力量的强大　　　　　　　D. 蒋介石、汪精卫背叛革命

（三）问答题

1. 新文化运动的基本口号民主和科学的具体内涵？

2. 新文化运动的倡导者是怎样对待孔学的？

3. 五四以前新文化运动的局限是什么？

4. 简述十月革命对中国革命的影响。

5. 简述十月革命如何推动中国先进分子从资产阶级民主主义转向社会主义。

6. 五四运动爆发的原因是什么？

7. 中国早期信仰马克思主义的人物有哪几种类型？

8. 早期马克思主义思想运动的特点是什么？

9. 简述中国共产党早期组织的活动。

10. 简述大革命的历史意义。

（四）材料分析题

材料分析题1【2019年考研真题】

【材料1】　马克思主义不仅深刻改变了世界，也深刻改变了中国，中华民族在几千年的历史进程中创造了灿烂的中华文明，为人类文明进步作出了重大贡献。1840年鸦片战争以后，西方列强凭着坚船利炮野蛮轰开了中国的大门，中华民族陷入内忧外患的悲惨境地。

近代以后，争取民族独立、人民解放和实现国家富强、人民幸福就成为中国人民的历史任务。在旧式的农民战争走到尽头，不触动封建根本的自强运动和改良主义屡屡碰壁，资产阶级革命派领导的革命和西方资本主义的其他种种方案纷纷破产的情况下，十月革命一声炮响，为中国送来了马克思列宁主义，给苦苦探寻救亡图存出路的中国人民指明了前进方向，提供了全新选择。

中国共产党诞生后，中国共产党人把马克思列宁主义基本原理同中国革命和建设具体实际结合起来，团结带领人民经过长期奋斗，完成新民主主义革命和社会主义革命，建立起中华人民共和国和社会主义基本制度，进行了社会主义的艰辛探索，实现了中华民族从东亚病夫到站起来的伟大飞跃。

改革开放以来,中国共产党人把马克思列宁主义基本原理同中国改革开放的具体实际结合起来,团结带领人民进行建设中国特色社会主义新的伟大实践,使中国大踏步赶上了时代,实现了中华民族从站起来到富起来的伟大飞跃。

【材料2】 经过长期努力,中国特色社会主义进入了新时代,这是我国发展新的历史方位。

中国特色社会主义进入新时代,意味着近代以来久经磨难的中华民族迎来了从站起来、富起来到强起来的伟大飞跃,迎来了实现中华民族伟大复兴的光明前景,意味着科学社会主义在二十一世纪的中国焕发出强大生机活力,在世界上高高举起了中国特色社会主义伟大旗帜,意味着中国特色社会主义道路、理论、制度、文化不断发展,拓展了发展中国家走向现代化的途径,给世界上那些希望加快发展又希望保持自身独立性的国家和民族提供了全新选择,为解决人类问题贡献了中国智慧和中国方案。

——摘自习近平《决胜全面建成小康社会 夺取新时代中国特色社会主义伟大胜利——在中国共产党第十九次全国代表大会上的报告》

请根据以上材料思考下列问题:

(1)如何理解马克思列宁主义给中国人民"指明了前进方向,提供了全新选择"?

(2)中华民族实现了从东亚病夫到站起来,从站起来到富起来的伟大飞跃,并迎来了从富起来到强起来的伟大飞跃说明了什么?

材料分析题2【2018年考研真题】

【材料1】 从1840年的鸦片战争到1919年五四运动的前夜,70多年中,中国人没有什么思想武器可以抗御帝国主义,旧的顽固的封建主义的思想武器打了败仗了,抵不住,宣告破产了,不得已。中国人被迫从帝国主义的老家即西方资产阶级革命时代的武器库中学来了进化论,天赋人权论和资产阶级共和国等思想武器和政治方案,组织过政党,举行过革命,以为可以外御列强,内建民国,但是这些东西也和封建主义的思想武器一样,软弱得很,又是抵不住,败阵下来,宣告破产了。

一百年前,十月革命一声炮响,给中国送来了马克思列宁主义,中国先进知识分子从马克思列宁主义和科学真理中看到了解决中国问题的出路。在近代以后中国革命的剧烈运动中,在中国人民反抗封建统治和外来侵略的激烈斗争中,在马克思列宁主义同中国工人运动的结合过程中,一九二一年中国共产党应运而生。从此,中国人民谋求民族独立、人民解放和国家富强,人民幸福的斗争就有了主心骨,中国人民就从精神上由被动转为主动。

——摘自《毛泽东选集》(第四卷)

【材料2】 2017年10月18日,中国共产党第十九次全国代表大会在北京隆重举行,大会的主题是不忘初心,牢记使命。高举中国特色社会主义伟大旗帜,决胜全面建成小康社会,夺取新时代中国特色社会主义伟大胜利,为实现中华民族伟大复兴的中国梦不懈奋斗。习近平同志代表第十八届中央委员会向大会作报告,指出:不忘初心,方得始终。中国共产党人的初心和使命,就是为中国人民谋幸福,为中华民族谋复兴,这个初心和使命是激励中国共产党人不断前进的根本动力。

10月31日,十九大闭幕仅一周,习近平总书记带领中共中央政治局常委专程从北京前往上海和浙江嘉兴,瞻仰上海中共一大会址和浙江嘉兴南湖红船。在瞻仰上海中共一大会议原址时,习近平动情地说:"毛泽东同志称这里是中国共产党的'产床',这个比喻很形象,我看这里也是我们共产党人的精神家园。"在参观南湖革命纪念馆时,习近平说:"在浙江工作期间,我曾经把'红船精神'概括为开天辟地、敢为人先的首创精神,坚定理想、百折不挠的奋斗精神,立党为公、忠诚为民的奉献精神。我们要结合时代特点大力弘扬'红船精神'。"参观结束时,习近平同志发表了重要讲话,指出,上海党的一大会址、嘉兴南湖红船是我们党梦想起航的地方。我们党从这里诞生,从这里出征,从这里走向全国执政,这里是我们党的根脉。习近平同志强调,"其作始也简,其将毕也必巨"。96年来,我们党团结带领人民取得了举世瞩目的伟大成就,这值得我们骄傲和自豪。同时,事业发展永无止境,共产党人的初心,永远不能改变。唯有不忘初心,方可告慰历史、告慰先辈,方可赢得民心、赢得时代,方可善作善成,一往无前。

——摘自《人民日报》(2017年11月1日)

请根据以上材料思考下列问题:
(1)为什么说中国共产党是"应运而生"?

(2)中国共产党为什么能由"简"而"巨",团结带领人民取得举世瞩目的伟大成就?

[1]陈独秀.独秀文存(第一卷)[M].北京:外文出版社,2013.
[2]李大钊.我的马克思主义观(上)[N].新青年,1919-6.
[3]毛泽东.毛泽东选集(第二卷)[M].北京:人民出版社,1991.
[4]中共中央文献研研室,中央档案馆.建党以来重要文献选编(1921—1949)[M].北京:中央文献出版社,2011.
[5]中国第二历史档案馆.中国国民党第一、二次全国代表大会会议史料[M].南京:江苏古籍出版社,1986.
[6]李景田.中国共产党历史大辞典 新民主主义革命时期(1921—2011)[M].北京:中共中央党校出版社,2011.
[7]胡绳.从鸦片战争到五四运动(下)[M].上海:上海人民出版社,1982.
[8]金冲及.二十世纪中国史纲[M].北京:社会科学文献出版社,2009.
[9]杨奎松."中间地带"的革命:国际大背景下看中共成功之道[M].太原:山西人民出版社,2010.
[10]杨奎松.国民党的"联共"与"反共"[M].北京:社会科学文献出版社,2008.
[11]蒋中挺.2019考研思想政治理论历年真题详解[M].北京:中国原子能出版社,2018.
[12]徐涛.考研政治通关优题库习题版 试题册[M].北京:中国政法大学出版社,2018.
[13]沙健孙.共产党的领导:中国人民的历史性选择[J].马克思主义研究,2001(4):10-17.
[14]习近平.弘扬"红船"精神 走在时代前列[N].光明日报,2017-12-1(02).
[15]冯俊.为何反复强调"不忘初心,牢记使命"[N].解放日报,2017-12-12(13).

第五章　中国革命的新道路

(1) 对革命新道路的艰苦探索 ⎧ 国民党在全国统治的建立
　　　　　　　　　　　　　⎨ 土地革命战争的兴起
　　　　　　　　　　　　　⎩ 走农村包围城市、武装夺取政权的道路

(2) 中国革命在探索中曲折前进 ⎧ 土地革命战争的发展及其挫折
　　　　　　　　　　　　　　⎨ 中国革命的历史性转折
　　　　　　　　　　　　　　⎩ 总结历史经验，迎接全民族抗日战争

(1) 土地革命战争。土地革命战争又称"第二次国内革命战争"或"十年内战"。1927—1937 年中国共产党领导的反对以帝国主义为靠山，以地主阶级和买办资产阶级联盟为基础的国民党蒋介石集团反动统治的一次国内革命战争。1924 年至 1927 年大革命失败后，中共中央于 1927 年 8 月 7 日在汉口召开会议，正式确定实行土地革命和武装起义的方针，开始了独立创建军队，领导革命战争的历史时期。此后一年左右，先后领导了南昌起义、秋收起义、广州起义等近百次武装起义，创造了若干革命武装。在此之后又历经开辟农村革命根据地、与国民党展开五次反"围剿"作战、长征等系列事件。1937 年 7 月卢沟桥事变爆发，全国抗日民族统一战线形成，十年内战宣告结束。

(2) 南昌起义。1927 年 8 月 1 日，以周恩来为书记的前敌委员会及贺龙、叶挺、朱德、刘伯承等人领导的 2 万余北伐军在南昌举行起义，全歼城内的国民党武装力量 1 万余人，占领了南昌城。起义打响了武装反抗国民党反动统治的第一枪，揭开了中国共产党独立领导革命战争、创建人民军队的序幕。1933 年 7 月 1 日，中央工农民主政府作出决议，规定 8 月 1 日为中国工农红军纪念日。1949 年 6 月 15 日，中国人民革命军事委员会发布命令，规定以"八一"两字作为中国人民解放军军旗和军徽的主要标志。8 月 1 日被定为中国人民解放军建军节。

(3) 中国工农红军。1928 年 5 月 25 日，中共中央决定全国各地工农革命军正式定名为红军。据此，各地工农革命军及其他工农武装陆续改名为中国工农红军，简称"红军"。在土地革命战争中，中国工农红军先后组成了第一方面军（曾称中央红军）、第四方面军、第二方面军和陕甘红军等多支红军部队。全国红军发展到最多时达到近30万人。第五次反"围剿"失败后，红一方面军被迫撤离中央苏区，后与红二、红四方面军在长征胜利后会师，全军总共约八万余人。抗日战争全面爆发后，根据国共双方达成的协议，主力红军改编为国民革命军第八路军；坚持在赣、闽、浙、粤、湘、鄂、豫、皖八省斗争的红军游击队改编为国民革命军新编第四军。

（4）三湾改编。1927年9月29日至10月3日，毛泽东在江西省永新县三湾村领导的对秋收起义部队进行的一次整编。整编的主要内容是：①对起义军余部进行改编，把原来的一个师缩编为一个团，即工农革命军第1军第1师第1团；②确立了中国共产党对军队绝对领导的原则，决定在军队中建立中国共产党的各级组织，使党的组织成为各级领导核心；③确立在军队内部实行民主制度。三湾改编保证了中国共产党对军队的绝对领导，从政治组织上奠定了新型人民军队的基础，在中国人民解放军的建军史上具有重要历史意义。

（5）土地革命。在中国共产党领导下，变封建土地所有制为农民土地所有制的农村革命。1928年12月，毛泽东主持第一个土地法——《井冈山土地法》，以立法的形式，首次肯定了广大农民以革命的手段获得土地的权利。由于缺乏经验，其中关于没收一切土地归苏维埃政府所有、禁止土地买卖等方面的规定不适合中国农村的实际。1929年4月，毛泽东在兴国主持制定第二个土地法，将"没收一切土地"改为"没收一切公共土地及地主阶级的土地"。这是一个原则性的改正，保护了中农的利益。1930年后，逐渐形成了土地革命路线：依靠贫农、雇农，联合中农，限制富农，保护中小工商业者，消灭地主阶级；以乡为单位，按人口平分土地，在原耕地的基础上，实行抽多补少、抽肥补瘦。土地革命路线解放了农村的生产力，极大地调动了农民的革命积极性。

（6）《反对本本主义》。1930年5月，毛泽东针对中国共产党内和红四军内理论与实际相脱离的教条主义倾向，在深入调查的基础上写成，原篇名为《关于调查工作》，不久散失。1964年被重新发现后，毛泽东作了部分文字的修订和内容上的补充，发表时标题改为《反对本本主义》。这是中国共产党内第一篇反对教条主义的文章，孕育了实事求是、群众路线、独立自主三个方面的思想。它阐明了坚持辩证唯物主义的思想路线即坚持理论与实际相结合的原则的极端重要性，提出了"没有调查，没有发言权"和"中国革命斗争的胜利要靠中国同志了解中国情况"的重要思想，表现了毛泽东开辟新道路、创造新理论的革命首创精神。

（7）根据地。战争与作战军队的战略基地。在革命战争中，革命力量赖以长期生存和发展以及出击消灭敌人的战略基地。在中国革命战争中，中国共产党先后建立过"工农武装割据"的农村革命根据地、抗日战争的根据地和解放区。1927—1934年间，中国共产党先后创建了井冈山、赣南、闽西（赣南、闽西后发展为中央革命根据地）、海陆丰、湘鄂边、洪湖（后湘鄂边、洪湖发展成为湘鄂西革命根据地）、鄂豫皖、闽浙赣、湘鄂赣、湘赣、左右江、川陕、陕甘边等十几个革命根据地和江苏的（南）通、如（皋）、泰（兴）等游击根据地。后来由于党内的错误领导和反"围剿"作战失利，除陕甘以外，几乎全部丧失。从1934年10月起，中国工农红军主力先后退出各革命根据地，于1936年10月在陕甘革命根据地会师。

（8）苏区。苏区是苏维埃区域的简称。苏维埃，即俄文COBET的译音，意即会议或代表会议。它是俄国无产阶级在1905年至1907年革命时期所创造的领导群众进行革命斗争的组织形式，如工人苏维埃、士兵苏维埃和农民苏维埃，后被列宁肯定和发展。1917年十月革命后，苏维埃成为苏联国家权力机关的名称。中国共产党于土地革命战争时期在根据地建立的革命政权，也称苏维埃政府，它所管辖的地区称为苏维埃区域。

(9)遵义会议。在第五次反"围剿"失败和长征初期严重受挫的情况下,为了纠正王明"左"倾领导在军事指挥上的错误,挽救红军和中国革命的危机,中共中央政治局于1935年1月15日至17日在贵州遵义召开的独立解决中国革命问题的一次极其重要的扩大会议。会议集中解决了当时具有决定意义的军事问题和组织问题。多数人同意了以毛泽东为代表的关于红军作战的基本原则,批评了博古、李德的错误,委托张闻天起草《中央关于反对敌人五次"围剿"的总结的决议》。会议决定由张闻天代替博古负总的责任,增选毛泽东为中央政治局常务委员,成立了由周恩来、毛泽东、王稼祥组成的新的三人团,全权负责红军的军事行动。会议开始确立以毛泽东为代表的马克思主义的正确路线在中共中央的领导地位,在极其危急的情况下挽救了中国共产党、挽救了中国工农红军、挽救了中国革命,成为中国共产党历史上一个生死攸关的转折点,标志着中国共产党在政治上从幼年达到了成熟。会议为保证红军长征的胜利,打开中国革命的新局面奠定了基础。

(10)长征精神。中国共产党人和红军将士用生命和热血铸就了伟大的长征精神。这就是:把全国人民和中华民族的根本利益看得高于一切,坚定革命的理想和信念,坚信正义事业必然胜利的精神;就是为了救国救民,不怕任何艰难险阻,不惜付出一切牺牲的精神;就是坚持独立自主、实事求是、一切从实际出发的精神;就是顾全大局、严守纪律、紧密团结的精神;就是紧紧依靠人民群众,同人民群众生死相依、患难与共、艰苦奋斗的精神。长征精神,是中国共产党人及其领导的人民军队革命风范的生动反映,是中华民族自强不息的民族品格的集中展示,是以爱国主义为核心的民族精神的最高体现。

重难点解析

(一)试述以毛泽东为代表的中国共产党人是如何探索和开辟中国革命新道路的?

(1)开展武装反抗国民党统治的斗争。1927年8月,中共中央在汉口召开紧急会议(即八七会议),彻底清算了大革命后期的陈独秀右倾机会主义错误,确定了土地革命和武装反抗国民党方针。八七会议以后,举行了南昌起义、湘赣边界秋收起义、广州起义。中国革命由此发展到了一个新阶段。

(2)1928年召开的中国共产党第六次全国代表大会,1929年6月召开的中共六届二中全会,1930年中共中央机关刊物《红旗》都肯定了以农村为重点,到农村去发动革命是必要的。

(3)毛泽东不仅在实践中首先把革命进攻的方向指向了农村(建立了井冈山革命根据地),而且从理论上阐明了武装斗争的极端重要性和农村应当成为党的工作中心的思想。1928年至1930年间,毛泽东先后写下了《中国的红色政权为什么能够存在?》《井冈山的斗争》《星星之火,可以燎原》《反对本本主义》等文章,阐述了农村包围城市,武装夺取政权理论,标志着中国化的马克思主义,即毛泽东思想初步形成。这是马克思主义在中国的创造性的运用和发展。

(4)1929年的古田会议创造性地解决了在农村环境中、在党组织和军队以农民为主要成分的环境下,如何从加强思想建设入手,保持党的无产阶级先锋队性质和建设党领导的新型人民军队问题,这是人民军队完全区别于一切旧军队的政治特质和根本优势,对中国革命新道路的开辟和坚持具有重要意义。

(5)随着革命新道路的开辟,中国革命开始走向复兴。20世纪30年代初期,中国共产党领导的红军和根据地逐步发展起来。红军游击战争实际上已经成为中国革命的主要形式,农村根据地成为积蓄和锻炼革命力量的主要战略阵地。

(二)试述中国红色政权存在和发展的原因和条件

毛泽东于1928年底写的《中国的红色政权为什么能够存在?》《井冈山的斗争》中,从理论上论述了中国红色政权发生、发展的原因和条件。

(1)中国是一个政治经济发展极不平衡的半殖民地半封建大国。一方面,由于中国经济发展不平衡,基本的经济形态不是统一的资本主义经济,而是自给自足的地方性农业经济,中国广大的人力、物力资源不在城市而在农村,农村可以脱离城市而独立存在,这就为红色政权的存在提供了必要的经济基础和物质条件。另一方面,由于中国政治发展不平衡,几个帝国主义国家实行的划分势力范围的政策造成了军阀割据局面和连绵不断的军阀混战,为中国革命提供了生存发展的广泛空间,使红色政权能够在白色政权的包围中发生、坚持和发展起来。

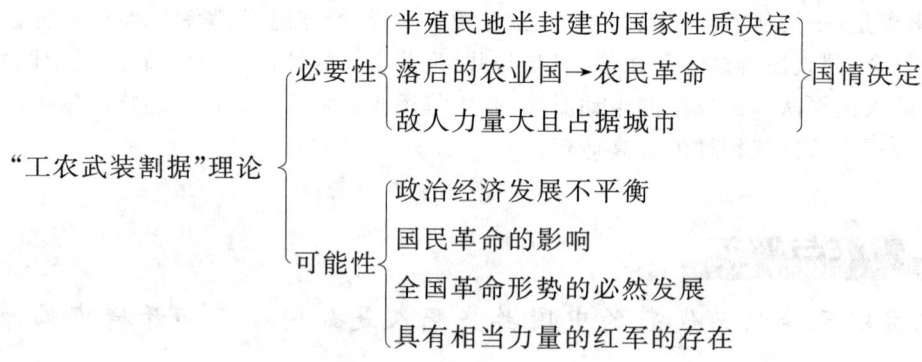

(2)国民革命政治影响的存在,是红色政权得以生存和发展的客观条件,因此,红色政权首先发生和能够长期存在的地方,是国民革命时期受到革命洗礼并有着良好群众基础的地方。

(3)全国革命形势继续向前发展,是红色政权存在和发展的又一客观条件。蒋介石在南京建立的国民党政权,是代表大地主大资产阶级利益的新军阀政权,它不仅未能解决中国社会的基本矛盾,相反,却使各种社会矛盾更加尖锐、激化,促使中国革命的形势必然继续向前发展。因此,全国革命形势的继续发展是红色政权能够存在和发展的重要的客观条件。

(4)有相当力量的正式红军的存在,是红色政权能够存在和发展的必要的主观条件。

(5)共产党组织的坚强有力和各项政策的正确执行,是中国红色政权能够存在发展的前提和根本保证。

(三)"工农武装割据"思想的基本内容和意义分别是什么?

"工农武装割据"思想的首次表述,是毛泽东在1928年《中国的红色政权为什么能够存在?》一文中提出的,它的内涵是:在共产党领导下,以土地革命为基本内容,以武装斗争为主要形式,以根据地为战略依托的三者紧密结合。具体内容是:

(1)革命武装是"工农武装割据"的基本前提,也是其主要斗争形式。由于中国革命的特点之一就是武装的革命反抗武装的反革命,因而没有武装斗争,便没有强大的红军,就不能形成工农武装割据的态势,也就不能有效地开展土地革命,不能开辟、巩固和发展农村革命根据地。

(2)根据地是"工农武装割据"的战略依托,没有根据地,革命武装就无从开展土地革命,革命也就成了黄巢、李闯式的流寇主义。必须把农村根据地建设成巩固的阵地,才有可能与占据中心城市的强大敌人作长期的艰苦的斗争。根据地必须逐步发展扩大,采取波浪式推进政策,发展巩固中心区域,扩大边缘区域,然后向前推进。不发展根据地,就不能扩大红军,进而就无法进行一场推翻帝国主义和国民党反动政权的武装决战。

(3)土地革命是"工农武装割据"的中心内容。农民是中国民主革命的主力军,只有广泛深入地开展土地革命,才有可能把农民发动起来,从根本上摧毁反动统治的基础,使党和革命武装最大限度地赢得人民群众的拥护和支持,使根据地和红军得到进一步发展。开展土地革命,是一项艰巨而复杂的任务,关键是要制定和执行正确的政策,既要最大限度地发动贫苦农民,又要保护中间阶层的利益,这样才能使千千万万的老百姓站在革命一边,使根据地兴旺发达。

意义:毛泽东关于"工农武装割据"的论述,是马克思列宁主义普遍原理同中国革命实践相结合的光辉范例,在毛泽东思想形成和发展的历史上占有极其重要的地位。

(四)试述中国革命走农村包围城市、武装夺取政权道路的必要性

毛泽东于1936年底至1939年底发表的《中国革命战争的战略问题》《战争和战略问题》《中国革命和中国共产党》等著作中,进一步阐述了中国革命走农村包围城市、武装夺取政权道路的必要性。

(1)中国是一个半殖民地半封建的国家,外受帝国主义压迫,没有民族独立;内受封建制度压迫,没有民主制度,并且国民党新军阀凭借武装力量在全国实行法西斯独裁统治,人民大众没有任何民主和自由,在全局上和长时期内不具备合法斗争的条件。因此武装斗争就成为革命的主要斗争形式,军队成为聚集革命力量的主要组织形式,武装的革命反对武装的反革命成为中国革命的一个特点。

(2)在半殖民地半封建的中国,农民占全国人口的绝大多数。中国反帝反封建的民主革命,实质上是无产阶级领导下的农民革命,武装斗争实质上是共产党领导的以农民为主体的革命战争。农民是工人阶级可靠的同盟军和民主革命的主力军,废除封建土地剥削制度是广大农民的迫切要求,也是民主革命的基本内容。因此,中国共产党要领导革命取得胜利,就必须深入农村,发动、武装农民,建立农村革命政权,开展土地革命,确立起革命力量的深厚社会基础。

(3)大革命失败后,敌我力量的对比极为悬殊。强大的帝国主义及其依附势力长期占据着中心城市,革命力量很难首先在城市发展和取得胜利,而广大农村则是反动统治的薄弱环节。无产阶级要积蓄和壮大自己的力量,就必须把落后的农村建设成为巩固的根据地,长期斗争,逐步改变敌强我弱的形势,最后夺取全国的胜利。

(五)人民军队建设的原则有哪些?

以毛泽东同志为代表的中国共产党人在中国革命战争的实践中,系统地解决了以农民为主要成分的革命军队如何建设成为一支无产阶级性质的、具有严格纪律的、同人民群众保持密切联系的新型人民军队的问题,逐渐形成了人民军队建设的基本原则。主要有以下几个方面:

(1)以全心全意为人民服务为唯一宗旨。这是新型人民军队建军原则的基石和人民军队

一切行动的出发点,也是人民军队生存的基础和力量源泉;这是由人民军队的无产阶级性质决定的,人民军队是一个执行革命的政治任务的武装集团,必须忠实地为无产阶级政党的纲领路线服务;它通过人民军队的三大任务体现出来:打仗、筹款、做群众工作。

(2)确立党指挥枪的原则,即坚持党对军队的绝对领导。这是人民军队建设的根本原则。它是保持人民军队的无产阶级性质和建军宗旨的根本前提。党对军队的绝对领导,是通过思想、政治、组织的领导来实现的。思想领导就是要加强党对军队的马克思主义的思想教育,克服各种非无产阶级思想;政治领导主要是党的路线、方针、政策的领导;组织领导就是人民军队必须绝对服从党的命令,听从党的指挥,执行严格的革命纪律。

(3)思想政治工作是人民军队建设的生命线。人民军队政治工作的基本原则是官兵一致、军民一致,瓦解敌军和宽待俘虏。与人民军队政治工作原则相配套,人民军队内部实行政治、经济和军事三大民主,以此来保证党的政治路线的正确执行。

(六)试述毛泽东对中国革命新道路的理论贡献及其意义

农村包围城市、武装夺取政权道路的理论,是中国新民主主义革命理论的最基本内容,是马克思主义中国化的光辉典范。毛泽东对中国革命新道路理论,做出了杰出的贡献。

(1)毛泽东科学地论述了中国革命走农村包围城市、武装夺取政权道路的必要性。①中国是一个半殖民地半封建的国家,对外没有民族独立,对内没有民主制度,国民党反动政权凭借其武装力量对人民实行恐怖统治。因此,无产阶级只能用革命的武装反对反革命的武装,走武装夺取政权的道路。②农民占中国人口的绝大多数,是中国革命的主力军。无产阶级要领导中国革命取得胜利,就必须深入农村,建立广大的农村革命根据地,开展土地革命。这是半殖民地半封建社会的中国,在无产阶级领导下农民斗争的最高形式。③中国革命的敌人异常强大,并长期占领中心城市,广大农村是国民党反动统治的薄弱地区。这就决定了中国革命只能首先在广大农村聚集力量,走农村包围城市、武装夺取政权,最终夺取全国政权而胜利的道路。

(2)毛泽东科学地论述了农村包围城市、武装夺取政权道路的可能性。①中国是一个经济政治发展不平衡的半殖民地半封建社会的大国。地方性的农业经济占优势,造成农村可以相对地脱离城市而存在,为建立农村包围城市的革命根据地提供了必要的物质条件;各派军阀的封建割据与利害冲突以及农村又是反动势力统治的薄弱环节,使农村革命根据地能够长期坚持和发展;中国是一个大国,为农村革命根据地提供了广阔的回旋余地。②中国广大农村有较好的群众革命基础。广大劳动人民认识到只有共产党才代表劳动人民的利益,因而拥护革命政权。③各派军阀的反动统治,加深了中国社会的各种矛盾,推动革命形势的发展和根据地的扩展。④相当力量正规红军的存在发展和中国共产党的正确领导,是农村包围城市的根据地政权不断发展的重要条件和根本保证。

(3)毛泽东提出的"工农武装割据"理论是农村包围城市、武装夺取政权道路的重要途径和形式。"工农武装割据"理论的内涵是:在中国共产党领导下,以武装斗争为主要形式、以土地革命为基本内容、以革命根据地为战略依托的三者紧密结合的革命根据地建设和发展的整体理论。它是农村包围城市、武装夺取政权道路理论的重要内容,是毛泽东对中国革命的重大贡献。

(4)农村包围城市、武装夺取政权道路理论的意义。揭示了中国革命发展的客观规律,指导中国革命取得了最后胜利。丰富和发展了马克思主义暴力革命的学说,为殖民地半殖民地人民的解放斗争提供了重要经验。是以毛泽东为代表的中国共产党人坚持实事求是、从实际出发,把马克思主义普遍原理同中国革命具体实践相结合的典范,是毛泽东思想形成的标志,是对马克思主义关于革命理论的重大贡献。

(七)在土地革命战争时期,中国共产党是如何逐步解决土地革命的政策和路线问题的?

(1)关于没收土地的对象:①八七会议通过的《最近农民斗争的决议案》中规定:只没收大中地主的土地,对小地主(50亩以下者)采取"减租"政策;②1927年11月8日,中共中央召开的临时政治局扩大会议规定:没收一切地主土地和一切私有土地;③中共六大进一步明确只没收地主阶级的土地。1928年12月《井冈山土地法》制定时,因不知中共六大的相关精神,规定"没收一切土地"的原则;1929年《兴国土地法》改为"没收公共土地及地主阶级土地"。

(2)关于土地分配的原则和方法:一般是以乡为单位,以人口为标准,男女老幼平均分配,并以原耕地为基础,抽多补少,抽肥补瘦。

(3)关于土地分配后的所有权:开始的几年内,各根据地都实行土地公有即苏维埃政府所有,农民使用的原则,禁止土地买卖。到1931年春,普遍改为土地一经分定,使用权和所有权均归农民,可以租借、买卖。

(4)关于阶级路线,即土地革命中依靠谁、团结谁、打击谁的问题。中共六大指出:土地革命中"主要的敌人是豪绅地主""无产阶级在乡村中的基本力量是贫农,中农是巩固的同盟者",要使富农"中立"。中共六大基本确定了土地革命正确的阶级路线,即依靠贫雇农,团结中农,中立富农,消灭地主阶级的路线。但对于富农的政策在1929年和1930年采取了反对与消灭的立场,给土地革命带来了不利影响,直到1935年才纠正过来。

(八)20世纪30年代早期,中国共产党是如何在农村革命根据地开展建设的?

20世纪30年代早期,中国共产党在农村革命根据地进行了四方面的建设。

其一,制度与法制建设。1931年11月,中华苏维埃第一次全国代表大会在江西省瑞金县叶坪村举行。大会通过了《中华苏维埃共和国宪法大纲》以及土地法令、劳动法等法律文件;选举产生了中华苏维埃共和国中央执行委员会;成立了中华苏维埃共和国临时中央政府。中华苏维埃共和国实行工农兵代表大会制度。其他根据地也相继召开各级工农兵代表大会,选举产生各级苏维埃政府。

其二,经济建设。根据地军民着重发展农业生产,努力打破敌人的经济封锁。在许多青壮年参军参战的情况下,获得了土地的农民群众自愿开展互助合作运动,成立劳动互助社、犁牛合作社,合理调节人力、物力,提高劳动生产率;同时,努力开垦荒地、兴修水利,增加农作物产量。

其三,文化教育建设。根据地普遍建立了各种夜校、半日制学校、补习学校或识字班。中央根据地还创办了马克思共产主义学校、列宁师范学校、中央农业学校、高尔基戏剧学校等,加强马克思主义思想理论教育,着力培养各方面的干部和专门人才。工农群众开始获得享受文化教育的权利。

其四,廉洁从政教育。1933年12月,中华苏维埃共和国中央执行委员会发布的《关于惩治贪污浪费行为的第二十六号训令》,还作出了"贪污公款在500元以上者处以死刑"等规定。

(九)阐述遵义会议的内容及历史意义

1935年1月15日至17日,中共中央政治局在遵义召开扩大会议,史称遵义会议。

遵义会议集中解决了当时具有决定意义的军事问题和组织问题:①经过激烈的争论,多数人同意以毛泽东为代表的正确意见,批评了博古、李德在第五次反"围剿"中的错误;②会议增选毛泽东为中央政治局常务委员,并委托张闻天起草《中央关于反对敌人五次"围剿"的总结的决议》(即遵义会议决议);③会后不久,中共中央政治局常务委员分工,根据毛泽东的提议,决定由张闻天代替博古负总的责任,博古任红军总政治部代理主任,并成立了由周恩来、毛泽东、王稼祥组成的新的三人团,全权负责红军的军事行动。会议的一系列重大决策,是在中国共产党同共产国际的联系中断的情况下,独立自主地作出的。

遵义会议是中国共产党历史上一个生死攸关的转折点。会议开始确立以毛泽东为主要代表的马克思主义的正确路线即在党中央的领导地位,从而在极其危急的情况下挽救了中国共产党、挽救了中国工农红军、挽救了中国革命。这为党和革命事业转危为安、不断打开新局面提供了最重要的保证。

遵义会议表明:作为一个严肃的、对人民负责任的马克思主义政党,中国共产党是敢于正视自己的错误,并注意从自己所犯的错误中学习和汲取教训的。在大革命失败以后的这个时期内,中国共产党正是通过总结成功的经验和挫折、失败的教训,一方面反对右倾机会主义,另一方面反对"左"倾机会主义,使自己从两条战线斗争中巩固和壮大起来,从而把党领导的革命事业坚持下来并推向前进的。

(十)土地革命战争后期中国共产党是如何总结历史经验、加强党的思想理论建设的?

在中国革命最艰苦的年代,在中国共产党及其领导的队伍中奋斗的人们,都是要革命的,在反对蒋介石、主张土地革命和红军斗争这些基本问题上,认识是一致的。在一定时期内,一部分领导人之所以犯了全局性的、严重的错误,这主要是因为没有正确处理马克思列宁主义理论和中国革命具体实践的关系。正因为如此,毛泽东强调,为了纠正错误,必须端正思想路线,实行马克思列宁主义与中国实际相结合的原则。

以毛泽东为主要代表的中国共产党人历来重视总结经验,加强党的思想理论建设,早在1929年12月召开的红四军第九次代表大会上,毛泽东就把思想建设摆在党的建设的首位。不久,他又提出反对本本主义。长征胜利结束后,毛泽东、中共中央用大量的精力总结历史经验,加强共产党自身的思想理论建设。

1935年12月,毛泽东作了《论反对日本帝国主义的策略》的报告,阐明党的抗日民族统一战线的新政策,批判党内的关门主义和对于革命的急性病,系统地解决了党的政治路线上的问题。

1936年12月,他写了《中国革命战争的战略问题》这部著作,总结土地革命战争中党内在军事问题上的大争论,系统地说明了有关中国革命战争战略方面的诸问题。

1937年夏,毛泽东在延安抗日军政大学讲授《实践论》《矛盾论》,从马克思主义认识论的高度,总结中国共产党的历史经验,揭露和批评党内的主观主义尤其是教条主义错误,深入论证马克思列宁主义基本原理同中国具体实际相结合的原则,科学地阐明了党的马克思主义的思想路线。

以毛泽东为主要代表的中共中央所进行的理论工作,对党的政治路线、军事路线和思想路线进行了拨乱反正,从思想上、理论上武装了中国共产党人,使他们满怀信心地去迎接即将到来的伟大的抗日战争。

练习题

(一)单项选择题

1. 1927年,蒋介石、汪精卫先后叛变革命,实行清党分共政策后,国民党的性质蜕变成了(   )。
   A. 工人、农民、城市小资产阶级和民族资产阶级的革命联盟
   B. 代表地主阶级、买办性的大资产阶级利益的反动集团控制的政党
   C. 以资产阶级革命派为主体的革命政党
   D. 以走"中间道路"为目标的第三势力政党

2. 在大革命失败的危急关头,八七会议确定的总方针是(   )。
   A. 建立工农民主统一战线   B. 开辟农村革命根据地
   C. 土地革命和武装反抗国民党反动统治   D. 推翻北洋军阀黑暗统治

3. 中国共产党独立领导革命战争、创建人民军队和武装夺取政权的开端是(   )。
   A. 南昌起义   B. 八七会议   C. 秋收起义   D. 三湾改编

4. 最早确立党对军队的绝对领导是在(   )。
   A. 南昌起义   B. 秋收起义   C. 八七会议   D. 三湾改编

5.【2018年考研真题】中国共产党在领导人民革命的过程中,积累了丰富的经验,锻造出了有效的克敌制胜的武器。武装斗争就是中国共产党在中国革命中战胜敌人的重要法宝之一,其实质是(   )。
   A. 工人阶级领导的农民战争   B. 资产阶级领导的反封建战争
   C. 工农联合的反军阀战争   D. 无产阶级领导的反帝国主义战争

6.【2011年考研真题】1927年大革命失败后,党的工作重心开始转向农村,在农村建立革命根据地,革命根据地能够在中国长期存在和发展的根本原因是(   )。
   A. 中国是一个政治、经济、文化皆发展不平衡的半殖民地半封建社会
   B. 良好的群众基础和革命形势继续向前发展
   C. 相当力量正式红军的存在
   D. 党的领导及其正确的政策

7. 全国第一个农村革命根据地是(   )。
   A. 井冈山革命根据地   B. 鄂豫皖革命根据地
   C. 左右江革命根据地   D. 洪湖革命根据地

8.【2015年考研真题】1929年12月下旬,红四军党的第九次代表大会在福建上杭县古田村召开,会议总结了红军创立以来的经验,通过了著名的古田会议决议。决议的中心思想是(   )。
   A. 中国共产党必须服从共产国际的领导   B. 武装斗争是中国革命的主要形式

C. 在农村根据地广泛开展土地革命　　　　　D. 用无产阶级思想进行军队和党的建设

9. 井冈山时期,毛泽东提出红色政权存在与发展必须坚持(　　)。
   A. 武装斗争、土地革命、根据地建设　　　　B. 党的建设、武装斗争、土地革命
   C. 党的建设、武装斗争、统一战线　　　　　D. 武装斗争、土地革命、统一战线

10. 【2014年考研真题】1930年1月,毛泽东在《星星之火,可以燎原》一文中写道:"我所说的中国革命高潮快要到来,绝不是如有些人所谓'有到来之可能'那样完全没有行动意义的、可望而不可即的一种空的东西。它是站在海岸遥望海中已经看得见桅杆尖头了的一只航船,它是立于高山之巅远看东方已见光芒四射喷薄欲出的一轮朝日,它是躁动于母腹中的快要成熟了的一个婴儿。"这段话是针对当时党内和红军中存在的(　　)。
    A. "在全国范围内先争取群众后建立政权"的理论　　B. "御敌于国门之外"的主张
    C. "红旗到底打得多久"的疑问　　　　　　　　　D. "一省或数省的首先胜利"的设想

11. 国民党统治区的共产党人和进步文化界人士在文化战线上开展了反"围剿"斗争,形成了声势浩大的左翼文化运动。在左翼文化工作者中,(　　)成为了这个文化新军中最伟大和最英勇的旗手。
    A. 鲁迅　　　　B. 瞿秋白　　　　C. 茅盾　　　　D. 邹韬奋

12. 1931年11月,中华苏维埃共和国临时中央政府成立于(　　)。
    A. 井冈山　　　B. 上海　　　　　C. 瑞金　　　　D. 广州

13. 从大革命失败到遵义会议召开之前,"左"倾错误多次在党中央的领导机关取得统治地位,其中尤其以(　　)为代表的"左"倾错误使中国革命受到严重挫折。
    A. 王明　　　　B. 李立三　　　　C. 瞿秋白　　　D. 陈独秀

14. 20世纪30年代前期、中期,中国共产党内屡次出现严重的"左"倾错误,主要原因在于(　　)。
    A. 八七会议以后党内一直存在着浓厚的"左"倾情绪
    B. 不善于把马克思列宁主义和中国实际全面地、正确地结合起来
    C. 在革命道路问题上,继续坚持以城市为中心
    D. 在党内斗争和组织问题上,推行宗派主义和残酷斗争、无情打击的方针

15. 万里长征是中国工农红军进行的伟大战略转移,这里的"转移"是指(　　)。
    A. 中国革命的性质发生了变化　　　　　　　B. 党的工作重心发生了转移
    C. 革命中心地区发生了转移　　　　　　　　D. 中国革命的任务发生了变化

16. 中国工农红军长征的直接原因是(　　)。
    A. 中国共产党失去了广大人民的支持　　　　B. 中国共产党认识到北上抗日的重要性
    C. 第五次反"围剿"的失利　　　　　　　　　D. 中国共产党仍未找到夺取革命胜利的道路

17. 遵义会议在极其危急的情况下挽救了中国共产党,挽救了中国工农红军,挽救了中国革命,成为中国共产党历史上一个生死攸关的转折点,主要是指(　　)。
    A. 实现了党的工作重心的转移
    B. 结束了王明"左"倾错误在中央的统治
    C. 取消了李德、博古的最高军事指挥权
    D. 开始确立以毛泽东为主要代表的马克思主义的正确路线在党中央的领导地位

18.著有《西行漫记》,向海外介绍红军长征的外国记者是( )。
A.博复礼　　　　B.埃德加·斯诺　　　　C.索尔斯伯里　　　　D.史沫特莱

19.1936年10月,长征三大红军主力在甘肃会宁、静宁将台堡胜利会师。这三大主力红军是指( )。
A.红一方面军、红二方面军、红三方面军　　B.红一方面军、红二方面军、红四方面军
C.红一方面军、红三方面军、红四方面军　　D.红一方面军、红三方面军、红四方面军

20.红军长征到达陕北以后,毛泽东、中共中央用很大的精力总结历史经验,加强共产党自身的思想理论建设。以下不属于这个时期的理论著作是( )。
A.《中国革命战争的战略问题》　　B.《实践论》
C.《矛盾论》　　D.《反对本本主义》

(二)多项选择题

1.八七会议的主要内容是( )。
A.纠正陈独秀右倾机会主义错误　　B.确定开展土地革命的方针
C.决定将革命重心由城市转入到农村　　D.确定了武装反抗国民党反动派的总方针

2.国民革命失败后,标志着中国共产党进入创建红军的新时期的重要武装起义是( )。
A.南昌起义　　　　B.秋收起义　　　　C.广州起义　　　　D.平江起义

3.【2019年考研真题】1927年10月,毛泽东率领湘赣边界秋收起义的工农革命军,开始创建以宁冈为中心的井冈山农村革命根据地,走农村包围城市、武装夺取政权的革命新道路。毛泽东确定在井冈山建立根据地,是因为这个地区( )。
A.有较好的群众基础　　B.地势险要且易守难攻
C.易于部队筹款筹粮　　D.敌人的统治力量比较薄弱

4.1928年到1930年,毛泽东撰写的形成农村包围城市道路理论的著名文章有( )。
A.《中国的红色政权为什么能够存在?》　　B.《星星之火,可以燎原》
C.《井冈山的斗争》　　D.《战争和战略问题》

5.【2010年考研真题】邓小平指出:"马克思、列宁从来没有说过农村包围城市,这个原理在当时世界上还是没有的。但是毛泽东同志根据中国的具体条件指明了革命的具体道路。"毛泽东找到农村包围城市、武装夺取政权这条道路的根据是( )。
A.中国内无民主制度,外无民族独立
B.农民占人口绝大多数,是民主革命的主力军
C.中国革命的敌人长期占据着中心城市,农村是其统治的薄弱环节
D.中国经济政治发展的不平衡

6.毛泽东在《反对本本主义》一文中提出的著名论断有( )。
A.须知政权是由枪杆子中取得的
B.一切反动派都是纸老虎
C.没有调查就没有发言权
D.中国革命斗争的胜利要靠中国同志了解中国情况

7.【2018年考研真题】忠诚于党、听党指挥是我军的光荣传统。1929年12月下旬,红四军党的第九次代表大会在福建上杭县古田村召开。这次会议史称古田会议。会议通过的毛泽东起草的决议案,确立了思想建党、政治建军原则,规定红军是一个执行革命的政治任务的武装

集团，必须（　　）。
A.绝对服从共产党的领导　　　　　　　B.加强政治工作
C.担负打仗、筹款和做群众工作的任务　　D.实行全国军事的总动员

8.下列文学艺术作品属于左翼文化工作者创作的有（　　）。
A.《子夜》　　B.《义勇军进行曲》　　C.《生活周刊》　　D.《金锁记》

9.1931年毛泽东制定的土地革命的路线内容是（　　）。
A.坚定地依靠贫农、雇农　　　　　　　B.联合中农、限制富农
C.保护中小工商业者　　　　　　　　　D.消灭地主阶级

10.中华苏维埃第一次全国代表大会的内容是（　　）。
A.通过了《中华苏维埃共和国宪法大纲》
B.通过了土地法令、劳动法等法律文件
C.选举产生了中华苏维埃共和国中央执行委员会
D.成立了中华苏维埃共和国临时中央政府

11.红一方面军第一、二、三次反"围剿"作战的胜利，形成了中央革命根据地，包括（　　）。
A.赣南革命根据地　　　　　　　　　　B.湘鄂西革命根据地
C.湘赣革命根据地　　　　　　　　　　D.闽西革命根据地

12.在土地革命战争前中期，先后在党中央领导机关取得统治地位的"左"倾错误包括（　　）。
A."左"倾盲动主义　　　　　　　　　　B."左"倾冒险主义
C."左"倾经验主义　　　　　　　　　　D."左"倾教条主义

13.【2013年考研真题】1931年1月至1935年1月，以王明为代表的"左"倾错误给中国革命带来了严重危害，其主要错误有（　　）。
A.排斥和打击中间势力　　　　　　　　B.将反帝反封建与反资产阶级并列
C.集中力量攻打大城市　　　　　　　　D.主张"一切经过统一战线"

14.土地革命战争时期，中国共产党为加强马克思主义思想理论教育，着力培养各方面的干部和专门人才，在中央根据地创办了（　　）。
A.马克思共产主义学校　　　　　　　　B.列宁师范学校
C.中央农业学校　　　　　　　　　　　D.高尔基戏剧学校

15.遵义会议集中全力解决的问题是（　　）。
A.政治问题　　　　B.军事问题
C.组织问题　　　　D.中国共产党与共产国际的关系问题

（三）问答题

1.国民党政府如何实行一党专政的军事独裁统治？

2.八七会议的主要内容及其意义是什么？

3.简述农村包围城市、武装夺取政权道路理论。

4.在农村包围城市、武装夺取政权的道路理论的探索上，毛泽东的贡献表现在哪些方面？

5.红军取得反"围剿"战争胜利的原因是什么？

6.中华苏维埃共和国实行的工农兵代表大会制度的内容是什么？

7.从1927年7月大革命失败到1935年1月遵义会议召开之前，党中央的领导机构所犯的三次"左"倾错误是什么？

8.王明"左"倾错误的主要表现是什么？

9.20世纪20年代后期至30年代前期，中国共产党内屡次出现"左"倾错误的原因是什么？

10.怎样认识长征的意义？

(四)材料分析题

材料分析题 1

下面是20世纪二三十年代中国共产党内关于革命道路问题的几组材料。

【材料1】 乡村是统治阶级的四肢，城市才是他们的头脑与心腹，单只斩断了他的四肢，而没有斩断他的头脑。炸裂他的心腹，还不能致他的最后的死命。

——摘自李立三《新的革命高潮前面的诸问题》(1930年6月)

(有人)以为中国像西欧各国一样，大城市的经济力量可以统治全国，所以大城市暴动成功以后可以影响小城市及乡村；而在中国，则找不到一个大城市的经济力量能统治全国的。

——摘编自《中共六届二中全会的政治问题报告》(1929年6月)

中国豪绅资产阶级因为资本主义发展的落后，不能成为一个整个儿阶级势力，他们内部分裂冲突，而没有组织全国家中央集权政府的能力。因此，革命不能有夺取"首都"，一击而中的发展形势。

——摘自瞿秋白《武装暴动的问题》(1927年12月)

【材料2】 不要城市就是否认共产党是无产阶级政党，就是否认无产阶级对农民的领导，结果共产党只有变成小资产阶级农民党。(你们)在斗争的布置上有用乡村包围城市的企图，这种倾向是极危险的。

——摘自中共中央致湖北省委的信(1929年2月)

红军、游击队和红色区域的建立和发展，是半殖民地中国在无产阶级领导之下的农民斗争的最高形式和半殖民地农民斗争发展的必然结果；并且无疑义地是促进全国革命高潮的最重要因素。

——摘自毛泽东《星星之火，可以燎原》(1930年1月)

现在就全国看来，农民运动的发展比较城市的工人运动要快得多。在这一种情势之下，若我们依然是将大部分的力量都用在城市中，实不如用在农村中为好。革命势力占据了广大农村之后,可以结合起来包围城市,封锁城市,用广大的农村革命势力向城市进攻,必然可以得着胜利。

——摘自中共中央机关刊物《红旗》(1930(5))

以为不要城市工人而用农村包围城市可以取得胜利,这无论在理论上与事实上都是不通的。假使没有城市做领导,则任何乡村都是不能"联合起来"的。并且,没有城市工人激烈斗争,则一切"包围城市"的计划完全是空谈。

——摘自中共中央机关刊物《红旗》(1930(5))

【材料3】 如果革命的队伍不愿意和帝国主义及其走狗妥协,而要坚持地奋斗下去,如果革命的队伍要准备积蓄和锻炼自己的力量,并避免在力量不够的时候和强大的敌人作决定胜负的战斗,那就必须把落后的农村造成先进的巩固的根据地,造成军事上、政治上、经济上、文化上的伟大的革命阵地,借以反对利用城市进攻农村区域的凶恶敌人,借以在长期战斗中逐步地争取革命的全部胜利。

——摘自毛泽东《中国革命和中国共产党》(1939年12月)

请回答:

(1)分析材料1,说明近代中国社会城乡关系的特点及其原因。

(2)阅读材料2,分析材料中的不同观点及其分歧的实质。

(3)综合材料1、2、3,指出中国革命新道路的客观依据和革命新道路理论的基本点。

材料分析题2【2017年考研真题】

从1934年10月至1936年10月,红军第一、第二、第四方面军和第二十五军进行了伟大的长征。我们党领导红军,以非凡的智慧和大无畏的英雄气概,战胜千难万险,付出巨大牺牲,胜利完成震撼世界、彪炳史册的长征,宣告了国民党反动派消灭中国共产党和红军的图谋彻底失败,宣告了中国共产党和红军肩负着民族希望胜利实现了北上抗日的战略转移,实现了中国共产党和中国革命事业从挫折走向胜利的伟大转折,开启了中国共产党为实现民族独立、人民解放而斗争的新的伟大进军。

长征途中,英雄的红军,血战湘江,四渡赤水,巧渡金沙江,强渡大渡河,飞夺泸定桥,鏖战独树镇,勇克包座,转战乌蒙山,击退上百万穷凶极恶的追兵阻敌,征服空气稀薄的冰山雪岭,穿越渺无人烟的沼泽草地,纵横十余省,长驱二万五千里。

长征途中,党中央召开的遵义会议,是我们党历史上一个生死攸关的转折点。这次会议确立了毛泽东同志在红军和党中央的领导地位,开始确立了以毛泽东同志为主要代表的马克思主义正确路线在党中央的领导地位,开始形成以毛泽东同志为核心的党的第一代中央领导集体,这是我们党和革命事业转危为安、不断打开新局面最重要的保证。

长征途中,我们党通过艰苦卓绝的实践探索,成功把解决生存危机同拯救民族危亡联系在一起,把长征的大方向同建立抗日前进阵地联系在一起,实现了国内革命战争向抗日民族战争的转变,为夺取中国人民抗日战争胜利,进而夺取新民主主义革命胜利打下了坚实的基础。

长征的胜利,不仅保存了革命力量,而且使我们党找到了中国革命力量生存发展新的落脚点,找到了中国革命事业胜利前进新的出发点,从长征的终点出发,我们党领导中国人民展开了中国革命波澜壮阔的新画卷。

历史是不断向前的,要达到理想的彼岸,就要沿着我们确定的道路不断前进,每一代人有每一代人的长征路,每一代人都要走好自己的长征路。今天,我们这一代人的长征,就是要实现"两个一百年"奋斗目标,实现中华民族伟大复兴的中国梦。

实现伟大的理想,没有平坦的大道可走,夺取坚持和发展中国特色社会主义伟大事业新发展,夺取推进党的建设新的伟大工程新成效,夺取具有许多新的历史特点的伟大斗争新胜利,我们还有许多"雪山""草地"需要跨越,还有许多"娄山关""腊子口"需要征服,一切贪图安逸、不愿继续艰苦奋斗的想法都是要不得的,一切骄傲自满、不愿继续开拓前进的想法都是要不得的。

长征永远在路上。一个不记得来路的民族,是没有出路的民族。不论我们的事业发展到哪一步,不论我们取得了多大成就,我们都要大力弘扬伟大长征精神,在新的长征路上继续奋勇前进。

——摘自习近平《在纪念红军长征胜利80周年大会上的讲话》

请回答:

(1)为什么说长征的胜利既是"中国革命力量生存发展新的落脚点"也是"中国革命事业胜利前进新的出发点"?

(2)如何理解"长征永远在路上"?

推荐阅读文献

[1]毛泽东.毛泽东选集(第二卷)[M].北京:人民出版社,1991.
[2]毛泽东.毛泽东选集(第四卷)[M].北京:人民出版社,1991.
[3]中共中央文献研究室,中央档案馆.建党以来重要文献选编(1921—1949)[M].北京:中央文献出版社,2011.
[4]习近平.在庆祝中国人民解放军建军90周年大会上的讲话[M].北京:人民出版社,2017.
[5]习近平.在纪念红军长征胜利80周年大会上的讲话[M].北京:人民出版社,2016.
[6]李景田.中国共产党历史大辞典新民主主义革命时期(1921—2011)[M].北京:中共中央党校出版社,2011.
[7]郭德宏.共产国际、苏联与中国革命关系研究述评[M].北京:中共党史出版社,1996.
[8]蒋中挺.2019考研思想政治理论历年真题详解[M].北京:中国原子能出版社,2018.
[9]徐涛.考研政治通关优题库习题版试题册[M].北京:中国政法大学出版社,2018.
[10]张模超,等.中国现代史[M].重庆:重庆大学出版社,1996.
[11]金冲及.遵义会议:党的历史上的转折点[N].光明日报,2015-01-15(7).
[12]金冲及.中国共产党在革命时期三次"左"倾错误的比较研究[J].党的文献,2000(2):65-81.
[13]王春明.毛泽东对红军长征胜利的伟大贡献[J].党的文献,2005(2):58-64.
[14]蒋建农.遵义会议后中国革命的历史性转折[J].史学月刊,2007(1):56-61.
[15]郑德荣,王占仁.全面准确理解中国特色革命道路[J].毛泽东思想研究,2006,23(2):109-114.
[16]徐进功.毛泽东对开辟中国革命新道路的历史性贡献[J].思想理论教育导刊,2001(9):34-37.

第六章　中华民族的抗日战争

(1)日本发动灭亡中国的侵略战争 {日本灭亡中国的计划及其实施 / 残暴的殖民统治和中华民族的深重灾难

(2)中国人民奋起抗击日本侵略者 {中国共产党举起武装抗日的旗帜 / 抗日救亡运动和共产党人与部分国民党人合作抗日 / 停止内战，一致对外 / 全民族抗战开始

(3)国民党与抗日的正面战场 {战略防御阶段的正面战场 / 战略相持阶段的正面战场

(4)中国共产党成为抗日战争的中流砥柱 {全面抗战的路线和持久战的方针 / 敌后战场的开辟与游击战争的发展及其战略地位 / 坚持抗战、团结、进步的方针 / 抗日民主根据地的建设 / 推进大后方的抗日民主运动和进步文化工作 / 中国共产党的自身建设

(5)抗日战争的胜利及其原因和意义 {抗日战争的胜利 / 中国人民抗日战争在世界反法西斯战争中的地位 / 抗日战争胜利的原因和意义

(1)九一八事变。1931年9月18日深夜，日本关东军炸毁南满铁路沈阳北郊柳条湖的一小段路轨，反诬中国军队"破坏"铁路、"袭击"日本守备队，当即炮轰东北军驻地北大营；接着，驻扎在南满铁路沿线的日本军队分别向沈阳城内和长春、四平街、公主岭等地发起进攻。此即九一八事变。日本变中国为其独占殖民地的阶段由此开始。

(2)卢沟桥事变。1937年7月7日夜,驻丰台日军一个中队在卢沟桥以北举行军事演习。日军借口一名士兵失踪,要求进入宛平县城搜查,遭到拒绝后,即炮轰宛平城,向卢沟桥的中国驻军发起进攻,此即卢沟桥事变。日本全面侵华战争由此开始。

(3)南京大屠杀。1937年12月,日军占领中国国民政府首都南京后,展开烧、杀、淫、掠"大竞赛"。中国平民和被俘士兵被集体射杀、火焚、活埋及用其他方法处死者达30万人以上,无数妇女遭到蹂躏残害,无数儿童死于非命,1/3建筑遭到毁坏,大量财物遭到掠夺,此即震惊中外的南京大屠杀。南京大屠杀充分暴露了日本军国主义的极端疯狂性和野蛮性,是日本军国主义对中国人民犯下的骇人听闻的反人类罪行。

(4)一二·九运动。华北事变后,民族危机空前严重。在中国共产党的领导下,1935年12月9日,北平学生举行声势浩大的抗日游行,喊出了"反对华北自治""打倒日本帝国主义""停止内战,一致对外"等口号,遭到国民党军警镇压。12月16日,北平学生和市民1万多人在天桥召开市民大会。会后,举行了更大规模的示威游行。此即一二·九运动。它促进了中华民族的觉醒,标志着中国人民抗日救亡运动新高潮的到来。

(5)西安事变。1936年12月初,蒋介石到达西安,面对日本的节节进犯,却逼迫张学良、杨虎城攻打陕甘的红军。12日凌晨,张学良、杨虎城在对蒋介石"哭谏"无效的情况下,为了实现停止内战、共同抗日,毅然实行"兵谏",扣留了蒋介石,此即西安事变。为了团结国民党共同抗日,中国共产党从民族大义出发,努力促成了事变的和平解决。西安事变的和平解决成为时局转换的枢纽,为实现第二次国共合作,建立抗日民族统一战线创造了必要的前提条件。

(6)皖南事变。抗日战争进入相持阶段后,蒋介石开始推行消极抗日、积极反共的政策。1941年1月,国民党顽固派发动第二次反共高潮,在皖南以8万余兵力包围袭击新四军军部及所属部队9 000多人(除约2 000人突围外,一部分被打散,大部牺牲或被俘)。蒋介石诬称新四军"叛变",宣布取消新四军番号。此即国民党制造的皖南事变。

(7)三三制。三三制是抗日战争时期,中国共产党为调动一切力量,共同反对日本侵略而实行的一种抗日民主政权的组织形式:在民主政权组成人员的分配上,共产党员、非党的左派进步分子、不左不右的中间派各占1/3。实行三三制有利于团结各阶层人民参加抗战。其实施起到了调节各抗日阶级的利益、巩固抗日民族统一战线的作用。

(8)大生产运动。为克服20世纪40年代初抗日根据地出现的严重经济困难,毛泽东提出了"发展经济,保障供给"的经济工作和财政工作的总方针,号召根据地军民"自己动手,丰衣足食",开展大生产运动。大生产运动首先在陕甘宁边区进行,毛泽东、朱德等亲自参加生产,八路军第三五九旅将荒无人烟的南泥湾改造成为"陕北江南"。大生产运动为坚持抗战、争取胜利奠定了物质基础。

(9)豫湘桂战役。1944年日本发动的打通中国大陆交通线的战役。战役的第一阶段为河南战役。日军调集五六万人,进攻驻守河南的汤恩伯、胡宗南所部两大战区。第二阶段为湘桂战役,日军从湘北分路南犯,6月19日长沙陷落,11月底,日军又轻易占领广西的桂林、柳州和南宁。粤汉、湘桂铁路均落入日寇之手。1945年1月,日军打通大陆交通线。在豫湘桂战役短短八个月内,国民党损失兵力六七十万人,丧失了河南、湖南、广西、广东等省的大部和贵州省的一部分。此次战役,对抗战后期的中国产生了巨大的影响。

(10)百团大战。为打击日军的"囚笼政策",1940年8月至12月初,八路军总部调集100多个团共20万人,对华北日军发动了一场大规模的以破袭敌人交通线为重要目标的进攻战役,此即百团大战。百团大战是抗日战争相持阶段八路军在华北地区发动的一次规模最大、持续时间最长的战役。

重难点解析

（一）日本为何发动侵华战争？

其一,日本作为一个岛国,资源匮乏,该民族本身就有很强的拓展疆土的意识,或者至少是获得本土以外资源的意识十分强烈。明治维新后,日本走上资本主义发展道路,由于工业革命的需要和资本主义本性使然,日本需要争夺世界市场和东亚霸权来获取广阔的商品市场和原料产地。另外,由于一战中所得的经验教训,发展海外殖民地的观念已经在日本人的头脑中根深蒂固了。曾任外务卿的日本著名政治家副岛种臣在《大陆经略论》中明确指出,"若甘处岛国之境,则永远难免国防之危机,故在大陆获得领土实属必要。如欲在大陆获得领土,由于地理位置的关系,不能不首先染指中国与朝鲜"。

其二,日本比起其他帝国主义国家对外更具掠夺性,而且主要依靠武力扩张来进行掠夺。1868 年明治维新以后,日本开始走上资本主义道路,并逐渐发展成为军国主义国家。由于日本明治维新是通过自上而下的改良主义道路实现的,因而大量的封建因素保存了下来,如保留了天皇。同时在维新期间,日本是以经营军事工业为主导来带动资本主义工业化的,因而具有军事性的特点。正是由于这种军事性、封建性的特点,所以日本比起其他帝国主义国家对外更具有疯狂的掠夺性,而且主要依靠武力扩张来进行掠夺。

其三,侵华战争是日本为摆脱当时经济危机、缓和国内矛盾的侵略步骤。1929 年 10 月,由美国开始的经济危机席卷了整个资本主义世界,世界各国的政治、经济、军事、社会等各个方面都受到不同程度的负面影响,而对于建立在经济和商业基础上的资本主义国家影响尤为明显,其国内的各种矛盾激化、社会动荡。在这样的形势下,有两条道路摆在政府的面前:一是在本国内部化解矛盾,罗斯福采取的就是这样的方法。二是转嫁危机,而发动战争就是最好的方式。一方面可以拉动工业的发展,增加就业机会,稳定社会;另一方面可以获得巨额的战争赔款来缓解经济上的危机。德国、日本正是采取的这样的方式。而当时亚洲国家普遍较弱,这是日本发动战争的一个好机会。

其四,侵华战争是日本帝国主义长期推行以灭亡中国为首要目标,进而吞并亚洲的"大陆政策"的结果。灭亡中国是日本帝国主义的既定国策。早在明治维新时期,日本就确定了对外扩张的政策,叫嚣要开拓万里波涛,布国威于四方,并制定了所谓的"大陆政策",公开宣称:征服朝鲜、征服中国、进而征服全世界。1910 年日本占领了朝鲜,随后便加紧了侵略中国的准备。1927 年 6 月,日本首相田中义一向天皇呈递了一份秘密奏折,宣称:"惟欲征服支那,必先征服满蒙;如欲征服世界,必先征服支那"。这就赤裸裸地暴露了日本妄图吞并中国,争霸世界的狂妄野心。日本于 1931 年蓄谋制造了"九·一八事变",发动了侵略中国东北的局部战争。由于中国国民党蒋介石政府采取"不抵抗"政策,日军仅用四个多月的时间就占领了中国东北三省,并于 1932 年 3 月操纵建立了伪"满洲国"傀儡政权。随后,日本又把侵略矛头指向中国华北,侵占热河,进逼北平、天津,策动"华北事变",并加强了全面侵华的战争准备。1937 年 7 月 7 日,日本全面侵华战争正式爆发。

（二）为什么说中国的抗日战争是神圣的民族解放战争？

抗日战争是中国近代历史上最伟大的民族解放战争，是近代中国人民反对外敌入侵第一次取得完全胜利的民族解放战争。自鸦片战争以来，帝国主义列强发动了对中国的一系列侵略战争，强迫中国政府签订了许多丧权辱国的不平等条约，把独立自主的、封建的中国变成了半殖民地半封建的国家。中国人民为了国家的独立和民族的解放，同帝国主义及其代理人进行了长期英勇不屈的斗争。但是，这些英勇的革命斗争最后都在外国侵略者和本国反动势力的联合镇压下失败了。

抗日战争是在中国共产党倡导的抗日民族统一战线的旗帜下，以国共两党合作为基础的全民族的抗战。在神圣的民族解放战争中，整个中华民族同仇敌忾，团结一致，同敌人血战到底。最后以日本帝国主义的无条件投降，中国人民的彻底胜利而告终。

这一胜利，结束了近代中国人民反对帝国主义侵略屡遭失败，备受屈辱的历史，提高了中国的国际地位，增强了中国人民的民族自尊心与自信心，成为中华民族由衰败走向振兴的重大转折点，为国家的独立、民族的解放奠定了基础。

这一胜利，创造了殖民地半殖民地弱国战胜帝国主义强国的光辉典范，鼓舞了殖民地半殖民地国家争取民族独立和人民解放的斗争。

（三）抗日民族统一战线是如何形成的？

1931年，日本侵略者悍然发动了震惊中外的"九一八"事变。面对中华民族亡国灭种的危险，国民党蒋介石集团却奉行"攘外必先安内，统一方能御侮"的政策，结果是东北沦陷，华北主权尽失。

中国共产党率先举起了抗日救国大旗，此时的中共中央和中华苏维埃共和国临时中央政府，迅速发表宣言、作出决议，号召工农红军和被压迫民众发动民族革命战争驱逐日本帝国主义出中国。

"九一八"事变后，民族危机日益严重，中日民族矛盾上升为中国社会主要矛盾，中国共产党审时度势，领导建立并巩固抗日民族统一战线，制定了一系列正确的路线方针政策，实现了空前的民族大团结，奠定了抗日战争胜利之基。

随着民族危机的进一步加深，中国共产党明确提出"联合一切反日力量，开展反日反帝斗争与反日游击运动，并建立抗日联合军指挥部，以实现抗日武装的统一战线"。在东北，中国共产党领导的东北各抗日游击队组成东北抗日联军；在西北，中国共产党同部分国民党人合作，支持和帮助以冯玉祥将军为首的抗日同盟军。

1935年12月，中共中央在陕北瓦窑堡召开了政治局扩大会议。12月17日，毛泽东在会议上作军事战略问题的报告，指出战略方针应是坚决地进行民族革命战争，初步明确了国内战争与民族战争的关系，把民族团结抗战摆在了第一位。会议作出的《中央关于目前政治形势与党的任务决议》，批判了党内长期存在的"左"的关门主义，确立了抗日民族统一战线的新策略，提出"应该以自己彻底的正确的反日反汉奸卖国贼的言论与行动去取得自己在反日战线中的领导权"。"只知道如何在下层群众中间进行工作（这是主要的）是不够的"，"尽可能地向国民党上层和军队将领宣传党的抗日主张"。为使抗日民族统一战线得到更加广泛的基础，《决议》宣布，把"苏维埃工农共和国"改为"苏维埃人民共和国"，并调整了对富农、民族工商业资本家、小资产阶级、知识分子、国民党军队的官兵和华侨的一系列政策,团结他们共同抗日。在抗日民族统一战线策略的指引下,初步实现了西北地区抗日力量的大联合,对国内政局产生了很大的影响。

华北事变后,日本帝国主义与国民党蒋介石集团的矛盾激化,中共中央敏锐把握时机,由"抗日反蒋"转变为"逼蒋抗日""联蒋抗日"。中共中央还通过各方面的关系,争取华北地区地方实力派转向抗日,到1936年12月前,中共与华北地方实力派之间初步建立联合,从而为抗日民族统一战线的形成创造了条件。

1936年12月,发生了震惊中外的西安事变,中国共产党力促实现了西安事变的和平解决,推动了以国共合作为基础的抗日民族统一战线的建立。

卢沟桥事变发生后,中国共产党向全国发出通电,提出只有实现全民族抗战,才是中国的出路,号召全国人民、军队和政府团结起来,筑成民族统一战线的坚固长城,抵抗日本的侵略。

为了早日实现国共合作抗日,推动全国抗战,1937年7月中旬,中共中央派周恩来等人再上庐山,同国民党谈判。不久,日本在上海制造"八一三"事变,淞沪战役拉开了序幕。在日军全面进攻的情况下,在中共的促使下,9月22日,国民党中央通讯社发表中国共产党提出的《中共中央为公布国共合作宣言》;次日,蒋介石发表讲话,提出团结御侮的必要,事实上承认了中国共产党在全国的合法地位,标志着国共两党第二次合作的开始和抗日民族统一战线的确立。

(四)中国共产党全面的全民族抗战路线与国民党片面抗战路线的根本区别何在?

全国抗日战争爆发后,如何实行抗战?国民党主张依靠国民党政府和国民党军队抗战的片面抗战路线。中国共产党主张依靠人民群众和全民族的力量共同抗战,即全面抗战路线。

两条抗战路线的根本区别在于,是打一场国家和民族的战争,还是打一场政府和军队的战争。其核心是如何动员、组织和领导人民群众抗战,这是国共两党指导抗战、实施抗战的分水岭,也是双方在抗战期间力量消长兴衰的根本原因。国民党虽然在退无可退的时候决定实施"地无分南北,年无分老幼"的全国抗战,并通过了《抗战建国纲领》,但始终实行的是政府操控、军队主体的片面抗战路线。《大公报》记者张高峰曾一针见血地指出:"没有民众的军队准打败仗,没有民众的战场只能放弃。"而共产党实行的是全面的全民族抗战路线,提出《抗日救国十大纲领》,强调"民力和军力相结合,将给日本帝国主义以致命的打击。民族战争而不依靠人民大众,毫无疑义将不能取得胜利"。无论是在沦陷区还是游击区,共产党人都是播火者,都是动员抗战、组织抗战和坚持抗战的领导者。在敌后战场,共产党构建起主力军、地方军、民兵自卫队三结合的抗日武装力量体制,真正展开了波澜壮阔的人民战争。美军驻延安军事观察组有一评论:共产党领导的抗战"有一种生机勃勃的气氛和力量,一种和敌人交手的愿望,这在国民党的中国是难以见到的"。其所以成功,是因为动员了最广泛的民众参战,而"这种全体动员的依据和可能性,是建筑在一种经济的、政治的和社会的革命运动之上的"。

两条抗战路线的区别,还表现在对待人民群众的态度上。国民党是让民众"共同担负",共产党是与人民患难与共;国民党致力于控制民众,共产党致力于服务人民,把人民视为父母靠山和力量源泉,与人民是血肉关系、鱼水关系。这是截然相反的两种观念,是不同政党和军队阶级属性的集中体现。

(五)如何评价国民党正面战场的地位和作用？

一方面,国民党领导的正面战场,对抗日战争的胜利作出了重要贡献,特别是在抗战初期的战略防御阶段。另一方面,国民党的正面战场在抗战各个阶段中表现不同,其地位和作用也不同。

(1)在战略防御阶段,国民党正面战场担当了正面防御作战的主要任务,其军队是抗日主力,对侵华日军进行了积极的抵抗。这一时期正面战场的抗战具有重要作用:国民政府组织了一系列大规模的会战,粉碎了日本妄图三个月灭亡中国的速战速决计划;牵制了日军大部分兵力,有利于敌后战场的开辟和抗日根据地的建立;鼓舞了全国人民的抗日斗志,促进了中华民族的觉醒和团结;扩大了中国抗战的影响,唤起了国际舆论的同情和支持。但由于其实行片面抗战路线,也遭受了巨大损失。

(2)在战略相持阶段,一方面,国民政府的抗战态度趋向消极,在全局态势上实行保守的收缩战略,制造了多次反共摩擦,并与日本有秘密接触,国民党正面战场已不再处于主要战场的地位。另一方面,从1939年开始,虽然国民党加强了反共的方面,但仍对日军进攻进行了抵抗,曾取得过局部的胜利,大体保住了西南、西北地区。此阶段国民党在抗战中的地位、作用明显下降。

(3)在抗日战争走向战略反攻阶段之时,国民党正面战场在豫湘桂等战役中出现了大溃败,未能实行有效的战略反攻。其重点在于准备抢夺抗战胜利果实,对夺取抗战最后胜利的作用十分有限。

(六)为什么说中国共产党是中国人民抗日战争的中流砥柱？

抗日战争,是攸关国家民族前途命运的殊死决战,也是检验当时中国各党派和政治集团的试金石。决定这场战争走向、进程和结局的因素有很多,其中最紧要的就是解决动员组织、力量聚合、战略指导、战略布局、发展方向这五个关键问题。之所以说中国共产党是全民族团结抗战的中流砥柱,其根本作用正体现于此,具体来说有五个方面。

一是中国共产党提出并实施了全面的全民族抗战路线,有效动员组织人民群众抗战,把人民群众抗战的自觉性、能动性有效转化为坚持抗战、夺取胜利的战争伟力,从而解决了全民族抗战的发动组织问题。

二是倡导并促成以国共合作为基础的抗日民族统一战线,担负起统一战线的政治领导责任,坚持发展进步力量、争取中间力量和孤立顽固势力,与中国社会各种抗日力量风雨同舟、勠力抗敌,从而解决了全国抗战力量的凝聚整合问题。

三是提出实施了持久战的战略总方针,把抗战过程分为战略防御、战略相持、战略反攻三个阶段,突出战略相持阶段的地位作用,把持久战的基点放在"放手发动群众,壮大人民力量",实行人民战争至上,从而在根本上解决了夺取抗战胜利的战略指导问题。

四是开辟和发展敌后战场,开展游击战争,把敌人后方变成抗日前线,创造出两个战场的战略格局,形成内线、外线相互支撑,正面、敌后战略协同的有利态势,构建起中国抗战持久坚持、最后胜利的坚固支撑,从而解决了持久抗战、夺取胜利的战略布局问题。

五是把坚持抗战到底与推进民主进程、民族解放和社会进步融为一体,把陕甘宁边区和各抗日根据地建成了持久抗战的巩固基地和社会发展的示范新区,为中国发展指明了方向,从而解决了"中国向何处去"的问题。

因此,中国共产党始终站在全民族抗战最前列,以正确方针指导抗战,以卓越工作支撑抗战,以模范行动引领抗战,代表着抗战胜利的方向,体现着全民族救亡图存的希望,成为了全民族抗战的旗帜和中流砥柱。

(七)抗战进入战略相持阶段后,中国共产党领导的敌后战场,为什么会逐渐上升为中国抗战的主战场?

1938年10月武汉失守后,抗战进入到战略相持阶段。国民党军在付出重大代价后,基本保持了正面战场的战线稳定。但随着战争推延,消极避战趋势日益明显,除在滇缅战场作战取得胜利外,其他作战乏善可陈。直到战争结束,国民党军始终无法扭转正面战场的被动态势。

改变中国抗战进程的关键一招是开辟敌后战场,开展游击战争,这是中国共产党对抗战胜利的伟大贡献。共产党领导的八路军、新四军和华南抗日游击队在华北、华中和华南敌占区"麻雀满天飞","向一切敌人占领区域发展",开辟出广阔的敌后战场,使游击战"从战术范围跑了出来向战略敲门",成为夺取抗战胜利的重要战争样式。到1940年8月,抗日根据地发展到数十万平方千米,人民军队发展到50万人,游击战争在华北、华中和华南敌占区蓬勃进行。这就彻底改变了中国抗战走势,迫使日军不得不将大批主力调回后方对付陌生的游击战争。从1938年开始,日军把肃清后方的抗日武装作为"当前第一位的基础工作"。后来更是明确在华作战目的以"治安强化"、"肃正"占领区为主,把重点放在"剿共"上,最多时将其在华兵力的75%(不含关东军部队)和几乎全部伪军投入敌后战场,力图摧毁抗日根据地。这样,在中国抗战的大棋局中,敌后战场逐步上升为主战场,八路军、新四军成为坚持抗战的骨干力量。

中国共产党和人民同生死、共命运,以党的一元化领导整合各种力量,以人民战争的整体战抗衡敌人的"总力战",铸起了人民战争的铜墙铁壁,不但坚持了敌后抗战,而且在1943年夏秋率先转入局部反攻。1944年,日军在正面战场发动"一号作战",国民党军一溃千里。但在敌后战场上,日军承认局面正"急剧恶化"。八路军、新四军等抗日武装的攻势作战持续高涨。到抗战胜利时,抗日根据地已经达到19块,面积100余万平方千米,人民军队发展到了132万多人。

全民族抗战阶段,八路军、新四军和华南游击队共作战12.5万余次,歼灭日伪军171.4万余人,其中包括日军52.7万余人,自身伤亡61万余人。由此可见,敌后游击战争是决定中国抗战进程的关键因素,敌后战场是夺取抗战胜利的坚固支撑。

(八)中国抗日战争在世界反法西斯战争中的地位作用

中国抗日战争不仅是日本侵略和中国反侵略的斗争,而且是世界反法西斯战争的重要组成部分,是世界反法西斯战争的东方主战场,对彻底战胜日本法西斯起到了决定性的作用,地位至关重要,作用举足轻重。

中国抗战是世界反法西斯事业的战略先驱。法西斯侵略和反法西斯战争的第一把战火在中国燃起,绝非偶然。日本自明治维新后,国力、军力增强,野心不断膨胀,逐步形成了灭亡中国、征服亚洲、称霸世界的大陆政策。其侵略扩张企图可以概括为:首先征服中国,实行中间突破,然后以中国为基地,与德、意结盟,或南进同美、英等决战,或北上进攻苏联,进而占领亚太、瓜分世界。九一八事变是法西斯在全球侵略扩张行动的第一个节点,中国进行的局部抗战在世界范围内率先对法西斯的侵略扩张实施正面阻击,使法西斯破坏和平、践踏正义的本质暴露无遗。在反法西斯事业中,中国人民成为无畏的先行者,走在了世界的最前列。

中国抗战是抗击法西斯侵略扩张的战略支柱。20世纪30年代中期,法西斯轴心国集团正式形成后,侵略扩张节节升级。欧美强国采取绥靖政策,使法西斯侵略气焰日益嚣张。20多个欧亚非国家和地区先后沦陷,连老牌资本主义强国法国也很快败降。而中国人民展开了气势恢弘的全国抗战,对日本法西斯的侵略进行英勇抗击,开辟了第一个大规模反法西斯战场。到1938年10月,中日双方投入作战的总兵力达400余万人,战线长达4000多千米,战火遍及中国10多个省区,战区面积约160万平方千米,是当时世界反法西斯战争中规模最大、较量最激烈的战场。中国不仅顶住了日本法西斯的进攻,而且始终屹立不倒,成为抗击法西斯进攻的战略支柱,是世界反法西斯力量的一面旗帜,极大地坚定了世界人民的信心。

中国在战胜法西斯的进程中与同盟国家形成了战略配合。世界反法西斯同盟形成后,中国成为抗击法西斯在亚洲大陆侵略的主要战场,制约着日本的"北进"和"南进",保证了同盟国"先欧后亚"战略的实施。中国的持久抗战,遏止了日本侵犯西伯利亚的北进计划,使苏联军队能够解除后顾之忧,避免两线作战,全力迎战德国法西斯,并在打败德国后从容转兵东进,参加对日最后一战。中国的持久抗战还牵制和推迟了日本进攻南洋的南进步伐,致使日军作战行动受到极大制约,被迫背着中国战场的沉重包袱南进,从而粉碎了日本与德、意法西斯会师中东和西伯利亚、称霸全球的战略图谋,有力地配合与策应了其他战场的反法西斯战争,使得美英军队能够在太平洋战场集中兵力,稳住战线,进而转入反攻。而日本尽管把海空力量主力和陆军部分精锐部队先后调往太平洋战场,但始终不敢削弱在华兵力,即使在战争末期美军向本土步步逼近时,依旧把中国作为主要作战方向。此外,根据国际反法西斯的战略需求,中国派出远征军入缅作战,直接支援盟军作战。

中国是盟国反法西斯战争的战略基地。中国投入大量人力修建空军基地,投入大批部队保护野战机场,保障盟军空中力量对日本实施战略轰炸和对日军作战。美军在中国的大后方地区和八路军、新四军等武装力量控制的部分区域建立了众多气象站、水文站和无线电通讯网,并设立了联合情报搜集和整理机构。中国还为盟国提供了大量的钨、锡、桐油等战略物资。中国在其他方面也对世界反法西斯战争胜利作出了贡献。一是积极倡导和推动签署《联合国家宣言》,形成世界反法西斯同盟,加快了战争胜利的进程。二是积极支持亚洲国家的抗日斗争。众多的朝鲜革命者和爱国志士在中国加入抗日武装,韩国流亡政府也在中国得到支持,中国还坚持将战后朝鲜的自由和独立内容写进了《开罗宣言》。其他亚洲国家的抗日斗争也曾得到中国的支持。三是积极参与创建联合国,推动战后世界和平。中国提出的保障会员国的政治独立和领土完整、和平解决争端以及民族自决等建议,最终被写入《联合国宪章》。1945年10月24日,联合国成立,中国成为联合国安全理事会常任理事国。

(九)为什么说中国人民抗日战争是弱国战胜强国的范例?其历史意义是什么?

之所以说中国人民抗日战争是弱国战胜强国的范例,原因有以下四个方面。

其一,从实力对比看,抗日战争是弱国对强国的战争。中国是半殖民地半封建社会,政治、经济、军事、文化等各方面都很落后,是弱国。而日本是世界强国,军事、经济实力和政治组织力量都很强大。

其二，从战略对比看，抗日战争是大国对小国的战争。中国虽弱，但地域广阔，人口众多，资源丰富，兵源和物资补给充足，能长久坚持抗战。日本虽强，但地域狭小，使得其人力、军力、财力、物力均感缺乏，经不起长期的战争。

其三，从战争性质看，抗日战争是中国抵御日本侵略的正义战争。中国是正义的、进步的反侵略战争，得道多助，会得到广泛的国际援助；而日本是非正义的、野蛮的侵略战争，失道寡助。

其四，从战争结果看，中国人民的抗日战争取得了近代以来的第一次反侵略战争的完全胜利。中国人民彻底打败了日本侵略者，使中华民族避免了遭受殖民奴役的厄运。中国人民为最终战胜世界法西斯势力所作出的历史性贡献，在全世界人民面前树立了一个弱国战胜强国的范例。

中国人民抗日战争是20世纪中国和人类历史上的重大事件，为中华民族由近代以来陷入深重危机走向伟大复兴确立了历史转折点，具有伟大的历史意义。

第一，中国人民抗日战争的胜利，彻底粉碎了日本军国主义殖民奴役中国的图谋。中国人民用自己的顽强奋战和巨大牺牲，迫使日本归还甲午战争以后从中国窃取的东北、台湾、澎湖列岛等神圣领土，捍卫了国家主权和领土完整，彻底洗刷了近代以来抗击外来侵略屡战屡败的民族耻辱。

第二，中国人民抗日战争的胜利，促进了中华民族的大团结，形成了伟大的抗战精神。中国人民向世界展示了天下兴亡、匹夫有责的爱国情怀，视死如归、宁死不屈的民族气节，不畏强暴、血战到底的英雄气概，百折不挠、坚忍不拔的必胜信念。这是中国人民弥足珍贵的精神财富，永远是激励中国人民克服一切艰难险阻、为实现中华民族伟大复兴而奋斗的强大精神动力。

第三，中国人民抗日战争的胜利，对世界各国夺取反法西斯战争的胜利、维护世界和平的事业产生了巨大影响。中国人民为最终战胜世界法西斯势力作出的历史性贡献，在全世界人民面前树立了一个以弱胜强的范例，中国国际地位显著提高。1945年4月，中国同美国、英国、苏联共同发起旧金山会议，共商建立联合国。随着《联合国宪章》正式出台，中国成为联合国安全理事会五个常任理事国之一。中国人民赢得了世界爱好和平人民的尊敬，赢得了崇高的民族声誉。

第四，中国人民抗日战争的胜利，开辟了中华民族复兴的光明前景。经历抗日战争锤炼的中国人民进一步认识到：只有实现民族独立和人民解放，建立人民当家作主的新中国，才能真正实现民族振兴、人民幸福。中国共产党提出的改造旧中国、建设新中国的主张，代表了中国人民的根本利益。人民革命力量进一步发展壮大。这就为中国共产党团结带领全国人民继续奋斗，赢得新民主主义革命的胜利、创建中华人民共和国，奠定了重要的基础。

（十）中国抗日战争的基本特点和历史经验

中国抗日战争历时14年，体现出四个鲜明特点：

一是全民性。抗战期间，中国有4.74亿人口，都直接或间接地卷入战争。在第二次国共合作的有力推动下，曾经内战不休的各派系军队捐弃前嫌、相继出动，投入对日作战；曾经政见对立的各党派，结成抗战同盟。抗日战争成为近代中国历史上第一次"全面的全民族的抗战"。

二是艰苦性。日军暴行灭绝人性。太平洋战争爆发前，中国是10年独立苦撑战局，此后也主要是靠自身力量抗衡强敌。特别是共产党及其武装力量孤悬敌后,仅得到下拨军费约3 000万法币,靠自力更生顽强坚持。中国抗战成为二战中最艰苦卓绝的战争。

三是长期性。在世界反法西斯同盟国家中,中国是战争时间持续最长的国家。这是由战争双方国力、军力对比所决定的。卢沟桥事变爆发时,日本已经高度工业化,中国仍然是落后的农业国家。两国、两军对决,日本意在速战速决,中国则体大力虚,必须充分发挥地广人多的优势,通过长期的战争熬垮敌人。

四是国际性。在抗击法西斯侵略扩张的过程中,中国的局部抗战是阻击法西斯扩张的前哨战。在战胜法西斯的战争中,中国是反法西斯同盟与日本法西斯在亚洲大陆较量的主要战场,中国军民是战胜日本法西斯的主体力量。苏联、美国等国家先后派出军队与中国军队并肩作战。来自20多个国家的国际友人参加了中国抗战。中国的抗战完全融入了世界反法西斯战争的进程,是战胜日本法西斯的决定性因素。

中国的抗战是世界反法西斯战争中过程最为曲折、胜利最为艰难的战争,是以弱胜强的典范,积累了宝贵的历史经验:

其一,全国各族人民的大团结是中国人民战胜一切艰难困苦、实现奋斗目标的力量源泉。没有全国各族人民的大团结,就没有抗日战争的伟大胜利。

其二,以爱国主义为核心的伟大民族精神是中国人民团结奋进的精神动力。以爱国主义为核心的中华民族精神是抗日战争得以坚持和胜利的重要思想保证。

其三,提高综合国力是中华民族自立于世界民族之林的基本保证。一个国家只有首先自强,才能在世界上自立。

其四,中国人民热爱和平,反对侵略战争。同时,又决不惧怕战争。

其五,只有坚持中国共产党的领导,中华民族才能捍卫自己的生存和发展的权利,才能创造美好的未来。

(一)单项选择题

1. 日本帝国主义发动的变中国为其独占殖民地的侵华战争开始于( )。

　　A. 九一八事变　　　B. 一·二八事变　　　C. 华北事变　　　D. 卢沟桥事变

2. 1932年3月,在日军扶持下拼凑的( )是日本军国主义侵略势力和中国封建复辟残余势力相结合而催生的一个怪胎。

　　A. 伪"华北自治政府"　　　　　　B. 伪"满洲国"
　　C. 伪"中华民国维新政府"　　　　D. 伪"中华民国国民政府"

3. 1933年5月,原国民党西北军将领冯玉祥在张家口成立的抗日武装力量是( )。

　　A. 东北抗日联军　　　　　　　　B. 察哈尔抗日义勇军
　　C. 东北抗日义勇军　　　　　　　D. 察哈尔民众抗日同盟军

4. 1935年,北平学生在中共号召和领导下举行的抗日救亡运动是( )。

　　A. 五四运动　　　　　　　　　　B. 一二·九运动
　　C. 一二·一运动　　　　　　　　D. 一二·三运动

5. 1935年12月,中国共产党确定抗日民族统一战线新政策的会议是(　　)。
   A. 遵义会议　　B. 洛川会议　　C. 瓦窑堡会议　　D. 中共七大

6.【2019年考研真题】1936年12月12日,张学良、杨虎城发动"兵谏",扣留了蒋介石。这就是震撼中外的西安事变。事变发生后,中共中央确定了促成事变和平解决的方针,其原因是中国共产党(　　)。
   A. 为了团结国民党共同抗日　　　　　　B. 不赞成张学良、杨虎城的主张
   C. 工作重心转向城市斗争　　　　　　　D. 接受了共产国际的指示

7.【2016年考研真题】抗日战争是一场全民族反抗外敌入侵的正义战争。抗战初期,在华北战场上规模最大、最激烈的一次战役,也是国共两党军队合作抗日、配合最好的一次战役是(　　)。
   A. 忻口会战　　B. 长城抗战　　C. 平津会战　　D. 台儿庄战役

8. 在抗日战争中,国民党由比较积极地抗战转向消极抗战的标志是(　　)。
   A. 国民党五届三中全会的召开　　　　　B. 国民党五届四中全会的召开
   C. 国民党五届五中全会的召开　　　　　D. 国民党五届六中全会的召开

9. 抗日战争时期,中国共产党开展的延安整风运动最主要的任务是(　　)。
   A. 反对党八股以整顿文风　　　　　　　B. 反对宗派主义以整顿党风
   C. 反对官僚主义以整顿党风　　　　　　D. 反对主观主义以整顿学风

10.【2017年考研真题】毛泽东思想是马克思主义中国化的第一大理论成果,是在中国革命和建设的实践中逐步形成和发展起来的,在土地革命战争后期和抗日战争时期,毛泽东思想得到了多方面展开而达到成熟,其标志是(　　)。
   A. 农村包围城市、武装夺取政权理论的科学概括
   B. 新民主主义理论的系统阐明
   C. 人民民主专政理论的完整论述
   D. 思想政治工作和文化工作理论的系统提出

(二)多项选择题

1. 20世纪30年代,日本帝国主义制造的侵华事件有(　　)。
   A. 九一八事变　　B. 华北事变　　C. 卢沟桥事变　　D. 皖南事变

2. 在致国民党五届三中全会电中,中共中央在五项要求基础上承诺的保证是(　　)。
   A. 停止武力推翻国民党政府的方针
   B. 苏维埃政府改名为中华民国特区政府,红军改名为国民革命军
   C. 特区实行彻底的民主制度
   D. 停止没收地主土地的政策

3. 在抗日战争的战略防御阶段,国民党军队在正面战场组织的重大战役有(　　)。
   A. 淞沪会战　　B. 忻口会战　　C. 徐州会战　　D. 武汉会战

4.【2012年考研真题】一般说来,游击战争是个战术问题。但是,在抗日战争中,游击战争具有战略地位,是因为它(　　)。
   A. 主要是在外线单独作战,而不是在内线配合正规军作战
   B. 是抗日战争的主要作战方式,而不是次要作战方式
   C. 是大规模的,而不是小规模的

D. 是进攻战,而不是防御战

5.【2010年考研真题】1941年1月,震惊中外的皖南事变爆发后,《新华日报》刊出周恩来的题词手迹:"为江南死国难者致哀。""千古奇冤,江南一叶,同室操戈,相煎何急?"大敌当前,中国共产党以民族利益为重,坚持正确的方针和原则,避免了抗日民族统一战线的破裂,这些方针和原则有( )。

A. 既联合又斗争 B. 有理、有利、有节
C. 针锋相对,寸土必争 D. 发展进步势力,争取中间势力,孤立顽固势力

6.【2018年考研真题】抗日民主根据地是认真贯彻和实现中国共产党全面抗战路线、坚持抗战和争取胜利的坚强阵地。中国共产党高度重视抗日民主根据地的政权建设,其主要举措有( )。

A. 抗日民主政府在工作人员分配上实行"三三制"原则
B. 各级抗日民主政权机构领导人通过人民选举产生
C. 实行工农兵代表大会制度
D. 在少数民族聚居地区试行民族区域自治

7. 在20世纪30年代后期和40年代前期,毛泽东撰写了( )等一批重要的理论著作。

A.《井冈山的斗争》 B.《〈共产党人〉发刊词》
C.《中国革命和中国共产党》 D.《新民主主义论》

8.【2011年考研真题】延安整风运动是一场伟大的思想解放运动。这一运动最主要的任务是反对主观主义。主观主义的主要表现形式为( )。

A. 教条主义 B. 形式主义 C. 经验主义 D. 宗派主义

9.【2013年考研真题】抗日战争是近代以来中华民族反抗外敌入侵第一次取得完全胜利的民族解放战争,中国赢得抗日战争胜利的主要原因是( )。

A. 中国共产党发挥了中流砥柱的作用 B. 中国的国力空前强大
C. 得到了国际反法西斯力量的同情和支持 D. 中国实现了空前的民族觉醒和民族团结

10.【2014年考研真题】钓鱼岛及其附属岛屿是中国领土不可分割的一部分。中国最早发现、命名、利用和管辖钓鱼岛。1895年,清朝在甲午战争中战败,被迫与日本签署不平等的《马关条约》,割让"台湾全岛及所有附属各岛屿"。钓鱼岛等作为台湾"附属岛屿"一并被割让给日本。1941年12月,中国政府正式对日宣战,宣布废除中日之间的一切条约。日本投降后,依据有关国际文件规定,钓鱼岛作为台湾的附属岛屿应与台湾一并归还中国。这些国际文件是( )。

A.《日本投降书》 B.《波茨坦公告》 C.《开罗宣言》 D.《德黑兰宣言》

(三)问答题

1. 为什么说中国的抗日战争是神圣的民族解放战争?

2. 如何评价国民党正面战场的地位和作用?

3. 为什么说中国共产党是中国人民抗日战争的中流砥柱?

4. 中国人民抗日战争赢得胜利的原因是什么?

5. 为什么说中国人民抗日战争是弱国战胜强国的范例?其历史意义是什么?

(四)材料分析题

材料分析题1

【材料1】 1937年7月15日,中共向国民党提交《中共中央为公布国共合作宣言》,并希望国民党方面新闻机关早日发表。郑重宣布:"①孙中山先生的三民主义为中国今后之必需,本党愿为其彻底的实现而奋斗;②取消一切推翻国民党政权的暴动政策及赤化运动,停止以暴力没收地主土地的政策;③取消现在的苏维埃政府,实行民主政治,以期全国政权之统一;④取消红军名义及番号,改编为国民革命军,受国民政府军事委员会之统辖,并待命出发,担任抗日前线之职责。"

——摘自《中国近代现代史资料选辑》

【材料2】 从1937年2月至8月,国共两党先后在西安、杭州、庐山和南京四地进行了六次谈判。1937年9月22日,《中共中央为公布国共合作宣言》在国民党中央通讯社公布。23日,蒋介石就公布《中共中央为公布国共合作宣言》发表谈话,承认《中共中央为公布国共合作宣言》是"摒弃成见,确认国家独立与民族利益之重要""中国民族既已一致觉醒,绝对团结,自必坚守不偏不倚之国策,集中整个民族力量,自卫自助,以抵暴敌,挽救危亡"。谈话也承认了中国共产党在全国的合法地位。国共两党的第二次合作,遂在抗日救亡的基础上得以实现。

——摘自《中共党史教学参考资料》

【材料3】 1937—1941年,叶剑英先后任中共中央长江局委员、南方局常委,在国民党统治区宣传我党抗日主张,广泛联络国民党上层人士,并多次参与同国民党谈判。1939年2月,叶剑英参与创办国民党南岳游击干部训练班,任副教育长,讲授抗日游击战战略战术,宣传持久战思想,产生了深远影响。

——摘自《人民日报》(1986年10月30日)

请根据以上材料回答:

(1)中共是在什么背景之下提出《中共中央为公布国共合作宣言》的?

(2)根据材料1、2并结合所学知识,归纳国共第二次合作形成的原因和条件。

(3)材料3说明了哪些问题?

材料分析题2

【材料1】 "中国抗日战争的功绩在于,首先举起反法西斯义旗,打响了反法西斯第一枪,为世界树立榜样"。"从抗战时间来看,中国的抗日战争从1931年"九一八"算起,打了14年,从1937年"七七"事变算起,也打了8年多。美英对日作战不到4年,苏联对日作战仅24天。从战果上看,日军在整个战争中死伤195万余人,其中在中国战场死伤138万余人,占日军伤亡总数的70%。……从卢沟桥事变到太平洋战争爆发前,日本基本上将其军队用于侵华战争。在将近四年半的时间内,中国几乎是单独抗击日本侵略的唯一战场。太平洋战争爆发时,日本也仅以11个师对英、美作战,只占其陆军总兵的21%,而侵华兵力为36个师,占70%。

——摘自香港《信报》(2005年3月23日)

【材料2】 由于中国抗日战争极大地牵制、打击和削弱了日本法西斯的军事力量,打乱了日本的侵略部署,阻止了日本"北进"苏联的企图,有力地支持了苏联的对德作战,使苏联避免了东西两线作战的危险,解除了后顾之忧,才敢于将其主力从远东西调,集中力量打击德国法西斯。苏联元帅崔可夫说:"甚至在我们最艰苦的战争年代里,日本也没有进攻苏联,却把中国淹没在血泊中,稍微尊重客观事实的人都不能不考虑到这一明显而无可争辩的事实。"

——摘自《中国近现代史论》

【材料3】 中国抗战还推迟了日本"南进"的步伐,有力地配合和支持了英美联军和亚洲人民的反法西斯战争。中国人民的持久英勇抗战,使日寇深陷泥潭,难以自拔,根本腾不出手来,迫使日本否决了海军进攻澳大利亚和锡兰的主张,放弃与德军在中近东会师的企图。1942年春,美国总统罗斯福对他的儿子说:"假如没有中国,假如中国被打垮了,你想一想有多少师团的日本兵可以因此调到其他方面来作战,他们可以马上打下澳洲,打下印度——他们可以毫不费力地把这些地方打下来,他们并且可以一起冲向中东。……日本可以和德国配合起来,举行一个大规模的反攻,在近东会师。"

——摘自《中国近现代史论》

请根据以上材料回答:

(1)为什么说中国人民抗日战争,打响了反法西斯第一枪,为世界树立了榜样?

(2)中国人民抗日战争在世界反法西斯战争中的地位和作用?

推荐阅读文献

[1]毛泽东.毛泽东选集[M].北京:人民出版社,1991.
[2]习近平.习近平在纪念中国人民抗日战争暨世界反法西斯战争胜利70周年系列活动上的讲话[M].北京:人民出版社,2015.
[3]步平,荣维木.中华民族抗日战争全史[M].北京:中国青年出版社,2010.
[4]王秀鑫,郭德宏.中华民族抗日战争史(1931—1945)[M].北京:中共党史出版社,2015.
[5]李蓉,叶成林.大江南北:抗日战争十四年全纪录[M].北京:人民日报出版社,2015.
[6]沙健孙.中国共产党与抗日战争(上、下)[M].北京:中央文献出版社,2005.
[7]杨奎松.国民党的"联共"与"反共"[M].桂林:广西师范大学出版社,2016.
[8]金冲及.联合与斗争——毛泽东、蒋介石与抗战中的国共关系[M].北京:生活·读书·新知三联书店,2018.
[9]杨天石.抗战与战后中国[M].北京:中国人民大学出版社,2007.
[10]陶文钊,杨奎松,王建朗.抗日战争时期中国对外关系[M].北京:中国社会科学出版社,2009.
[11]陈平原.抗战烽火中的中国大学[M].北京:北京大学出版社,2015.
[12]步平.跨越战后:日本的战争责任认识[M].北京:社会科学文献出版社,2011.
[13]曲爱国.中国人民抗日战争的回顾和思考[J].求是,2015,16:33-37.
[14]中央社会主义学院党组理论中心组.抗日民族统一战线是中国共产党领导全民族抗战胜利的法宝[EB/OL].新华网,2015-08-12.
[15]人民网.伟大胜利 历史贡献——访曲爱国等三位中国抗战史专家[EB/OL].2015-08-18.

第七章 为新中国而奋斗

(1)从争取和平民主到进行自卫战争 ｛中国共产党争取和平民主的斗争
国民党发动内战和解放区军民的自卫战争

(2)国民党政府处在全民的包围中 ｛全国解放战争的胜利发展
土地改革与农民的广泛发动
第二条战线的形成和发展

(3)中国共产党与民主党派的合作 ｛各民主党派的历史发展
中国共产党与民主党派的团结合作
第三条道路的幻灭
中国共产党领导的多党合作、政治协商格局的形成

(4)创建人民民主专政的新中国 ｛南京国民党政权的覆灭
人民政协与《共同纲领》
中国革命胜利的原因和基本经验

(1)重庆谈判。抗战结束后,蒋介石依靠美国的援助,力图恢复其优势,便戴起"和平"的假面具,在1945年8月一连三次电邀毛泽东到重庆举行和平谈判,"共同商讨国家大计"。中国共产党为了尽一切可能争取和平,揭露美帝国主义和国民党反动派假和平的真面目,以利于团结和教育人民,决定派代表毛泽东等前往重庆,同国民政府进行谈判。8月28日,毛泽东在周恩来、王若飞陪同下飞抵重庆。经过43天的谈判,10月10日,签订了《政府与中共代表会谈纪要》,即"双十协定"。这次谈判在政治上使中国共产党获得了极大的主动,而使国民党陷于被动,因而是成功的。

(2)双十协定。1945年8月29至10月10日的43天里,国共双方围绕建国基本方针、解放区政权、解放区军队和国民大会等问题进行了艰苦的谈判,最终签订了《政府与中共代表会谈纪要》,简称"双十协定"。"双十协定"确定了和平建国的基本方针以及和平民主的途径和形式,但国民党不承认中共军队和解放区政权的合法地位。"双十协定"体现了重庆谈判的主要成果,虽然在关键问题上未达成协议,但给中国人民带来了和平的希望,也使得国民党在政治上陷于完全被动的地位。

(3)较场口事件。1946年2月10日,重庆各界人士在较场口举行庆祝政治协商会议成功大会。一个自称"市农会代表"的国民党反动分子冒充大会主席宣布开会,被大会主席团阻止。这时预伏在主席台下的国民党特务、流氓蜂拥而上,打伤大会主席郭沫若、李公朴及新闻记者六十多人,这就是较场口事件。

(4)下关惨案。1946年6月23日,上海各界人民和平代表团赴南京请愿,要求国民党政府停止内战,实现和平。当请愿代表到达南京下关车站时,国民党反动派预伏的几百名特务立即蜂拥而上,殴打代表,制造了下关惨案。周恩来闻讯后,代表中共坚决支持人民的正义要求,立即向国民党当局提出严重抗议,并深夜赶到医院慰问受伤代表。

(5)台湾二二八起义。1947年2月28日,台国民党反动派指挥军警屠杀台北市民,激起全体台湾人民的义愤。台湾人民在这一天举行了武装起义。至3月8日止,起义人民控制了台湾的大部分地区。国民党一面组织"处理委员会"进行"调查了解"以欺骗群众,一面急调军队进行血腥镇压。起义最后失败,被杀害者达3万余人。部分起义领导人逃到香港,于同年11月发起组织台湾民主自治同盟,作为领导台湾人民继续反对国民党统治的政治组织。

(6)第三条道路。或称中间路线,是指代表民族资产阶级、上层小资产阶级利益和民主人士的政治主张,幻想在国共两党之间走"第三条道路",建立英美式的资产阶级共和国。这些人还企图通过合法的改良主义途径实现上述主张,不赞成中共领导的革命战争,不承认中共在反帝反封建革命中的领导地位。但由于坚持法西斯独裁的蒋介石集团的严厉打击以及中共的积极争取,最后这条路宣告破产。

(7)第二条战线。解放战争时期国民党统治区广大爱国学生、工人、市民及其他阶层人民,在中国共产党领导下反对美军暴行,反对蒋介石政权的内战、独裁、卖国政策的爱国民主运动,相对于中国共产党领导的人民武装反对国民党军队的军事斗争战线,故称第二条战线。第二条战线的形成,有力地配合了人民解放军军事战场的斗争,对推翻国民党反动统治,解放全中国,发挥了重要作用。

(8)三大战役。三大战役指的是解放战争中共进入战略反攻阶段的三大决定性战役,包括辽沈战役、淮海战役以及平津战役。这三次大的战略决战结束后,蒋介石国民党集团赖以维护其反动统治的主要精锐部队基本消灭殆尽,国民党反动集团从此陷入土崩瓦解之中,中国革命已处于胜利的前夜。三大战役的胜利是毛泽东军事思想的伟大胜利,是人民战争的伟大胜利。

(9)渡江战役。1949年4月20日,国民党反动政府最后拒绝在国内和平协议上签字。21日,人民解放军先后发起渡江战役。百万雄师强渡长江,彻底摧毁了国民党军的长江防线。23日,解放了国民党22年来的反革命统治中心南京,宣告了国民党反动统治的覆灭。此役共歼国民党军43万多人,解放了南京、杭州、上海、武汉等大城市和苏、浙、赣、皖、闽、鄂广大地区。这一胜利,为进军华南、西南创造了有利条件,加速了全国的解放。

(10)人民民主专政。人民民主专政是指工人阶级领导的,以工农联盟为基础的,对人民实行民主和对敌人实行专政的国家制度,中国人民实行无产阶级专政的一种形式。它是以毛泽东为代表的中国共产党人把马克思列宁主义关于无产阶级专政理论同中国具体情况相结合,而创建的适合中国国情和革命传统的政权形式。

(11)《中国土地法大纲》。1947年7月至9月,中国共产党在河北省平山县召开全国土地会议,制定和通过了《中国土地法大纲》,明确规定"废除封建性及半封建性剥削的土地制度,实现耕者有其田的土地制度""乡村中一切地主的土地及公地,由乡村农会接收",分配给无地或少地的农民。这个大纲指引着在封建制度压迫下的亿万农民群众,将自己的力量汇入民主革命的洪流。

(12)中国民主同盟。中国民主同盟简称民盟。1941年3月,中国民主政团同盟在重庆诞生。黄炎培被推选为中央常务委员会主席。不久,改由张澜为主席。民盟由六个组织联合组成。它们是救国会、中华民族解放行动委员会、中华职业教育社、乡村建设协会、青年党和国家社会党(后改为民主社会党)。

(13)九三学社。1944年底以来,重庆科技界、文化界、教育界的一些高级知识分子经常在一起举行座谈会(一度称民主科学座谈会)。1945年9月3日,座谈会改名为九三学社。1946年5月4日,九三学社在重庆宣告正式成立,许德珩等当选为理事。

(14)《共同纲领》。1949年9月21日,中国人民政治协商会议第一届全体会议在北平中南海怀仁堂隆重开幕,会议通过了《中国人民政治协商会议共同纲领》,简称《共同纲领》。《共同纲领》在当时是全国人民的大宪章,起着临时宪法的作用。

(15)三个法宝。中国共产党在领导人民革命的过程中,积累了丰富的经验,锻造出了有效的克敌制胜的武器。毛泽东指出:"统一战线,武装斗争,党的建设,是中国共产党在中国革命中战胜敌人的三个法宝,三个主要的法宝。"

重难点解析

(一)抗日战争胜利后,国民党政府为什么会陷入全民的包围中并迅速走向崩溃?

(1)经过人民解放军一年的作战,战争形势发生重大变化。由于战线延长,国民党大部分兵力用于守备,战略性的机动兵力大为减少,而且士气低落。为了彻底粉碎国民党,中国共产党将战争引向国民党区域,迫使国民党处于被动地位。

(2)土地制度改革的实施。中国最主要的人民群众——农民,进一步认识到中国共产党是自身利益的坚决维护者,自觉地在党的周围团结起来,为国民政府的崩溃奠定了深厚的群众基础。

(3)国民党政府由于他的专制独裁统治和官员们的贪污腐败,大发国难财,抗战后期已经严重丧失人心。

(4)国民党政府违背全国人民迫切要求休养生息、和平建国的意愿,执行反人民的内战政策。为了筹措内战经费,国民党政府对人民征收苛重捐税,无限制发行纸币,将全国各阶层人民置于饥饿和死亡的界线上,因而迫使全国各阶层人民团结起来和国民政府斗争。

(5)学生运动的高涨,不可避免地促进了整个人民运动的高涨。

(二)如何认识民主党派的历史作用？

民主党派的历史作用有如下三点：

(1)中国各民主党派是中国共产党领导的爱国统一战线的重要组成部分。中国各民主党派形成时的社会基础，主要是民族资产阶级、城市小资产阶级及其知识分子以及其他爱国民主分子。他们所联系和代表的不是单一阶级，而是这些阶级、阶层的人们在反帝爱国和争取民主的共同要求基础上的联合，是阶级联盟性质的政党。在它们的成员和领导骨干中，还有一定数量的革命知识分子和少数共产党人。在中国的政治生活中，各民主党派和无党派民主人士是一支重要的力量。

(2)抗战胜利后，民主党派在中国的政治舞台上比较活跃。尽管各自的纲领不尽相同，但都主张爱国、反对卖国，主张民主、反对独裁。这与中国共产党的新民主主义革命政纲基本上是一致的。在战后进行国共谈判和召开政协会议时，民主党派作为"第三方面"，主要是同共产党一起，反对国民党的内战和独裁政策，为和平民主而奔走呼号。他们为政协会议的成功作出了自己的贡献，还为维护政协协议进行过不懈的努力。他们还积极参加和支持国民党统治区的爱国民主运动，在第二条战线的斗争中尽了自己的一份力量。

(3)中国共产党对各民主党派采取了积极的争取和团结的政策。同中国共产党合作奋斗，并在实践中不断进步，是各民主党派在这个时期表现的主要方面。中国共产党与民主党派的合作，对于中国人民解放事业的发展起到了积极的作用。

(三)中国共产党领导的多党合作、政治协商的格局是怎样形成的？

中国共产党领导的多党合作、政治协商格局是在长期革命过程中形成的。

第一，我国各民主党派虽然政纲不尽相同，但都主张爱国、反对买办，主张民主、反对独裁，在抗战中，对反抗日本帝国主义侵略，特别是文化侵略起了积极作用。抗战胜利后，民主党派作为"第三方面"，主要与共产党一起，反对国民党的内战独裁政策，为和平民主奔走呼号。

第二，各民主党派成立时，中国共产党就与他们建立了不同程度的合作关系，并在斗争实践中逐步发展了这种合作关系。在共同反对国民党独裁统治的斗争中，中国共产党不仅鼓励、支持各民主党派的斗争，而且对他们某些不妥的意见进行批评，诚恳地帮助他们进步，这使中共与民主党派的关系更加融洽，合作方式不断发展完善。

第三，国民党坚持一党独裁，迫害民主党派进步人士，使得民主党派人士逐步转到新民主主义革命立场上，特别是1948年1月22日，民主党派和无党派人士发表《对时局的意见》，表示愿意接受中国共产党的领导，拥护建立人民民主的新中国。

第四，中国共产党积极邀请民主党派"积极参政，共同建设新中国"，1949年9月，各民主党派积极参加了中国人民政治协商会议第一届全体会议。这标志着中国各民主党派和无党派民主人士的绝大多数人，经过实践的教育，确认了中国共产党关于通过建立人民共和国、走向社会主义的政治主张的正确性；认识到只有接受中国共产党的领导，才能在中国的政治生活中有效地发挥积极作用，才有光明的前途。各民主党派由在野党变成了人民民主专政的参政党，中国共产党领导的多党合作、政治协商的格局基本形成，中国共产党领导的多党合作和政治协商制度在此基础上也基本形成。

（四）中国革命胜利的原因是什么？

随着国民党反动统治的覆灭和中华人民共和国的创建，中国新民主主义革命赢得了基本的胜利。中国革命胜利的原因主要有以下三点：

第一，广大人民和各界人士的广泛参与和大力支持。中国革命的发生有着深刻的社会根源和雄厚的群众基础。由于帝国主义、封建主义、官僚资本主义的残酷压迫，中国人民走上了反帝反封建反官僚资本主义斗争的伟大时代。工人、农民、城市小资产阶级群众是民主革命的主要力量。在他们中间，涌现出了无数无畏的英雄和不屈的战士。随着斗争的发展，民族资产阶级也逐步向共产党靠拢。各民主党派和无党派民主人士、各少数民族、爱国的知识分子和华侨等，都在这场斗争中发挥了积极的作用。没有广大人民和各界人士的广泛参加和大力支持，中国革命的胜利是不可能的。

第二，中国共产党的领导。中国革命之所以能够走上胜利发展的道路，是由于有了中国共产党的领导。中国共产党作为工人阶级的政党，不仅代表着中国工人阶级的利益，而且代表着整个中华民族和全中国人民的利益。中国共产党是用马克思主义的科学理论武装起来的，它以中国化的马克思主义——毛泽东思想，作为一切工作的指针，能够制定出适合中国情况的、符合中国人民利益的纲领、路线、方针和政策，为中国人民的斗争指明正确的方向。

中国共产党人在革命过程中始终英勇地站在斗争的最前线。中国共产党自1921年创建至1949年中华人民共和国成立这28年的时间里，为中国人民的解放事业献出了无数的优秀战士，其中许多卓越领导人、杰出的将领，都在这个斗争中英勇地献出了自己的生命。中国共产党人以行动表明了自己是最有远见、最富于牺牲精神、最坚定而又最能体察民情并依靠群众的坚强的革命者，从而赢得了广大中国人民的衷心拥护。"没有共产党，就没有新中国"，这是中国人民基于自己的切身体验所确认的客观真理。

第三，国际无产阶级和人民群众的支持。中国革命之所以能够赢得胜利，与国际无产阶级和人民群众的支持也是分不开的。正如毛泽东所说，假如没有苏联的存在和人民民主国家的出现，没有被压迫民族的斗争和资本主义国家人民的斗争，堆在中国人民头上的国际反动势力不知要大多少倍，在这种情况下我们是不可能胜利的；胜利了，要巩固，也不可能。为了中国人民的解放事业，一些国际友人还直接参加了中国的革命斗争。

（五）中国革命取得胜利的基本经验是什么？

中国共产党在领导人民革命的过程中，积累了丰富的经验。毛泽东指出："统一战线，武装斗争，党的建设，是中国共产党在中国革命中战胜敌人的三个法宝，三个主要的法宝。"

第一，建立广泛的统一战线。在中国建立革命统一战线有广泛的群众基础。建立广泛的统一战线，是坚持和发展革命的政治基础。统一战线中存在着两个联盟：一个是劳动者的联盟，主要是工人、农民和城市小资产阶级的联盟；另一个是劳动者和非劳动者的联盟，主要是劳动者和民族资产阶级的联盟，有时还包括与一部分大资产阶级的暂时联盟。前者是基本的、主要的；后者是辅助的、同时又是重要的。必须坚决依靠第一个联盟，争取建立和扩大第二个联盟。巩固和扩大统一战线的关键，是坚持工人阶级及其政党的领导权。为此，必须率领同盟者向共同的敌人作坚决的斗争并取得胜利；必须对被领导者给以物质福利，至少不损害其利益，同时对被领导者给以政治教育；必须对同工人阶级争夺领导权的资产阶级采取又联合、又斗争的政策。

第二，坚持革命的武装斗争。由于中国没有资产阶级民主，反动统治阶级凭借武装力量对人民实行独裁恐怖统治，革命只能以长期的武装斗争作为主要形式。离开了武装斗争，就没有共产党的地位，就不能完成任何革命任务。中国的武装斗争实质上是工人阶级领导的农民战争。中国共产党必须深入农村，发动和武装农民，在农村建立革命的根据地，以农村包围城市，才能逐步地争取革命的胜利。为了坚持和发展中国革命，必须建立一支在工人阶级政党绝对领导之下的、具有严格纪律的、同人民群众保持亲密联系的新型人民军队。没有一支人民的军队，便没有人民的一切。这支军队必须实行一系列具有中国特点的、人民战争的战略战术。

第三，加强共产党自身的建设。在工人阶级人数很少，农民和其他小资产阶级占人口大多数的中国，建设一个工人阶级先锋队的党，是极其艰巨的任务。中国共产党的建设，是密切地联系着党的政治路线进行的，注重在端正思想路线的基础上，制定和贯彻执行党的正确的政治路线，重视党的思想建设，要求党员用工人阶级思想克服资产阶级、小资产阶级思想，培育和发扬理论与实际相结合、密切联系群众和自我批评的作风；在党内斗争中实行"惩前毖后，治病救人"的方针；并创造了在全党通过批评和自我批评进行马克思主义思想教育的整风形式等。中国共产党遵循毛泽东建党学说，在长期的斗争实践中，把自己锻炼成掌握统一战线和武装斗争这两个武器以实行对敌人冲锋陷阵的英勇战士，成为了全国人民拥戴的领导核心。

革命的根本问题是国家政权问题。中国革命的经验，集中到一点，就是工人阶级（经过共产党）领导的以工农联盟为基础的人民民主专政。这个专政必须和国际革命力量团结一致。人民民主专政在新中国的创建，标志着近代以来中国面临的争取民族独立、人民解放这个历史任务的基本完成。

（六）在民主革命时期，中共的工作重心发生了两次转移，每次转移的历史条件是什么？两次转移的历程说明了什么问题？

第一次工作重心从城市转移到乡村。历史条件是：①大革命失败后，国民党建立了一党专政的统治，其势力在城市中占据了绝对优势。②中国共产党决定以武装起义反抗国民党反动派，于1927年下半年先后发动了南昌起义、秋收起义、广州起义。因敌我力量对比悬殊而失败。③在秋收起义中，毛泽东决定向敌人统治力量薄弱的山区进军。1927年底，中共从城市转入农村，建立农村革命根据地，走上了以农村包围城市的"工农武装割据"的道路。

第二次工作重心是从乡村转移到城市。历史条件是：1949年初，三大战役基本上消灭了国民党军主力。东北、华北、华东、中原解放区连成一片，民主革命即将在全国取得胜利。北方许多城市回到了人民手中，迫切需要加以管理和重建。中共召开七届二中全会，提出将党的工作重心从乡村转移到城市。

工作重心两次转移的历程说明了：中国革命道路的艰难与曲折。中共在民主革命过程中，把马克思主义基本原理与中国革命的实践相结合，探索出了一条以农村包围城市，最后夺取城市的革命道路，实践证明了这条道路是正确的。

（七）解放战争时期，土地革命的历史意义是什么？

全国土地会议以后，解放区广大农村迅速掀起土地制度改革（习惯称"土改"）运动的热潮。经过土地改革运动，到1948年秋，1亿人口的解放区消灭了封建生产关系。广大农民分得土地并在政治上获得翻身以后,其政治觉悟和组织程度空前提高,农村生产力得到解放,工农联盟进一步巩固和加强。在"保田参军"的口号下,大批青壮年农民踊跃加入人民军队。各地农民不仅将粮食、被服等送上前线,而且成立运输队、担架队、破路队等随军组织,担负战争勤务。他们还广泛建立和发展民兵组织,配合解放军作战。人民解放战争获得了源源不断的人力、物力的支援。

土地制度改革是从根本上摧毁中国封建制度根基的社会大变革。土改运动的发展表明,解放战争在胜利推进的同时,中国的社会变革也在深入发展。经过这个运动,中国最主要的人民群众——农民,进一步认识到中国共产党是自身利益的坚决维护者,因而自觉地在党的周围团结起来。这就为打败蒋介石、建立新中国奠定了深厚的群众基础。

(八)解放战争期间国民党统治区政治、经济危机日益加深的主要原因是什么?

国民党政府由于它的专制独裁统治和官员们的贪污腐败、大发国难财,抗战后期在大后方便已严重丧失人心。在抗战胜利时曾经对它抱有很大期望的原沦陷区人民,也很快对它感到极端的失望。一个重要的原因,就是国民党政府派出到原沦陷区接收时,把接收变成"劫收",大发胜利财。巨额敌伪资产转归官僚资本集团控制的部门,其中很大部分被官员个人侵吞、隐匿、变卖。一名国民党官员向蒋介石进言:"像这样下去,我们虽然收复国土,但我们将丧失民心。"此外国民党之所以迅速失去民心,主要是由于它违背全国人民迫切要求休养生息、和平建国的意愿,执行反人民的内战政策,无限制地发行货币,失业人口剧增,使人们一次又一次遭到洗劫,民族工商业走向破产。导致国民党统治区内政治、经济危机日益加深。

(九)试论抗战胜利后,中国共产党争取和平民主的斗争

中国共产党为了争取和平民主,经历了四个阶段的斗争。

(1)战后国际国内政治形势。抗日战争胜利后,中国广大人民热切希望实现和平、民主,为建设新中国而奋斗。战后的政治形势总的说来,对中国人民实现建设新中国的目标是有利的。但是,通向新中国的道路仍然是曲折的。国民党统治集团作为大地主、大资产阶级的政治代表,其根本目标是使战后的中国回复到战前的状态,即坚持蒋介石的独裁统治,继续走半殖民地半封建社会的老路。以武力消灭共产党及其领导的人民军队和解放区政权,是蒋介石集团的既定方针。

(2)中国共产党争取和平民主的方针。为建设新中国而奋斗,这是中国人民的根本利益之所在。中国共产党曾经希望通过和平的途径对中国进行政治社会的改革,逐步向新中国这个目标迈进。

(3)重庆谈判和政治协商会议。1945年8月14日、20日、23日,蒋介石三次电邀毛泽东到重庆共商"国际国内各种重要问题"。1946年1月10日,国共双方下达停战令。同一天,政治协商会议(以下简称政协会议)在重庆开幕,出席会议的有国民党、共产党、民主同盟、青年党和无党派人士的代表38人。以周恩来为首的中共代表团与民主同盟等民主党派和无党派人士的代表密切合作,同国民党当局认真协商,推动政协会议达成五项协议。

(4)维护和破坏政协协议的较量。中国共产党是准备严格履行政协协议的。在政协会议召开时,毛泽东指出,"中国和平民主新阶段,即将从此开始"。全党应为"巩固国内和平,实现

民主改革",建立新中国而奋斗。

国民党政权所代表的是大地主、大资产阶级的利益,其统治的社会基础极其狭隘,这决定了它既不能容忍、也经受不住任何的民主改革。蒋介石以扩大内战的行动,使政协协议成为一纸空文。国民党统治集团既然扼杀了全国人民对于和平建国的热切愿望,它也就把自己放在了全国人民的对立面。

中国共产党争取和平民主的努力,尽管最终未能阻止全面内战的爆发。但是,它使得各界群众增进了对中国共产党的了解,懂得了什么人应当对这场战争承担责任。这在政治上是一个重大的胜利。经过努力,中国人民毕竟争得了将近一年的和平暂息时期。这也为扩大和巩固解放区,做好进行自卫战争的准备,提供了有利的条件。

(十)中国新民主主义革命胜利的意义是什么?

(1)中国革命的胜利开创了中国历史的新纪元,结束了帝国主义、封建主义、官僚资本主义奴役中国各族人民的苦难历史。

(2)中国革命的胜利改变了世界政治力量的对比,是继十月革命后国际共产主义运动中的又一伟大事件。它激励了殖民地半殖民地国家人民争取民族解放斗争的信心,对国际形势和世界人民斗争的发展具有深刻的、久远的影响。

(3)中国革命的胜利是马克思列宁主义毛泽东思想的胜利。实践表明,只要善于把马克思列宁主义同本国实际结合起来,革命事业就无往而不胜,中国革命的胜利为社会主义制度在中国的建立和发展奠定了坚实的基础。

(一)单项选择题

1. 1945年8月至10月,国共双方举行了商讨和平建国方针的( )。
   A. 重庆谈判　　　　B. 西安谈判　　　　C. 南京谈判　　　　D. 北平谈判

2. 1945年,重庆谈判的中共代表中不包括( )。
   A. 周恩来　　　　　B. 毛泽东　　　　　C. 朱德　　　　　　D. 王若飞

3. 1945年,昆明学生发动了以"反对内战,争取自由"为主要口号的( )。
   A. 五·二〇运动　　　　　　　　　　　B. 一二·三〇运动
   C. 一二·一运动　　　　　　　　　　　D. 一二·九运动

4. 1947年,( )率领的晋冀鲁豫野战军主力千里跃进大别山。
   A. 刘伯承、邓小平　　　　　　　　　　B. 陈毅、粟裕
   C. 陈赓、谢富治　　　　　　　　　　　D. 彭德怀、罗荣桓

5. 1947年10月10日,中国人民解放军总部发表宣言,提出的口号是( )。
   A. 帝国主义与一切反动派都是纸老虎　　B. 建立民主联合政府
   C. 打倒蒋介石,解放全中国　　　　　　D. 耕者有其田

6. 1945年8月,中共中央在《对目前时局的宣言》中明确提出的口号是( )。
   A. 和平、民主、团结　　　　　　　　　B. 向北发展,向南防御
   C. 打倒蒋介石,解放全中国　　　　　　D. 打过长江去,解放全中国

7.（　　）宣告延续了22年之久的国民党反动统治的覆灭。
A. 人民解放军转入战略进攻　　　　　B. 三大战役的胜利
C. 渡江战役的胜利　　　　　　　　　D. 人民解放军占领南京

8. 抗战胜利后,中间路线的主张实质是（　　）。
A. 走半殖民地半封建社会老路　　　　B. 走旧民主主义的道路
C. 既非资本主义也非社会主义的路　　D. 新民主主义的道路

9. 1947年7月,中国共产党召开会议,制定和通过了《中国土地法大纲》,规定（　　）。
A. 废除封建性及半封建性剥削的土地制度,实现耕者有其田的土地制度
B. 减租减息政策
C. 按成分分配土地
D. 废除私有制

10. 1949年9月,中国人民政治协商会议通过的起着临时宪法作用的文件是（　　）。
A.《论人民民主专政》　　　　　　　　B.《中国人民政治协商会议组织法》
C.《中国人民政治协商会议共同纲领》　D.《中华人民共和国中央人民政府组织法》

11. 抗日战争胜利后,我国国内的主要矛盾是（　　）。
A. 中国人民同帝国主义国家之间的矛盾
B. 中国人民同美国支持的国民党反动派的矛盾
C. 农民阶级同地主阶级的矛盾
D. 工人阶级同资产阶级的矛盾

12. 1947年7月至9月,中国共产党在河北省平山县召开全国土地会议,制定和通过了（　　）。
A.《中国土地法大纲》　　　　　　　　B.《井冈山土地法》
C.《兴国土地法》　　　　　　　　　　D.《关于清算、减租及土地问题的指示》

13. 解放战争时期,国民党统治区人民民主高涨的根本原因是（　　）。
A. 中国共产党组织了反蒋的第二条战线
B. 上海学生举行了声势浩大的"三反斗争"
C. 国民党蒋介石集团的经济崩溃和政治危机
D. 民主党派的联合斗争和人民起义遍及各地

14. 1947年解放军开始战略反攻时,国民党军队正在实施的战略是（　　）。
A. 全面进攻解放区　　　　　　　　　B. 重点进攻山东和陕北解放区
C. 抢占战略要地和交通线　　　　　　D. 集中兵力防守战略要地

15. 国民党军队在1946年挑起全面内战的起点是大举围攻（　　）。
A. 东北解放区　　B. 中原解放区　　C. 陕北解放区　　D. 山东解放区

16. 毛泽东为新华社写的1949年新年献词是（　　）。
A.《对目前时局的宣言》　　　　　　　B.《目前形势和我们的任务》
C.《将革命进行到底》　　　　　　　　D.《论人民民主专政》

17. 1948年4月,毛泽东完整地提出新民主主义革命总路线的著作是（　　）。
A.《新民主主义论》　　　　　　　　　B.《目前形势和我们的任务》
C.《在晋绥干部会议上的讲话》　　　　D.《将革命进行到底》

18.1949年6月,毛泽东发表的系统论述中国共产党关于建国主张的著作是(　　)。
　　A.《新民主主义论》　　　　　　　B.《论联合政府》
　　C.《目前形势和我们的任务》　　　D.《论人民民主专政》
19.1947年,被国民党当局宣布为"非法团体"而被迫解散的民主党派是(　　)。
　　A.九三学社　　　　　　　　　　　B.中国民主同盟
　　C.中国农工民主党　　　　　　　　D.台湾民主自治同盟
20.1947年,台湾人民举行的反对国民党统治的斗争是(　　)。
　　A.一二·一运动　　　　　　　　　B.抗暴行运动
　　C.黑旗军起义　　　　　　　　　　D.二·二八起义

(二)多项选择题

1.抗战胜利后,中国共产党为避免内战,实现和平建国,于1945年8月在对时局的宣言中明确提出的口号是(　　)。
　　A.和平　　　B.统一　　　C.团结　　　D.民主
2.中国共产党在革命中战胜敌人的三大法宝是(　　)。
　　A.武装斗争　　B.统一战线　　C.独立自主　　D.党的建设
3.1948年秋,人民解放军发动了三大战役,消灭了国民党的军事主力。这三大战役是(　　)。
　　A.平津战役　　B.淮海战役　　C.渡江战役　　D.辽沈战役
4.1947年7月至9月,中国共产党在河北省平山县召开全国土地会议,制定和通过了《中国土地法大纲》,明确规定(　　)。
　　A.废除封建性及半封建性剥削的土地制度
　　B.实现耕者有其田的制度
　　C.乡村中一切地主的土地及公田,由乡村农会接收
　　D.减租减息
5.1947年6月底,揭开人民解放战争战略进攻的序幕是(　　)。
　　A.刘邓大军挺进大别山　　　　　　B.陈谢兵团挺进豫西
　　C.陈粟大军挺进苏鲁豫皖　　　　　D.东北野战军发起辽沈战役
6.1946年1月10日出席政治协商会议的代表有(　　)。
　　A.国民党　　　　　　　　　　　　B.共产党
　　C.民主同盟　　　　　　　　　　　D.青年党和无党派人士的代表
7.解放战争的第二条战线(　　)。
　　A.是指在国民党统治区,以学生运动为先导的人民民主运动
　　B.配合了人民解放战争的胜利进军
　　C.使国民党处于全民包围之中
　　D.是人民民主统一战线的重要组成部分
8.1948年4月30日,中共中央在纪念五一国际劳动节的口号中提出:各民主党派、各人民团体、各社会贤达迅速(　　)。
　　A.召开政治协商会议　　　　　　　B.召集人民代表大会
　　C.成立民主联合政府　　　　　　　D.建立人民民主专政

9. "没有共产党,就没有新中国",这是因为(   )。

A. 中国共产党作为工人阶级的政党,不仅代表着中国工人阶级的利益,而且代表着整个中华民族和全中国人民的利益

B. 中国共产党以中国化的马克思主义即马克思列宁主义基本原理与中国实践相结合的毛泽东思想作为一切工作的指针

C. 中国共产党能够制定出适合中国情况的,符合中国人民利益的纲领、路线、方针和政策,为中国人民的斗争指明了正确的方向

D. 中国共产党人在革命过程中始终英勇地站在斗争的最前线

10. 全国解放战争时期,在国民党统治区爆发的爱国学生运动有(   )。

A. 一二·九运动　　　　　　　　B. 一二·一运动
C. 一二·三〇运动　　　　　　　D. 五·二〇运动

11. 毛泽东在《论人民民主专政》一文中指出,构成人民民主专政的基础是(   )的联盟。

A. 工人阶级　　　　　　　　　　B. 农民阶级
C. 城市小资产阶级　　　　　　　D. 民族资产阶级

12. 抗日战争结束后,蒋介石愿意与中共进行和平谈判的目的是(   )。

A. 以此敷衍国内外舆论,掩盖其正在进行的内战准备

B. 诱使中共交出人民军队和解放区政权,以期不战而控制全中国

C. 通过和平谈判的手段,达成与中共组建和平、民主的联合政府

D. 如果谈判不成,即放手发动内战,并把战争责任转嫁给中国共产党

13. 1947 年 12 月,中共中央制定了夺取全国胜利的行动纲领。毛泽东要求全党同志(   )。

A. 必须牢牢掌握党的总路线,即无产阶级领导的,人民大众的,反对帝国主义、封建主义和官僚资本主义的新民主主义革命的总路线

B. 必须开展轰轰烈烈的土地改革运动

C. 必须十分注意政策和策略,注意按照实际情况决定工作方针,善于把党的政策变成群众的行动

D. 必须维护党的集中统一的领导,加强组织性、纪律性,以便把人民解放战争胜利地向前推进

14. 1947 年"五二零"运动中,国统区学生运动的口号是(   )。

A. 反饥饿　　　B. 反迫害　　　C. 反独裁　　　D. 反内战

15. 中国共产党领导的革命,包括(   )。

A. 旧民主主义革命　　　　　　　B. 新民主主义革命
C. 社会主义革命　　　　　　　　D. 社会主义改革

16. 中国新民主主义革命 28 年历史得出的三个必然结果是(   )。

A. 无产阶级被公认为中国革命的领导阶级

B. 中国共产党被公认为全国人民的领导核心

C. 毛泽东被公认为中国共产党和全国各族人民的领袖

D. 毛泽东思想被公认为全国人民的领导核心

17. 中国革命胜利的基本经验是（　　）。
　　A. 建立广泛的统一战线　　　　　　　　B. 坚持革命的武装斗争
　　C. 实行土地革命　　　　　　　　　　　D. 加强共产党的自身建设
18. 中国各民主党派形成时的社会基础，主要是（　　）。
　　A. 民族资产阶级及与其相联系的知识分子
　　B. 城市小资产阶级及与其相联系的知识分子
　　C. 地方实力派
　　D. 其他爱国分子
19. 1945年8月，中共中央在《对目前时局的宣言》中指出，在新的历史时期，全民族面前的重大任务是（　　）。
　　A. 巩固国内团结，保证国内和平　　　　B. 实现民主，改善民生
　　C. 在和平民主团结的基础上，实现全国的统一　　D. 建立独立自由与富强的新中国
20. 下列成立于解放战争时期的中国民主党派有（　　）。
　　A. 中国民主同盟　　　　　　　　　　　B. 中国民主建国会
　　C. 中国国民党革命委员会　　　　　　　D. 台湾民主自治同盟

（三）问答题

1. 中国革命胜利的原因是什么？

2. "第三条道路"为什么在中国行不通，资产阶级共和国方案为什么必然破产？

3. 中国新民主主义革命胜利的伟大意义是什么？

4. 中国共产党领导的多党合作、政治协商的格局是怎样形成的？

5. 中国共产党在中国革命中战胜敌人的三个法宝是什么？

6. 如何理解近代中国的三种建国方案、两个中国之命运？为什么中国共产党的建国方案最终成为中国人民的共同选择？

7. 如何认识民主党派的历史作用？

8. 抗日战争胜利后，国民党政权迅速走向崩溃的原因是什么？

9. 为什么说"没有共产党就没有新中国"？

10. 中国革命胜利的基本经验和原因是什么？

（四）材料分析题

【材料1】　毛泽东在《论人民民主专政》中指出："资产阶级共和国，外国有过，中国不能

有,……唯一的路是经过工人阶级领导的人民共和国。"

请回答:

(1)资产阶级共和国为什么在中国行不通而必然让位给人民共和国?

(2)中华人民共和国成立的伟大历史意义。

【材料2】 1940年前后,毛泽东发表了《中国革命和中国共产党》《〈共产党人〉发刊词》《新民主主义论》等著作,集中全党智慧,深刻论述了新民主主义革命的理论和各项政策,在新民主主义革命的性质、对象、动力、前途等基本问题,新民主主义革命的三大法宝,新民主主义基本纲领,人民军队建设和革命战争战略战术思想,革命根据地建设等多方面展开论述,使新民主主义革命理论达到成熟,形成为一个完整的理论体系。

论述抗日战争时期毛泽东新民主主义革命理论成熟的历史背景、主要内容及重大意义。

3.阅读材料

【材料1】 1945年8月20日蒋介石再次邀请毛泽东到重庆谈判的电报:"大战方告结束,内争不容再有……如何以建国之功收抗战之果,甚有赖于先生之惠然一行,共定大计……"

【材料2】 1945年10月13日蒋介石给陆军总司令何应钦的密电:"抗战胜利,日寇投降……乃奸匪竟……企图破坏统一以遂其割据之阴谋,若不速于剿除。不仅八年抗战前功尽失。且必遗害无穷……此次剿共为人民幸福之所系,务本以往抗战之精神,遵照中正(注:蒋介石)所订剿共手本,督励所属,努力进剿,迅速完成任务……"

【材料3】 1945年11月16日蒋介石对高级将领的演讲:"回想这20年来,奸匪始终是本党唯一的敌人。"

【材料4】 (美国总统)杜鲁门回忆录:"事实上,蒋介石甚至连再占领华南都有极大的困难……如果他不同共产党人及俄国人达成协议,他就休想进入东北,由于共产党人占领了铁路中间的地方,蒋介石要想占领东北和中南就不可能……假如我们让日本人立即放下他们的武器……那么整个中国就会被共产党人拿过去……因此,我们便命令日本人守着他们的岗位和维持秩序,等到蒋介石的军队一到,日本军队便向他们投降……这种利用日本军队阻止共产党人的办法是国防部和国务院的联合决定而经我批准的。"

请回答:

(1)蒋介石电邀毛泽东到重庆谈判的理由是什么?国共双方经过9—10月的谈判,有什么结果?

(2)蒋介石对中国共产党的真实态度是什么?在上引材料中有何依据?在当时的实际行动中有何表现?

(3)蒋介石当时为什么要玩弄反革命两手?在上引材料中有何依据?

推荐阅读文献

[1]毛泽东.论联合政府//毛泽东选集(第3卷)[M].北京:人民出版社,1991.
[2]毛泽东.论人民民主专政//毛泽东选集(第4卷)[M].北京:人民出版社,1991.
[3]李新,陈铁健.争取和平民主[M].上海:上海人民出版社,1996.
[4]彭明.中国现代史参考资料选编(第6册)[M].北京:中国人民大学出版社,1989.
[5]曹健民.中国民主党派的历史和现状[M].北京:中国人民大学出版社,1994.
[6]萧超然.中国政治发展与多党合作制度[M].北京:北京大学出版社,1991.
[7]肖生生,周炳钦.两种命运的决战[M].郑州:河南人民出版社,2000.
[8]资中筠.美国对华政策的缘起和发展(1949—1950)[M].重庆:重庆出版社,1987.
[9]廖盖隆.全国解放战争简史[M].上海:上海人民出版社,1984.
[10]中共中央马克思恩格斯列宁斯大林著作翻译局.列宁选集[M].北京:人民出版社,1960.
[11]毛泽东.毛泽东选集(第2卷)[M].北京:人民出版社,1991.
[12]周恩来.周恩来选集[M].北京:人民出版社,1980.

下 编

从新中国成立到社会主义现代化建设新时期

下巻

综述　辉煌的历史进程

(1)中华人民共和国的成立和中国 ┌中华人民共和国的成立标志着新民主主义革命的
　　进入社会主义初级阶段　　　 │基本胜利
　　　　　　　　　　　　　　　 │从新民主主义向社会主义的过渡
　　　　　　　　　　　　　　　 └中国进入社会主义初级阶段

(2)新中国发展的两个历史时期及其相互关系 ┌改革开放前
　　　　　　　　　　　　　　　　　　　　 └改革开放后

(3)开创和发展中国特色社会主义 ┌毛泽东思想
　　　　　　　　　　　　　　　│邓小平理论
　　　　　　　　　　　　　　　│"三个代表"重要思想
　　　　　　　　　　　　　　　│科学发展观
　　　　　　　　　　　　　　　└习近平新时代中国特色社会主义思想

(4)中国特色社会主义进入新时代 ┌新时代的新情况和新变化
　　　　　　　　　　　　　　　└中国特色社会主义进入新时代的重大意义

(1)中华人民共和国的阶级本质和政治属性。中华人民共和国的国体：工人阶级领导的、以工农联盟为基础的人民民主专政的国家。中华人民共和国的政体：人民代表大会制度。中华人民共和国的国家结构形式：统一的多民族国家和在单一制国家中的民族区域自治制度。中华人民共和国的政党制度：中国共产党领导的多党合作和政治协商制度。

(2)社会主义初级阶段的含义。社会主义初级阶段是指我国在生产力落后、商品经济不发达条件下建设社会主义必然要经历的特定阶段。党的十三大报告指出："我国从五十年代生产资料私有制的社会主义改造基本完成,到社会主义现代化的基本实现,至少需要上百年时间,都属于社会主义初级阶段。"这一阐释包括两层含义:第一,我国社会已经是社会主义社会。我们必须坚持而不能离开社会主义;第二,我国的社会主义还在初级阶段。前一层阐明的是初级阶段的社会性质,后一层含义则阐明了我国现实中社会主义社会的发展程度。中国仍处于并将长期处于社会主义初级阶段,是中国的基本国情,是建设中国特色社会主义的总依据,也是党和国家制定路线、方针、政策的基本依据。

(3)社会主义初级阶段的基本路线。在社会主义初级阶段,中国共产党建设有中国特色的社会主义的基本路线是:"领导和团结全国各族人民,以经济建设为中心,坚持四项基本原则,坚持改革开放,自力更生,艰苦创业,为把我国建设成为富强民主文明和谐美丽的社会主义现代化强国而奋斗。"党在社会主义初级阶段的基本路线是党和国家的生命线、人民的幸福线。"一个中心、两个基本点"是这条路线的简明概括。一个中心,即以经济建设为中心;两个基本点,即四项基本原则和改革开放。

(4)新中国成立后的历史进程。①1949年10月1日到1956年,社会主义改造;②1956年到1966年,全面建设社会主义;③1966年5月到1976年10月,"文化大革命";④1976年10月到1978年十一届三中全会,徘徊中前进;⑤1978年12月到2012年,改革开放和社会主义现代化建设的新时期;⑥2012年中共十八大以来,中国特色社会主义进入新时代。

(5)新中国历史发展的主题和主线。全国各族人民在中国共产党领导下探索、开创、坚持和发展中国特色社会主义,为实现国家富强、民族振兴、人民幸福的历史任务而不懈奋斗。

(一)为什么说中华人民共和国的成立开创了中国历史的新纪元?

中华人民共和国的成立,实现了中国从几千年封建专制政治向人民民主的伟大飞跃,宣告中国人民当家作主的时代已经到来,具有五千多年文明历史的中华民族从此进入了发展进步的历史新纪元。

第一,帝国主义列强压迫中国、奴役中国人民的历史从此结束,中华民族一洗一百多年来蒙受的屈辱,开始以崭新的姿态自立于世界民族之林。占人类总数四分之一的中国人从此站立起来了。

第二,本国封建主义、官僚资本主义统治的历史从此结束,长期以来受尽压迫和欺凌的广大中国人民在政治上翻了身,第一次成为新社会、新国家的主人。一个真正属于人民的共和国建立起来了。

第三,军阀割据、战乱频仍、匪患不断的历史从此结束,国家基本统一,民族团结,社会政治局面趋向稳定,各族人民开始过上安居乐业的生活。人民可以集中力量从事经济、政治、文化、社会等方面建设的时期开始到来了。

第四,为实现由新民主主义向社会主义的过渡,并在社会主义道路上实现中华民族的伟大复兴,创造了政治前提。

第五,中国共产党成为全国范围内的执政党。它可以运用国家政权凝聚和调集全国力量,巩固民族独立和人民解放的成果,解放并发展社会生产力,以造福于各族人民,造福于整个中华民族。

总之,中华人民共和国的成立,标志着中国的新民主主义革命取得了基本的胜利,标志着半殖民地半封建社会的结束和新民主主义社会在全国范围内的建立。这是马克思主义同中国实际相结合的伟大胜利。近代以来中国面临的第一项历史任务,即求得民族独立和人民解放的任务基本上完成了。这就为实现第二项历史任务,即实现国家的繁荣富强和人民的共同富裕,创造了前提,开辟了道路。

(二)从新中国成立到现在取得了哪些历史性成就?这些成就说明了什么?

1. 从新中国成立到现在,中国人民沿着社会主义道路,经过半个世纪的艰苦奋斗,取得了举世瞩目的巨大成就

(1)从争取经济独立到建设社会主义现代化国家。70年来,中国共产党领导全国人民艰苦奋斗,勤俭建国,在"一穷二白"的基础上建立了独立的、完整的工业体系,使经济文化极度落后的旧中国变成了一个繁荣昌盛的社会主义新中国。中共十一届三中全会以来,中国进入了改革开放和现代化建设的新时期。在党的社会主义初级阶段基本路线指引下,中国特色的社会主义伟大事业阔步前进,社会主义市场经济体制基本建立,主要工农业产品产量跃居世界前列,国家综合国力和人民生活水平大幅度提高。

(2)从赢得政治独立到建设社会主义民主政治。70年来,在赢得政治独立、确立工人阶级领导的人民民主专政的国家制度的基础上,人民代表大会制度、中国共产党领导的多党合作和政治协商制度、民族区域自治制度等社会主义基本政治制度得到确立、坚持和进一步完善。中华民族实现了空前的团结和统一,爱国统一战线发展壮大,民族、宗教和侨务工作蓬勃发展。香港和澳门回归祖国,丰富了"一国两制"的理论和实践。在中共十一届三中全会实现历史性伟大转折的基础上,社会主义民主政治建设不断加强,政治体制改革有步骤、分阶段地稳步推进,逐步形成了坚持中国共产党的领导、人民当家作主、依法治国有机统一的社会主义民主政治建设的基本框架。

(3)从发展新民主主义文化到建设中国特色社会主义文化。中国特色社会主义文化是从新民主主义文化发展而来的,体现了中国共产党在推进中国先进文化建设方面的一脉相承而又与时俱进。在建设中国特色社会主义文化的方针指引下,积极发展面向现代化、面向世界、面向未来的,民族的、科学的、大众的社会主义文化,坚持弘扬和培育民族精神,切实加强思想道德建设,大力发展教育和科学事业,积极发展文化事业和文化产业,继续深化文化体制改革,为全面建设小康社会、全面增强综合国力提供着源源不断的文化支撑。

(4)从打破封锁到全方位对外开放。新中国从成立之日起,就为打破西方国家的封锁、发展同各国的经济贸易往来、为国内和平建设取得良好的外部条件,做了不懈的努力。20世纪70年代,以中美关系正常化为突破口,带动了中国同西方国家的建交高潮,为后来实行对外开放战略创造了有利的国际环境。中共十一届三中全会后,邓小平在倡导改革的同时,推动对外开放形成了崭新的局面。推动经济发展、改善人民生活,是国家面临的中心任务。中国通过争取和平的国际环境来发展自己,又通过自身的发展来促进世界的和平与发展,始终坚定不移地走和平发展的道路,成为维护世界和平、促进世界发展的重要力量。

(5)从"小米加步枪"到逐步实现国防现代化。近代以来中国屈辱的历史告诉中国人民,要维护国家的尊严和主权,就必须要有强大的现代化国防。70年来,中国人民解放军在中国共产党的领导下，坚决捍卫祖国的领土完整和主权，在实现国防现代化的进程中，取得了自行研制和成功发射"两弹一星"等一个个举世瞩目的成就。进入新世纪，人民解放军和武装警察部队等人民武装力量，围绕"打得赢"和"不变质"两大课题，按照政治合格、军事过硬、作风优良、纪律严明、保障有力的总要求，从严治军，依法治军，加速推进中国特色军事变革和军事斗争准备，加强军队的革命化、现代化、正规化建设，沿着中国特色的精兵之路不断地开拓前进。

2. 新中国成立以来 70 年的历史昭示我们

（1）没有以毛泽东为核心的党的第一代领导集体团结带领全国人民浴血奋斗，就没有新中国，就没有社会主义制度。

（2）没有以邓小平为核心的第二代中央领导集体团结带领全国人民改革创新，就没有改革开放历史新时期，就没有中国特色社会主义。

（3）只有社会主义才能救中国，只有社会主义才能发展中国。

（4）中国共产党是领导中国革命、建设、改革事业的核心力量。

（5）只有在中国共产党的领导下，走中国特色社会主义道路，才能实现中华民族的伟大复兴。

（三）建国以来中国社会主要矛盾的变化

1956 年召开的中共八大指出："我国社会的主要矛盾是人民对于经济文化迅速发展的需要同当前经济文化不能满足人民需要的状况之间的矛盾。"1987 年召开的中共十三大指出："我们在现阶段所面临的主要矛盾，是人民日益增长的物质文化需要同落后的社会生产之间的矛盾。"2017 年召开的中共十九大指出："经过长期努力，中国特色社会主义进入了新时代，这是我国发展新的历史方位。""我国社会主要矛盾已经转化为人民日益增长的美好生活需要和不平衡不充分的发展之间的矛盾。"

由于国内的因素和国际的影响，阶级斗争还将在一定范围内长期存在，在某种条件下还有可能激化，但已经不是主要矛盾。我国社会主义建设的根本任务，是进一步解放生产力，发展生产力，逐步实现社会主义现代化，并且为此而改革生产关系和上层建筑中不适应生产力发展的各方面和环节。

（四）改革开放前后两个历史时期的性质及相互关系

习近平总书记指出，中国共产党领导人民进行社会主义建设，有改革开放前和改革开放后两个历史时期，这是两个相互联系又有重大区别的时期，但本质上都是我们党领导人民进行社会主义建设的实践探索。他强调，对改革开放前的历史时期要正确评价，不能用改革开放后的历史时期否定改革开放前的历史时期，也不能用改革开放前的历史时期否定改革开放后的历史时期（以下简称"两个不能否定"）。习近平总书记的这一重要论述，集中体现了我们党对于这一重大问题的根本立场和鲜明态度。改革开放前后两个历史时期本质上都是党领导人民进行社会主义建设的实践探索，不能相互否定。站在中国特色社会主义事业发展全局看，改革开放前后两个历史时期既有重大区别，又有本质联系。

（1）改革开放前社会主义的实践探索为改革开放后社会主义的实践探索积累了条件。中国特色社会主义是在改革开放历史新时期开创的，但也是在新中国已经建立起社会主义基本制度并进行 20 多年建设的基础上开创的。1956 年党的八大前后，以毛泽东同志发表《论十大关系》《关于正确处理人民内部矛盾的问题》等为主要标志,党对适合中国国情的社会主义建设道路的探索有了一个良好的开端。经过实践探索,特别是总结经验教训,党就探索这条道路逐步形成了一些十分重要而又具有长远指导意义的思想观点。主要是:生产力和生产关系、经济基础和上层建筑的矛盾是社会主义社会的基本矛盾,人民对于经济文化迅速发展的需要同当前经济文化不能满足人民需要的状况之间的矛盾是我国国内的主要矛盾,发展生产力是根本任务;要把党和国家的工作重点转到技术革命和社会主义建设上来;要坚持以农业为基础和工业为主导,以农、轻、重为序安排国民经济,走一条中国工业化的道路;社会主义发展目标是建设现代工业、现代农业、现代科学技术、现代国防;社会主义可分为"不发达"和"比较发达"两个阶段;必须扩大社会主义民主,坚持民主集中制,加强社会主义法制建设,反对领导机关和领导干部官僚化、特殊化;必须正确区分和处理敌我矛盾和人民内部矛盾,等等。党还提出了建设社会主义经济、政治、文化以及国防和军队建设、外交工作等一系列重要指导方针和政策主张。尽管上述正确的思想观点和方针政策有的并没有得到贯彻落实,有的没有坚持下去,但党在这一时期的经验总结和认识成果,为开创和发展中国特色社会主义提供了重要思想来源。中国特色社会主义理论体系对毛泽东思想的继承与发展,不仅包括对毛泽东思想活的灵魂,即实事求是、群众路线、独立自主的继承与发展,也包括对探索中正确的经验总结和独创性理论成果的继承与发展。正如习近平同志所指出的:"毛泽东同志带领我们党在艰辛探索中形成的重要思想成果,是我们党的宝贵财富,也是中国特色社会主义理论体系的重要思想来源。"

　　新中国成立后,党领导人民恢复国民经济并开展有计划的经济建设,实施并提前完成第一个五年计划。社会主义基本制度建立后,党领导人民开展全面的社会主义建设,尽管经历严重曲折,但各方面建设仍取得了巨大成就。其中最重要的成就是在"一穷二白"基础上建立了独立的、比较完整的工业体系和国民经济体系,使古老的中国以崭新的姿态巍然屹立于世界东方。经济发展速度尽管有起伏,但总体上看还是比较快的。1952年至1978年,工农业总产值年均增长8.2%,其中工业年均增长11.4%。我国经济实力、科技实力、国防实力显著增强。国内生产总值从1952年的679亿元增加到1978年的3 645亿元。这个数字虽然不是很高,但在原有基础上的增长还是比较明显的。以"两弹一星"为代表的尖端科学技术取得重大突破。邓小平同志后来评价说:"如果六十年代以来中国没有原子弹、氢弹,没有发射卫星,中国就不能叫有重要影响的大国,就没有现在这样的国际地位。这些东西反映一个民族的能力,也是一个民族、一个国家兴旺发达的标志。"随着经济发展,人民生活水平逐步得到提高。总的来看,改革开放后的历史时期所赖以进行社会主义现代化建设的物质技术基础,是在这个时期建设起来的;经济文化建设等方面的骨干力量和他们的工作经验也是在这个时期培养和积累起来的。这是这个时期党的工作的主导方面。

　　历史已经证明,如果没有1949年新中国的建立以及其后的社会主义革命和建设积累起来的思想、物质、制度条件和正反两方面经验,改革开放就很难顺利推进,中国特色社会主义也很难成功开创。

　　(2)改革开放后社会主义的实践探索是对改革开放前社会主义实践探索的坚持、改革、发展。早在改革开放初期,邓小平同志就指出:"现在我们还是把毛泽东同志已经提出、但是没有做的事情做起来,把他反对错了的改正过来,把他没有做好的事情做好。今后相当长的时期,还是做这件事。"事实正是如此,党在改革开放前的社会主义实践探索中提出的许多正确主张,在改革开放后得到了真正贯彻;改革开放后的社会主义实践探索,是对改革开放前社会主义实践探索的坚持、改革、发展。历史就是这样在矛盾运动中发展进步的。

改革开放之初,党就强调要坚持中国共产党的领导和社会主义制度。邓小平同志指出:"我们实行改革开放,这是怎样搞社会主义的问题。作为制度来说,没有社会主义这个前提,改革开放就会走向资本主义。"他强调:"一个公有制占主体,一个共同富裕,这是我们必须坚持的社会主义的根本原则。"面对社会上有人鼓吹照抄照搬西方制度的思潮,党及时地、旗帜鲜明地提出必须在思想政治上坚持四项基本原则,即必须坚持社会主义道路,坚持无产阶级专政即人民民主专政,坚持共产党的领导,坚持马克思列宁主义、毛泽东思想,强调这是立国之本,从而保证了改革开放从一起步就具有坚定明确的社会主义方向。

党强调改革是新的时代条件下进行的新的伟大革命,是社会主义制度的自我完善和发展。改革开放使我国成功实现了从高度集中的计划经济体制到充满活力的社会主义市场经济体制、从封闭半封闭到全方位开放的伟大历史转折。如果没有1978年党果断决定实行改革开放,并坚定不移推进改革开放,坚定不移把握改革开放的正确方向,社会主义中国就不可能有今天这样的大好局面。历史证明,改革开放是决定当代中国命运的关键抉择,是发展中国特色社会主义、实现中华民族伟大复兴的必由之路。

在改革开放历史新时期,党领导人民成功开创了中国特色社会主义,这是继承和发展改革开放前社会主义实践探索提供的思想、物质、制度成果基础上取得的最重要、最根本的成就。中国特色社会主义,既坚持了科学社会主义基本原则,又根据时代条件赋予其鲜明的中国特色,从理论和实践结合上系统回答了在中国这样人口多、底子薄的东方大国建设什么样的社会主义、怎样建设社会主义这个根本问题。中国特色社会主义是马克思主义的社会主义而不是别的什么主义,不论怎么改革、怎么开放,都必须始终坚持中国特色社会主义道路、理论体系、制度。改革开放40多年的实践证明,中国特色社会主义在新中国成立以后取得巨大成就的基础上,又取得了举世瞩目的更大成就。这是它得以站得住、行得远的一个重要原因。

(3)坚持用历史的观点、实践的观点、辩证的观点正确看待改革开放前后两个历史时期。改革开放前后两个历史时期是两个相互联系又有重大区别的时期。看到相互联系,就是说这种联系并不只是时间上的顺延和承续,而是在坚持社会主义发展方向、基本制度、根本任务、奋斗目标基础上的联系,两个历史时期之间绝不是彼此割裂的,更不是根本对立的;看到重大区别,主要是指在进行社会主义建设的思想指导、方针政策、实际工作上有着很大差别,也包括进行社会主义实践探索的内外条件、实践基础等方面存在很大差别。其中,有的差别是具有转折意义的,比如,从"以阶级斗争为纲"到"以经济建设为中心",从高度集中的计划经济体制到社会主义市场经济体制。而前后两个时期的联系则大多是本质的、内在的,都是党领导人民进行社会主义建设的实践探索。只有正确认识这种联系与区别,才能看到无论用哪一个历史时期否定另一个历史时期,都是对党的历史的否定,也才能更加自觉地坚持"两个不能否定"。

中国特色社会主义,是科学社会主义理论逻辑和中国社会发展历史逻辑的辩证统一。强调"两个不能否定",就要把这两个历史时期放到历史发展的长河中特别是放到党的90多年历史中去观察、去把握,既注重分析前一时期为后一个时期提供了什么,又注重分析后一时期从前一个时期扬弃或拨正了哪些内容,提供和增添了哪些内容。这样才能正确认识各个历史时期在探索、开创、发展中国特色社会主义历程中独特的地位和作用,尊重历史而不歪曲或割断历史,实事求是而不拔高或苛求前人,自觉做到新民主主义革命胜利的成果决不能丢失、社会主义革命和建设的成就决不能否定、改革开放和社会主义现代化建设的方向决不能动摇。

（五）中国特色社会主义的开创和发展

以毛泽东为主要代表的中国共产党人，把马克思列宁主义的基本原理同中国革命的具体实践结合起来，创立了毛泽东思想。毛泽东思想是马克思列宁主义在中国的运用和发展，是被实践证明了的关于中国革命和建设的正确的理论原则和经验总结，是中国共产党集体智慧的结晶。在毛泽东思想指引下，中国共产党领导全国各族人民，经过长期的反对帝国主义、封建主义、官僚资本主义的革命斗争，取得了新民主主义革命的胜利，建立了人民民主专政的中华人民共和国；中华人民共和国成立以后，顺利地进行了社会主义改造，完成了从新民主主义到社会主义的过渡，确立了社会主义基本制度，发展了社会主义的经济、政治和文化。

十一届三中全会以来，以邓小平为主要代表的中国共产党人总结中华人民共和国成立以来正反两方面的经验，解放思想，实事求是，实现全党工作中心向经济建设的转移，实行改革开放，开辟了社会主义事业发展的新时期，逐步形成了建设中国特色社会主义的路线、方针、政策，阐明了在中国建设社会主义、巩固和发展社会主义的基本问题，创立了邓小平理论。邓小平理论是马克思列宁主义的基本原理同当代中国实践和时代特征相结合的产物，是毛泽东思想在新的历史条件下的继承和发展，是马克思主义在中国发展的新阶段，是当代中国的马克思主义，是中国共产党集体智慧的结晶，引导着我国社会主义现代化事业不断前进。

十三届四中全会以来，以江泽民为主要代表的中国共产党人在建设中国特色社会主义的实践中，加深了对什么是社会主义、怎样建设社会主义和建设什么样的党、怎样建设党的认识，积累了治党治国的新的宝贵经验，形成了"三个代表"重要思想。"三个代表"重要思想是对马克思列宁主义、毛泽东思想、邓小平理论的继承和发展，反映了当代世界和中国的发展变化对党和国家工作的新要求，是加强和改进党的建设、推进我国社会主义自我完善和发展的强大理论武器，是中国共产党集体智慧的结晶，是党必须长期坚持的指导思想。始终做到"三个代表"，是我们党的立党之本、执政之基、力量之源。

十六大以来，以胡锦涛为主要代表的中国共产党人，坚持以邓小平理论和"三个代表"重要思想为指导，根据新的发展要求，深刻认识和回答了新形势下实现什么样的发展、怎样发展等重大问题，形成了以人为本、全面协调可持续发展的科学发展观。科学发展观是同马克思列宁主义、毛泽东思想、邓小平理论、"三个代表"重要思想既一脉相承又与时俱进的科学理论，是马克思主义关于发展的世界观和方法论的集中体现，是马克思主义中国化的重大成果，是中国共产党集体智慧的结晶，是发展中国特色社会主义必须长期坚持的指导思想。

十八大以来，以习近平为主要代表的中国共产党人，顺应时代发展，从理论和实践结合上系统回答了新时代坚持和发展什么样的中国特色社会主义、怎样坚持和发展中国特色社会主义这个重大时代课题，创立了习近平新时代中国特色社会主义思想。习近平新时代中国特色社会主义思想是对马克思列宁主义、毛泽东思想、邓小平理论、"三个代表"重要思想、科学发展观的继承和发展，是马克思主义中国化最新成果，是党和人民实践经验和集体智慧的结晶，是中国特色社会主义理论体系的重要组成部分，是全党全国人民为实现中华民族伟大复兴而奋斗的行动指南，必须长期坚持并不断发展。在习近平新时代中国特色社会主义思想指导下，中国共产党领导全国各族人民，统揽伟大斗争、伟大工程、伟大事业、伟大梦想，推动中国特色社会主义进入了新时代。

 推荐阅读文献

[1]中国共产党中央委员会关于建国以来党的若干历史问题的决议[M].北京:人民出版社,2009.

[2]江泽民.在纪念十一届三中全会召开二十周年大会上的讲话[N].人民日报,1998-12-18.

[3]胡锦涛.在邓小平同志诞辰一百周年纪念大会上的讲话[N].人民日报,2004-08-22.

[4]胡锦涛.在庆祝中国共产党成立八十五周年暨总结保持共产党员先进性教育活动大会上的讲话[N].人民日报,2006-06-30.

[5]习近平.在庆祝中国共产党成立95周年大会上的讲话[M].北京:人民出版社,2016.

[6]中共中央宣传部.习近平新时代中国特色社会主义思想三十讲[M].北京:学习出版社,2018.

[7]姚洋.中国新叙事:中国特色政治、经济体制的运行机制分析[M].上海:上海人民出版社,2018.

[8]曲青山.新中国口述史(1949—1978)[M].北京:中国人民大学出版社,2015.

[9]麦克法夸尔,费正清.剑桥中华人民共和国史(上下卷)[M].北京:中国社会科学出版社,2006.

第八章 社会主义基本制度在中国的确立

(1)从新民主主义向社会主义过渡的开始 { 完成民主革命遗留任务和恢复国民经济 / 开始向社会主义过渡

(2)社会主义道路:历史和人民的选择 { 工业化的任务和发展道路 / 过渡时期总路线反映了历史的必然性

(3)有中国特点的向社会主义过渡的道路 { 社会主义工业化与社会主义改造同时并举 / 农业合作化运动的发展 / 对资本主义工商业赎买政策的实施 / 社会主义基本制度在中国的全面确立

(1)过渡时期总路线。随着民主革命遗留任务的彻底完成,国内的阶级关系和主要矛盾发生了深刻的变化。同时随着国民经济的恢复和初步发展,中国社会的经济成分(即生产关系)发生了重要变化。因此,中共中央在1952年底开始酝酿并于1953年正式提出党在过渡时期的总路线,明确规定:"党在这个过渡时期的总路线和总任务,是要在一个相当长的时期内,逐步实现国家的社会主义工业化,并逐步实现国家对农业、手工业和对资本主义工商业的社会主义改造。"

(2)一五计划。一五计划是根据过渡时期总路线的要求制定的。其基本任务是:集中主要力量进行以苏联帮助我国设计的156个建设单位为中心、由限额以上的694个建设单位组成的工业建设,建立我国的社会主义工业化的初步基础。发展部分集体所有制的农业生产合作社,并发展手工业生产合作社,建立对于农业和手工业的社会主义改造的初步基础。基本上把资本主义工商业分别地纳入各种形式的国家资本主义的轨道,建立对于私营工商业的社会主义改造的基础,并以此为中心,推动财政、信贷、市场的综合平衡发展和安排人民生活。到1957年底,第一个五年计划超额完成。

(3)共同纲领。共同纲领是由中国人民政治协商会议第一届全体会议讨论通过的新中国的建国纲领,它规定了新中国的国家性质和政权性质;规定了国家各个方面的基本方针和政策。它包括:序言和总纲、政权机关、军事制度、经济政策、文化教育政策、民族政策、外交政策,共7章60条。它是新中国的第一部大宪章,具有临时宪法性质,是中国共产党建设新民主主义社会理论的具体表现,又是全体政协代表集体智慧的结晶。

(4)镇反运动。国民党反动派败逃台湾后,在大陆遗留了一批残余武装力量,他们与地主恶霸反动会道门勾结在一起同人民政府为敌,威胁着人民政权。针对这种情况,1950年10月10日中共中央发布《关于镇压反革命活动的指示》,要求对那些罪大恶极的反革命首要分子实行坚决镇压,这样从1950年12月开始在全国范围内大张旗鼓地开展了镇压反革命运动,对象主要是土匪、特务、恶霸、反动会道门头子、反党骨干分子。镇反运动基本扫除了反动派在大陆的残余势力,有利于抗美援朝和土改运动。

(5)和平赎买政策。和平赎买政策是中国共产党改造私人资本主义工商业的基本政策。1955年11月中共中央政治局召开各省、自治区和人口在50万以上的大中城市党委负责人会议,通过了《关于资本主义工商业改造问题的决议(草案)》,规定在人民民主专政条件下,有代价地把资产阶级的生产资料逐步收归国有。赎买的形式主要有两种,一是在全行业公私合营以前采取"四马分肥"的利润分配制度,使资本家的所得被限制在企业盈余的25%左右;二是在全行业公私合营以后采取了定息制度,即在一定时期内,由国家按照企业合营时核定的私股股额,每年付给资本家一定的股息。另外,对有工作能力的资本家由国家有关部门分配工作并保留最高的薪金。此政策的实施,减少了资产阶级对社会主义改造的阻力,便于利用资本主义经济为社会主义建设服务,也有利于把资本家逐步改造为自食其力的劳动者。

(6)抗美援朝战争。1950年6月,朝鲜战争爆发。美国宣布武装援助南朝鲜,同时命令其海军第七舰队开入台湾海峡,公然干涉中国内政。中国政府在美国把朝鲜战争的战火烧到鸭绿江边的时候,毅然作出抗美援朝的决策。1950年7月10日,"中国人民反对美国侵略台湾朝鲜运动委员会"成立,抗美援朝运动自此开始。10月,中国人民志愿军赴朝作战,拉开了抗美援朝战争的序幕。在抗美援朝战争中,志愿军得到了解放军全军和中国全国人民的全力支持,得到了以苏联为首的社会主义阵营的配合。1953年7月,双方签订《朝鲜停战协定》,从此抗美援朝胜利结束。1958年,志愿军全部撤回中国。抗美援朝战争的胜利,维护了亚洲和世界和平,巩固了中国新生的人民政权,打破了美帝国主义不可战胜的神话,顶住了美国侵略扩张的势头,使中国的国际威望空前提高,极大地增强了中国人民的民族自信心和自豪感,为国内经济建设和社会改革赢得了相对稳定的和平环境。

(7)"三反五反"运动。"三反"运动内容是指1951年底到1952年春,中国共产党在党政机构工作人员中开展了反贪污、反浪费、反官僚主义的运动。意义:这次运动教育了干部的大多数,挽救了犯错误的同志,清除了党的队伍和国家干部队伍中的腐化分子,对于在执政的条件下保持共产党人的革命精神,促进中国共产党和人民政府的廉政建设,起到了重要的作用。

"五反"运动内容是指1952年1月,中共中央决定开展反行贿、反偷税漏税、反盗骗国家财产、反偷工减料、反盗窃国家经济情报的运动。意义:这场运动打击了不法资本家严重的"五毒"行为,在工商业者中普遍进行了一次守法经营的教育,推动了在私营企业中建立工人监督和实行民主改革。

(8)社会主义改造。中华人民共和国建立后,中国共产党领导开展了对农业、手工业和资本主义工商业三个行业的社会主义改造。我国的社会主义改造是从1952年过渡时期总路线提出后全面展开的。农业社会主义改造是通过合作化运动实现的,它仅用四五年的时间,基本完成了5亿农民从个体小农经济向社会主义集体经济的转变。个体手工业的社会主义改造,坚持自愿互利的原则,通过说服教育、典型示范和国家援助的方法引导他们在自愿的基础上联合起来,走合作化的道路,最后发展到社会主义性质的手工业生产合作社。对资本主义工商业实行利用、限制、改造的政策,逐步把生产资料的资本主义所有制改造成为社会主义的公有制。三大改造到1956年完成,它使我国的经济结构、阶级关系发生了根本变化。

(9)新民主主义社会。从1949年10月新中国成立到1956年社会主义改造基本完成、社会主义制度建立,中国社会的性质是新民主主义社会。新民主主义社会不是一个独立的社会形态,而是由新民主主义转变到社会主义的过渡性社会。新民主主义社会是近代中国由半殖民地半封建社会走向社会主义社会的中介与桥梁,有以下特征:在社会形态上,它不是独立的社会形态,而是属于社会主义体系的和逐步过渡到社会主义的过渡性质的社会;在政治上,实行以工人阶级为领导的各革命阶级联合专政的人民民主专政,民族资产阶级作为一个阶级还存在,并在国家政权中占有一定地位;在经济上,实行国营经济主导的包括国营经济、合作社经济、个体经济、私人资本主义和国家资本主义五种经济成分并存的新民主主义经济制度;在文化上,实行发展以马克思主义为指导的民族的、科学的、大众的文化。新民主主义社会是中国走向社会主义的必由之路。

(10)社会主义工业化。社会主义工业化是在无产阶级成为统治阶级后,为社会主义生产方式建立自己的物质技术基础,使机器大工业在整个国民经济中取得优势地位,使社会主义国家由落后的农业国转变为先进的工业国的过程。社会主义工业化是以生产资料社会主义公有制和已成为国家主人的劳动者直接相结合的生产方式为基础,以满足人民日益增长的物质和文化需要为目的,立足于自力更生,主要依靠社会主义的内部积累,同时也根据平等互利原则扩大对外经济技术交流来实现的。社会主义工业化符合广大人民的根本利益。

(一)中国选择社会主义工业化道路的历史必然性

工业化是实现中华民族伟大复兴的必由之路,中国的工业化应当选择怎样的道路?这是摆在中国共产党和中国人民面前的一个重大问题。

从世界历史看,主要有过两条道路,一条是资本主义工业化的道路,这条路是欧洲各国、美国和日本走过的;另一条是社会主义工业化的道路,这条路是苏联走过的。

那么,中国有没有可能走欧美式的资本主义工业化道路呢?

中国近代以来的历史其实已经证明,这条路是走不通的。中国民族工业从19世纪60年代末、70年代初产生,经过80多年的发展,到1949年中华人民共和国成立时,整个民族工业的资本不过区区20亿元人民币(还不到一五计划期间国家总投资额的1/38),重工业基础尤其薄弱,没有建立起独立、完整的工业体系。

诚然,新民主主义革命的胜利,客观上亦为中国民族资本主义工业的发展创造了条件。然而,如果选择走资本主义工业化道路的话,从当时的情况看,中国就可能成为外国垄断资本的加工厂和单纯的廉价原料、廉价劳动力的供应地,就像亚洲、非洲、拉丁美洲的许多国家和地区那样。中国这样一个大国,企图主要靠外国提供资金和机器设备等来求得发展,是不可想象的。其结果不仅难以取得真正意义上的经济独立,而且由于经济上依赖外国,在政治上就挺不起腰杆,连已经争得的政治独立也可能丧失,最终沦为西方资本主义大国的附庸。这样的道路是当时绝大多数中国人所不愿意选择的。

相反,苏联所走过的工业化道路对新中国来说却有着极大的示范性:十月革命前,俄国也是欧洲一个比较落后的国家,其开始工业化的起点也比较低,由于实现了社会主义工业化,在较短的时间里,苏联成了当时欧洲的第一强国和世界上最强大的两个国家之一。

由于社会主义制度具有可以集中力量办大事的优越性,对于中国这样一个经济文化落后的国家来说,通过社会主义道路实现国家工业化,无疑是最优选择。因此,中国共产党明确提出:中国要实行的是"社会主义工业化",并指出社会主义工业化有两个重要特点:一是将发展重工业作为工业化的中心环节;二是优先发展国营经济并逐步实现对其他经济成分的改造,保证国民经济中的社会主义比重不断增长。

(二)过渡时期总路线反映的历史的必然性

1953年9月,中共中央正式公布了党在过渡时期的总路线,提出:从中华人民共和国成立,到社会主义改造完成,这是一个过渡时期。党在这个过渡时期的总路线和总任务,是要在一个相当长的时期内,逐步实现国家的社会主义工业化,并逐步实现国家对农业、手工业和资本主义工商业的社会主义改造。

过渡时期总路线包括两个方面,即工业化建设和社会主义改造,过渡时期的中心任务是实现国家工业化,发展生产力。而为了实现国家工业化,就必须进行社会主义改造,变革生产关系。

过渡时期总路线的提出反映了历史的必然性。

第一,实现社会主义工业化是国家独立、富强的客观要求和必要条件。工业落后是旧中国国弱民穷、落后挨打的重要原因,实现工业化是近代以来中国人民的强烈愿望,也是中国走向国强民富,实现民族复兴的必由之路。新中国成立后,经过三年努力,国民经济得到了恢复和初步发展,工农业主要产品的产量达到或超过了历史最好水平。但从总体上来说,我国仍是一个落后的农业国,现代工业在工农业总产值中仅占26.6%,而且工业布局极不合理,发展很不平衡,与发达国家相比差距甚大。只有加速实现工业化,才能从根本上改变我国经济落后的状况,才能使广大人民群众的物质文化生活水平得到不断提高。

第二,对资本主义工商业的改造,是实现国家工业化,建设强大的社会主义国家,并解决无产阶级与资产阶级矛盾的必然要求。在新民主主义社会中,中国的资本主义经济存在两面性:既有增加社会产品、促进商品流通等有利于国计民生的一面,又有唯利是图、投机取巧、破坏统一的国民经济和有计划的经济建设的一面。因此,新中国成立后,国家对资本主义工商业采取了利用和限制的政策。

应当说,资本主义工业企业也是新中国工业建设的一支力量,但是由于其经济力量弱小,劳动生产率低,资金不足,扩大再生产的能力十分有限,它们不可能成为中国工业起飞的基础。而且它们对国家和国营经济有很大的依赖性,不可避免地要向国家资本主义的方向发展。在当时帝国主义对华封锁禁运的情况下,它们向外发展的渠道被阻断,更加重了对国家和国营经济的依赖性,事实上,它们在依靠国家和国营经济的帮助解决困难,发展生产的过程中,已经不同程度地被纳入各种形式的国家资本主义。

随着国民经济的恢复和国家大规模经济建设的开展,资本主义经济不利于国计民生的一面变得日益突出,社会主义经济与资本主义经济的矛盾日趋尖锐,已经影响到国家工业化的进程。因此,为了有计划地发展国家的社会主义工业化,并从根本上解决无产阶级与资产阶级的矛盾,必须及时地对资本主义工商业进行社会主义改造。

第三,对个体农业进行社会主义改造,是保证工业发展、实现国家工业化的一个必要条件,也是发展农业生产,使广大农民走向共同富裕的必然要求。

土地改革以后,农业生产摆脱了封建生产关系的束缚,一个时期内有相当大的发展。但由于分散的个体经营,使这种发展受到很大限制。这种个体农业经营规模狭小,生产力水平很低,基本上是靠天吃饭。在这种情况下,许多农户不仅无力进行扩大再生产,就连简单再生产也难以维持,也缺少抵御自然灾害的能力。这样一种农业生产水平,是不可能为工业的发展提供必要的商品粮食、轻工业原料、工业品市场并积累工业发展资金的,必然成为工业发展的严重制约因素。同时,这种分散的、落后的小农经济是不稳固的,它不可避免地会产生两极分化,在土改后,农村中已经出现了这种趋势,这显然是有悖于中国共产党要使广大农民共同富裕的根本宗旨的。因此,对个体农业进行社会主义改造,引导他们走互助合作道路,是土地改革完成后农村工作的中心任务。

第四,当时的国际环境也促使中国必然选择社会主义道路。新中国建立后,长期受到美国等西方资本主义国家在经济上、外交上和军事上的严密封锁和遏制。当时只有社会主义国家和第二次世界大战后为独立而斗争的国家同情中国。只有苏联能够援助中国,因此新中国建立之初,实行了"一边倒",即倒向社会主义阵营一边的外交政策。这种国际环境,促进中国必然选择社会主义。

总之,过渡时期总路线反映了当时中国人民要求迅速发展国民经济,实现工业化,摆脱贫困,实现民族复兴的强烈愿望。

(三)社会主义初级阶段与新民主主义社会的区别

社会主义初级阶段的经济结构与新民主主义社会的经济结构有极大的相似之处,这是不是意味着对新民主主义社会的回归呢?

应当看到,社会主义初级阶段与新民主主义社会是有着重大的区别的。它们的主要区别有以下两个方面。

第一,新民主主义社会时期,社会主义经济虽然占据领导地位,但在开始时,私有经济是国民经济的主体,这种私有经济的主体地位是逐步被公有经济取代的。而社会主义初级阶段,公有制经济已经在国民经济中占据主体地位,这是社会主义改造的主要成果。尽管改革开放以来公有制经济在国民经济中的比重在一个时期相对下降,但这种主体地位本身,在整个社会主义初级阶段都是不允许动摇的。

第二,在新民主主义社会时期,我们面临的主要矛盾是无产阶级和资产阶级两个阶级、社会主义和资本主义两条道路的斗争。在社会主义初级阶段,尽管阶级斗争仍然在一定范围内存在、在某种情况下还可能激化,但是主要矛盾已经不再是阶级矛盾,而是人民不断增长的物质和文化需要同生产力的发展不能满足这种需要状况之间的矛盾了。

因此,把社会主义初级阶段等同于新民主主义社会是不妥当的。今天,我国已经是社会主义社会,我们必须坚持而不能离开社会主义。

(四)新中国成立初期土地改革运动的意义

1950年6月中央人民政府颁布《中华人民共和国土地改革法》,农村掀起了轰轰烈烈的土地改革运动。到1953年春,新解放区(原国统区)3亿多贫苦农民无偿得到了7亿多亩土地和大量生产资料。

意义:土地改革在全国范围的基本完成,彻底摧毁了封建制度的经济基础,消灭了封建土地所有制,使深受剥削压迫的中国农民得到了解放,极大地解放了农业生产力。与此同时,依靠土改中形成的有觉悟有组织的骨干力量,建立了新中国农村的基层政权,为整个中国社会走向进步与稳定奠定了深厚的基础。这是中国人民反封建斗争的重大胜利。

(五)建国初期中国共产党领导开展的民主改革运动

(1)在已经没收的官僚资本企业中,建立工厂民主管理制度,工人阶级成为企业的主人。

(2)按照对私营工商业(原民族资本)的生产关系、劳资关系和产销关系,进行了全面调整。

(3)颁布新婚姻法,妇女解放和移风易俗。人民政府于1950年5月颁布《中华人民共和国婚姻法》。对新婚姻法的宣传和实施,引起了几千年来中国社会与家庭生活的深刻变革,推动了社会上移风易俗的改革。

(4)有步骤地开展了对旧教育制度和电影、戏剧等文化事业的改革,确定了思想宣传工作的方针和任务,制定了新中国文化教育的方针。1951年9月,在全国开展了知识分子思想改造运动。

(六)建国初期国民经济迅速恢复的主要原因

(1)中共中央和人民政府紧紧抓住恢复和发展生产作为一切工作的中心,正确处理恢复国民经济同其他各项工作的关系。

(2)从当时的国情出发,制定了"不要四面出击"等正确方针政策,妥善处理公私关系、劳资关系等各种社会关系。

(3)刚刚执政的中国共产党加强自身的建设,保持和发扬党的优良传统和作用,及时有力地抵制了资产阶级的腐蚀。

(七)新中国成立之后的三年内为向社会主义过渡中国共产党采取的措施

1949—1952年期间,在着重完成民主革命遗留任务的同时,社会主义革命的任务实际上也开始实行了。

(1)没收官僚资本,确立社会主义性质的国营经济的领导地位。

(2)开始将资本主义纳入国家资本主义轨道。引导资本主义工商业的大部分走上了初级形式的(加工、订货、统购、包销)国家资本主义的道路。

(3)引导个体农民在土地改革后逐步走上互助合作的道路。到1952年,全国已有40%的农户参加了互助组,少数农户还参加了半社会主义或社会主义性质的农业生产合作社。

(八)由新民主主义向社会主义转变的历史必然性

新民主主义革命的胜利是近代中国历史发展的必然结果。中华人民共和国的建立把中国由半殖民地半封建社会推进到新民主主义社会,随着新民主主义政治、经济制度的建立,中国社会由新民主主义向社会主义转变成为历史的必然。

第一,中国共产党的领导和人民民主专政的国家制度的建立,为进行社会主义革命奠定了必需的优越的政治条件,也保证了新民主主义社会的发展前途必然是社会主义。

第二,新民主主义经济制度的建立、社会主义国营经济领导地位的确立保证了新民主主义社会的发展前途必然是社会主义。

第三,马克思主义、毛泽东思想的指导地位为新民主主义向社会主义的转变提供了充分的思想文化条件。

总之,新民主主义革命的胜利,不仅在客观上为资本主义的发展扫除了障碍,同时它也为社会主义的发展开辟了更为广阔的道路。随着新民主主义的政治、经济制度的建立和国民经济的恢复,社会主义的因素在整个国家的政治、经济、文化生活中占据越来越大的比重,很快就超过资本主义因素。这就使中国新民主主义革命的最后结果,既可以避免资本主义的前途,又不会长时期地留在新民主主义时期,而会较快地向社会主义转变。新民主主义阶段中社会主义经济、政治与思想文化条件的积累和增长,是新民主主义向社会主义转变的内在驱动力,它从根本上决定了中国新民主主义向社会主义转变的历史必然性。

(九)对资产阶级实行"和平赎买"政策的可能性

无产阶级掌握政权以后,用和平赎买的方法改造私人资本主义经济,这是马克思、恩格斯和列宁曾经提出但未能实现的设想。在中国社会主义改造中,对资产阶级实行"和平赎买"政策的可能性主要有以下几点。

第一,中国的民族资产阶级是一个具有两面性的阶级。它不仅在民主革命阶段具有两面性,曾经是中国共产党的同盟者,在社会主义革命阶段仍然具有两面性,"它有剥削工人阶级取得利润的一面,又有拥护宪法、愿意接受社会主义改造的一面"。毛泽东正是根据中国民族资产阶级这一基本特点,制定了利用、限制、改造的政策,实施和平赎买,把马克思、恩格斯和列宁的设想变成了现实。

第二,中国工人阶级与民族资产阶级长期保持着统一战线的关系。在民主革命时期,中国共产党就将民族资产阶级作为革命团结的对象和统一战线的重要力量。新中国成立后,党仍然同民族资产阶级保持着统一战线关系。在新民主主义国家里,工人阶级同民族资产阶级的矛盾属于人民内部矛盾,这就为和平改造提供了有利条件。

第三,建立了人民民主专政的国家政权和社会主义国营经济。新民主主义革命胜利后,我国已建立了强大的人民民主专政的国家政权,有了巩固的工农联盟,国家对主要农产品实行统购统销政策,割断了资本主义经济同集体经济的主要联系,使其逐步丧失了独立经营的地位。同时,强大的社会主义国营经济已经掌握了国家的经济命脉。这就使民族资产阶级在政治上和经济上都陷于孤立地位,不得不接受社会主义改造。

因此,在中国社会主义改造中,对资产阶级实行"和平赎买"的政策具有了现实的可能性。

（十）中国由新民主主义革命向社会主义革命过渡的历史条件

历史条件：第一，人民解放战争的胜利和中华人民共和国的成立，中国人民实现了当家作主，成了国家的主人，中国共产党成了执政党，这为向社会主义过渡提供了政治前提。第二，中共七届二中全会的召开，解决了中国由新民主主义向社会主义过渡的路线、方针、政策方面的重大问题。第三，建设初期的一系列政治、军事、外交活动（如抗美援朝、土地改革、镇压反革命等）巩固了新生的人民民主政权，也为国家经济的恢复和向社会主义过渡创造了条件。第四，新中国成立初期中国共产党采取了一系列措施恢复和发展国民经济，1953年国民经济实现根本好转，为向社会主义过渡奠定了物质基础。第五，社会主义工业化的开展和三大改造的完成，标志着社会主义制度基本上建立起来了，完成了向社会主义的过渡。

结论：第一，中国革命走新民主主义向社会主义过渡的道路是历史的选择；第二，无产阶级在革命中发挥了重大作用，中国共产党是中国革命与建设的领导核心。

（十一）我国在社会主义改造过程中找到的具有中国特色的社会主义道路

我国在社会主义改造过程中，把马克思列宁主义普遍原理与中国革命具体实践相结合，成功解决了社会主义改造方针、政策、步骤等问题，找到了一条具有中国特色的社会主义道路，其基本内容有下列五个方面。

第一，对资本主义工商业采取和平赎买政策。新中国成立后，我国把中国的资本主义分为官僚资本和民族资本两部分区别对待。对官僚资本采取强制剥夺政策，对民族资本采取和平改造政策。在政治中保持同民族资产阶级的联盟，不剥夺其政治权力，把原来属于对抗性的资本家阶级，当作人民内部矛盾处理。在经济上实行和平赎买政策，用和平的方法把民族资本主义企业改造为社会主义公有制企业。

第二，在农业社会主义改造方面：采取了先合作化，后机械化，"趁热打铁"，不失时机地引导农民和小手工业者组织起来，走合作化道路。根据中国情况，在农村把贫下中农从中农中划分出来，与贫农一起成为依靠对象，实行依靠贫下中农、巩固团结中农、对富农采取由限制到逐步取消的经济政策。

第三，在改造方法上：采取逐步过渡形式。在农业和手工业社会主义改造方面，遵循自愿互利、典型示范和国家帮助的原则；创造了从互助组到初级农业生产合作社，再发展到高级农业生产合作社的过渡形式；在资本主义工商业的改造方面，成功地创造了从加工订货、统购包销、经销代销的初级形式逐步过渡到公私合营的高级形式。

第四，把消灭剥削阶级同改造剥削分子结合起来，成功地把原来的剥削者改造为自食其力的劳动者。

第五，三大改造的完成，使我国的经济结构发生了根本性的变化，几千年来以生产资料私有制为基础的阶级剥削制度已经被消灭，以生产资料公有制为基础的社会主义制度已经建立起来，我国开始进入社会主义初级阶段。新中国的成立和社会主义制度的建立是20世纪中国的第二次历史性巨变。

(十二)1949—1956年,在向社会主义过渡的过程中,中国共产党和中央人民政府创造性的重大举措及其依据

(1)经济方面。举措:采用自愿互利、逐步推进、和平赎买方式成功地实现了三大改造,完成了生产资料从私有制到公有制的过渡。依据:个体农民和小手工业者是落后生产方式的代表;民族资本主义具有剥削性,但它是先进的经济成分,并且民族资产阶级拥护社会主义,愿意同共产党合作。

(2)政治方面。举措:实行中国共产党领导下的多党合作和政治协商的政治制度,发展人民民主统一战线,实行与民主党派"长期共存,互相监督"的方针。依据:三大改造完成后,国内主要矛盾发生变化,民族资产阶级成为社会主义劳动者,民主党派在历史上与中国共产党有合作关系。

(3)民族关系方面。举措:实行民族平等、民族团结、各民族共同繁荣的原则,实行民族区域自治制度。依据:中国是多民族国家,国民政府实行民族压迫、民族歧视政策;少数民族地区落后。

(4)外交政策方面。举措:提出同邻近国家和新兴民族独立国家实行和平共处五项原则。依据:美国推行"冷战"政策遏制共产主义;新兴民族国家独立;中国为打破外交孤立,寻求和平发展环境。

(一)单项选择题

1. 毛泽东首次使用"新民主主义社会"的科学概念是(   )。
   A.《中国革命和中国共产党》   B.《新民主主义论》
   C.《论联合政府》   D.《论人民民主专政》

2. 毛泽东指出,新民主主义国家内部的主要矛盾是(   )。
   A. 人民大众与封建主义的矛盾
   B. 中华民族与帝国主义的矛盾
   C. 无产阶级与资产阶级的矛盾
   D. 人民对于经济文化迅速发展的需要同当前经济文化不能满足人民需要之间的矛盾

3. 中国由新民主主义向社会主义转变的优越的政治条件是(   )。
   A. 马克思主义、毛泽东思想的指导地位
   B. 中国共产党的领导和人民民主专政国家制度的建立
   C. 新民主主义经济制度的建立和国民经济的恢复
   D. 社会主义国营经济成为多种经济成分中的领导力量

4. 新中国发展国民经济的第一个五年计划期间是指(   )。
   A. 1952—1956年   B. 1949—1954年   C. 1953—1957年   D. 1950—1955年

5. 从1953年开始的第一个五年计划的中心环节是(   )。
   A. 优先发展重工业   B. 进行社会主义改造
   C. 优先发展农业   D. 恢复国民经济

6. 20世纪中国经历了三次历史性巨变,其中第二次是指(　　)。
   A. 辛亥革命的胜利和中华民国的成立
   B. 新民主主义革命的胜利和人民民主专政制度的建立
   C. 中华人民共和国的成立和社会主义制度的建立
   D. 社会主义改造的完成和全面建设社会主义的开始

7. 全国土地改革以后分配给农民的土地(　　)。
   A. 归农民所有　　　　　　　　　　B. 归乡镇所有
   C. 归集体所有　　　　　　　　　　4. 归国家所有

8. 新中国成立之初的"过渡时期"是指(　　)。
   A. 从新中国成立到三大运动胜利　　B. 从新中国成立到国民经济恢复
   C. 从新中国成立到三大改造完成　　D. 从大陆统一到三大改造完成

9. 1953年中国共产党提出"一化三改"的过渡时期总路线,其中"一化"是指(　　)。
   A. 国家的社会主义工业化　　　　　B. 社会主义现代化
   C. 农业合作化　　　　　　　　　　D. 科学技术现代化

10. 【2010年考研真题】1956年4—5月,毛泽东先后在中共中央政治局扩大会议和最高国务会议上作的《论十大关系》报告中指出:"最近苏联方面暴露了他们在建设社会主义过程中的一些缺点和错误,他们走过的弯路你还想走?过去,我们就是鉴于他们的经验教训,少走了一些弯路,现在当然更要引以为戒。"这表明以毛泽东为主要代表的中共党员(　　)。
    A. 实现了马克思主义同中国实际的第二次结合
    B. 开始探索自己的社会主义建设道路
    C. 开始找到自己的一条适合中国的路线
    D. 已经突破社会主义苏联模式的束缚

11. 新民主主义经济中有决定意义的因素是(　　)。
    A. 国营经济　　　B. 个体经济　　　C. 合作社会经济　　　D. 国家资本主义经济

12. 新中国建立初期,社会主义国营经济的主要来源是(　　)。
    A. 解放区的公营经济　　　　　　　B. 没收的官僚资本
    C. 征收、代管的外国资本　　　　　D. 国家资本主义经济

13. 党在过渡时期的总路线的主体是(　　)。
    A. 对农业的社会主义改造　　　　　B. 对手工业的社会主义改造
    C. 对资本主义工商业的社会主义改造　D. 实现国家的社会主义工业化

14. 毛泽东提出的关于手工业社会主义改造的方针是(　　)。
    A. 自愿互利、典型示范、国家帮助　　B. 积极领导,稳步发展
    C. 说服教育、典型示范、国家援助　　D. 积极领导,稳步前进

15. 资本主义工商业社会主义改造中的高级形式的国家资本主义是(　　)。
    A. 计划订货　　　B. 统购包销　　　C. 委托加工　　　D. 公私合营

16. 在中国共产党领导下,中国人民推翻了"三座大山",于1949年成立了中华人民共和国,这标志着(　　)。
    A. 社会主义制度的基本建立　　　　B. 美国遏制中国政策的失败
    C. 新民主主义革命的胜利　　　　　D. 社会主义三大改造的开始

17. 新中国成立以后,人民政府没收官僚资本,这一措施(　　)。
   A. 兼有旧民主主义和新民主主义性质　　　B. 属于新民主主义性质
   C. 兼有新民主主义革命和社会主义革命性质　　D. 属于社会主义革命性质

18. 1956年底,三大改造的实现标志着(　　)。
   A. 过渡时期总任务提前完成　　　　　　B. 已由农业国转变为工业国
   C. 开始进入社会主义初级阶段　　　　　D. 国内主要矛盾发生变化

19. 作为1953年开始的发展国民经济的一五计划建设的中心环节是(　　)。
   A. 重工业　　　B. 轻工业　　　C. 农业　　　D. 林业

20. 【2011年考研真题】1953年9月,彭德怀在一份报告中说,抗美援朝战争的胜利证明:西方侵略者几百年来只要在东方一个海岸上架起几尊大炮就可以占领一个国家的时代一去不复返了。这场战争的胜利(　　)。
   A. 结束了西方列强霸权主义的历史
   B. 打破了美国军队不可战胜的神话
   C. 奠定了民族独立人民解放的基础
   D. 赢得了近代以来中华民族反抗外敌入侵的第一次完全胜利

(二)多项选择题

1. 新民主主义社会的三种主要经济成分是(　　)。
   A. 社会主义经济　　B. 个体经济　　C. 私人资本主义经济　　D. 国家资本主义经济

2. 对资本主义工商业进行和平改造的主要依据有(　　)。
   A. 中国的民族资产阶级存在着两面性
   B. 中国工人阶级与资产阶级长期保持着统一战线的关系
   C. 建立了人民民主专政的国家政权和社会主义国营经济
   D. 国家对资本主义工商业逐步实施了利用、限制、改造的政策

3. 【2018年考研真题】从1953年开始,在过渡时期总路线的指引下,中国共产党领导人民开始进行有计划的社会主义建设和有系统的社会主义改造。当时中国之所以要着力进行和可能进行社会主义改造,主要是因为(　　)。
   A. 社会主义性质的国营经济力量相对来说比较强大
   B. 对个体农业进行社会主义改造,是实现国家工业化的一个必要条件
   C. 资本主义经济力量弱小,发展困难
   D. 资本主义国家的封锁和遏制,社会主义国家的同情和援助

4. 【2013年考研真题】以毛泽东同志为核心的党的第一代中央领导集体带领全党全国和各族人民完成了新民主主义革命,进行了社会主义改造,确立了社会主义基本制度。这一基本制度的确立(　　)。
   A. 为当代中国一切发展进步奠定了根本政治前提和制度基础
   B. 是中国历史上最深刻最伟大的社会变革
   C. 标志着马克思主义同中国实际第二次结合的完成
   D. 使广大劳动人民真正成为国家的主人

5. 【2009年考研真题】20世纪50年代中期,社会主义改造基本完成,标志着(　　)。
   A. 社会主义制度在我国已经确立　　　　B. 我国进入了社会主义初级阶段

C. 我国步入了社会主义改革时期
D. 我国实现了新民主主义向社会主义的过渡

6. 中华人民共和国的成立标志着（　　）。
A. 中国新民主主义革命取得了基本的胜利　　B. 半殖民地半封建社会历史的结束
C. 新民主主义社会在全国范围内的建立　　　D. 社会主义制度的形成

7. 1951年底到1952年春，中国共产党在党政机构工作人员中开展的"三反"运动是（　　）。
A. 反贪污　　　　B. 反浪费　　　　C. 反主观主义　　　　D. 反官僚主义

8. 针对美国遏制新中国的情况，中国共产党在新中国成立初期提出的外交方针包括（　　）。
A. "另起炉灶"　　　　　　　　　　　B. "打扫干净屋子再请客"
C. "一边倒"　　　　　　　　　　　　D. "全方位"

9. 中国共产党在过渡时期总路线的主要内容是逐步实现（　　）。
A. 社会主义工业化　　　　　　　　　B. 对农业的社会主义改造
C. 对手工业的社会主义改造　　　　　D. 对资本主义工商业的社会主义改造

10. 我国对个体农业社会主义改造的过渡性经济组织形式包括（　　）。
A. 互助组　　　　　　　　　　　　　B. 初级农业生产合作社
C. 人民公社　　　　　　　　　　　　D. 高级农业生产合作社

11. 我国对个体手工业社会主义改造的过渡性经济组织形式包括（　　）。
A. 生产合作小组　　　　　　　　　　B. 供销合作社
C. 生产合作社　　　　　　　　　　　D. 高级农业生产合作社

12. 我国对资本主义工商业社会主义改造实行的高级形式国家资本主义包括（　　）。
A. 统购包销　　　B. 经销代销　　　C. 个别企业公私合营　　　D. 全行业公私合营

13. 新中国发展国民经济第一个五年计划的规定是（　　）。
A. 集中主要力量发展重工业　　　　　B. 相应地发展交通运输业、轻工业、农业等
C. 相应地培养建设人才　　　　　　　D. 逐步提高人民的生活水平

14. 新中国在发展国民经济第一个五年计划指导下，重点建设的三大钢铁基地是（　　）。
A. 鞍山　　　　B. 包头　　　　C. 上海　　　　D. 武汉

15. 新中国在发展国民经济第一个五年计划指导下，建成的沟通西藏和内地联系的公路有（　　）。
A. 青藏公路　　　B. 川藏公路　　　C. 康藏公路　　　D. 新藏公路

（三）问答题

1. 怎样理解新民主主义的胜利和社会主义基本制度的建立，是当代中国发展进步的根本政治前提和基础。

2. 试比较1912年中华民国建立和1949年中华人民共和国成立的异同。

3. 怎样理解新中国成立初期，中国共产党对官僚资本主义与民族资本主义的不同政策。

4. 新民主主义社会的特点和性质是怎样的？

5. 我国社会主义制度是怎样确立的？

6. 新中国成立初期，中国共产党执政面临哪些严峻的考验？

7. 新中国成立初期，开始实行社会主义革命的任务主要表现在哪些方面？

8. 中国之所以要着力进行和可能进行社会主义改造的原因是什么？

9. 社会主义改造基本完成的意义是什么？

10. 为什么说中华人民共和国的成立开辟了中国历史的新纪元？

(四)材料分析题

材料分析题 1

【材料1】 这个中国革命的第一阶段(其中又分为许多小阶段)，其社会性质是新式的资产阶级的民主主义革命，还不是无产阶级社会主义革命，……这个革命的第一步、第一阶段，决不是也不能建立中国资产阶级专政的资本主义的社会，而是要建立以中国无产阶级为首领的中国各个革命阶级联合专政的新民主主义社会，以完结其第一阶段。然后，再使之发展到第二阶段，以建立中国社会主义的社会。

——摘自毛泽东《新民主主义论》

【材料2】 "确立新民主主义社会秩序"。这种提法是有害的。过渡时期每天都在变动，每天都在发生社会主义因素。所谓"新民主主义社会秩序"，怎样"确立"？要"确立"是很难的哩！……我们现在的革命斗争，甚至比过去的武装革命斗争还要深刻。这是要指导资本主义制度和一切剥削制度彻底埋葬的一场革命"确立新民主主义社会秩序"的想法，是不符合实际斗争情况的，是妨碍社会主义事业的发展的。

——摘自毛泽东1953年6月15日在中央政治局会议上的讲话

请根据以上材料分析以下问题：

(1)新民主主义社会是一种怎样的社会？其与社会主义社会是一种怎样的关系？

(2)毛泽东为什么认为"确立新民主主义社会秩序"这种提法是有害的、是妨碍社会主义事业的发展的？

材料分析题 2

我们同民族资产阶级建立联盟的政策，不论是在民主革命时期，或者是在中华人民共和国成立以后，都是必要的、正确的，是符合工人阶级和全体人民利益的。但是这样做，并不是不要付出代价的。为了结成和继续这个联盟，为了借助国家资本主义达到社会主义的目的，我们就需要对资产阶级偿付一笔很大的物质代价，这就是对于资产阶级私有的生产资料，不是采取没收的政策,而是采取赎买的政策。这是从我们中国特殊历史条件中产生出来的政策。

——摘自《中共中央关于资本主义改造问题的决议》

请结合材料,具体分析为什么我们党对资本主义工商业的社会主义改造采取了和平赎买的政策?

材料分析题 3

在1948年2月到1949年4月一年多的时间里,中共中央多次对外交工作发出指示……不承认旧的外交关系——"凡属被国民党政府所承认的资本主义国家的大使馆、公使馆、领事馆及其附属的外交机关和外交人员,在人民共和国和这些国家建立正式外交关系以前,我们一概不予承认,只是把他们当作外国侨民待遇,但应予以切实保护。"这些原则的核心,是实行"另起炉灶"的方针,即不承认国民党同各国建立的旧的外交关系,而要在新的基础上经过谈判同外国另行建立新的外交关系……

与"另起炉灶"密切相关的另一个重大问题,是与外国(主要是资本主义国家)建立外交关系的时机和条件问题。毛泽东曾经生动地讲到必须"打扫干净屋子再请客"。他说,我们这个国家,如果形象地把它比作一个家庭来讲,它的屋内太脏了。解放后,我们必须认真清理我们的屋子,把那些脏东西通通打扫一番,再请客人进来。毛泽东进一步指出,关于帝国主义对我国的承认问题,不但不要急于去解决,就是在全国胜利以后的一个相当时期内,也不必急于去解决。

新中国在对外关系上,要实行"一边倒",即倒向社会主义一边的战略。毛泽东在七届二中全会上作总结时说:"我们与苏联应该站在同一条战线上,是盟友,只要一有机会就要公开发表文告说明此点。"1949年6月30日,毛泽东在《论人民民主专政》文章中,把"一边倒"的方针正式公诸于世。他说:"中国人民不是倒向帝国主义一边,就是倒向社会主义一边……我们反对第三条道路(即置身于美苏两国的对立之外)的幻想。"

——摘自何沁主编《中华人民共和国史》

阅读上述材料,请概括指出建国初期中国外交政策的主要方针,分析这些方针的必要性和局限性。

材料分析题 4【2010年考研真题】

【材料1】 1949年10月1日,下午15时整,北京,天安门城楼。毛泽东向全世界庄严宣告:"中华人民共和国中央人民政府已于本日成立了!"广场沸腾了!震天的欢呼直冲云霄,帽子、围巾甚至报纸在空中飞舞……身着深色旗袍的宋庆龄站在城楼上,看着眼前涌动的人潮,看着广场上矗立的孙中山画像,不禁热泪盈眶。8天后,她这样向世人讲述在天安门城楼的那一刻——"连年的伟大奋斗和艰苦的事迹,又在我眼前出现……但是另一个念头抓住我的心,我知道,这一次不会再回头了,不会再倒退了。这一次,孙中山的努力终于结了果实,而且这果实显得这样美丽……"

——摘自《人民日报》(2009年9月6日)

【材料2】 2009年10月1日上午10时整,首都各界庆祝中华人民共和国成立60周年大会在北京天安门广场隆重举行,20万军民以盛大的阅兵仪式和群众游行欢庆伟大祖国的这一盛大节日。天安门城楼红墙正中悬挂着新中国缔造者毛泽东的巨幅彩色画像。人民英雄纪念碑前竖立着伟大的革命先行者孙中山先生的画像,纪念碑两侧超宽电子屏上"伟大的中华人民共和国万岁""伟大的中国共产党万岁"等标语格外醒目。广场东西两侧,56根绘有各族群众载歌载舞图案的民族团结柱,象征着56个民族共同擎起祖国繁荣富强的伟大基业。

胡锦涛发表重要讲话。他指出:"60年前的今天,中国人民经过近代以来100多年的浴血奋战终于夺取了中国革命的伟大胜利,毛泽东主席在这里向世界庄严宣告了中华人民共和国的成立。中国人民从此站起来了,具有5 000多年文明历史的中华民族从此进入了发展进步的历史新纪元。"

——摘自《人民日报》(2009年10月2日)

根据以上材料分析以下问题:

(1)如何理解宋庆龄所说的"孙中山的努力终于结了果实"?

(2)为什么说中华人民共和国的成立标志着"中华民族从此进入了发展进步的历史新纪元"?

推荐阅读文献

[1]毛泽东.在中国共产党第七届中央委员会第二次全体会议上的报告[M].北京:人民出版社,2004.

[2]中央文献编辑委员会.在中国共产党第八次全国代表大会上政治报告[M]//刘少奇选集.北京:人民出版社,1981.

[3]郑有贵.中华人民共和国经济史(1949—2012)[M].北京:当代中国出版社,2016.

[4]杨公朴.上海工业发展报告——五十年历程[M].上海:上海财经大学出版社,2001.

[5]杨希天.中国金融通史(第六卷):中华人民共和国时期(1949—1996)[M].北京:中国金融出版社,2002.

[6]董志凯.新中国工业的奠基石——156项建设研究(1950—2000)[M].广州:广东经济出版社,2004.

[7]王炳林.中国共产党与私人资本主义[M].北京:北京师范大学出版社,1995.

[8]罗平汉.农村人民公社史[M].福州:福建人民出版社,2003.

[9]金冲及.毛泽东传[M].北京:中央文献出版社,2018.

[10]迪克·威尔逊.毛泽东传[M].北京:国际文化出版公司,2013.

[11]李洪峰.周恩来:永远的榜样[M].北京:人民出版社,2018.

[12]迪克·威尔逊.周恩来传[M].北京:国际文化出版公司,2013.

[13]刘源.梦回万里 卫黄保华:漫忆父亲刘少奇与国防、军事、军队[M].北京:人民出版社,2018.

[14]金冲及,陈群.陈云传(全四册)[M].北京:中共中央文献出版社,2015.

第九章 社会主义建设在探索中曲折发展

(1) 良好的开局 ｛全面建设社会主义的开端
　　　　　　　　早期探索的积极进展

(2) 探索中的严重曲折 ｛"大跃进"及其纠正
　　　　　　　　　　　"文化大革命"及其结束
　　　　　　　　　　　严重的曲折,深刻的教训

(3) 建设的成就,探索的成果 ｛独立的、比较完整的工业体系和国民经济体系的建立
　　　　　　　　　　　　　人民生活水平的提高与文化、教育、医疗、科技事业的发展
　　　　　　　　　　　　　国际地位的提高与国际环境的改善
　　　　　　　　　　　　　探索中形成的建设社会主义的若干重要原则

(1)中共八大。1956年9月15日至27日,中国共产党第八次全国代表大会在北京举行。中共八大正确分析了社会主义改造完成后中国社会的主要矛盾和主要任务,指出:社会主义制度在我国已经基本上建立起来,国内主要矛盾已经不再是工人阶级和资产阶级的矛盾,而是人民对于经济文化迅速发展的需要同当前经济文化不能满足人民需要的状况之间的矛盾;全国人民的主要任务是集中力量发展社会生产力,实现国家工业化,逐步满足人民日益增长的物质和文化需要。在经济建设上,大会坚持既反保守又反冒进,即在综合平衡中稳步前进的方针。陈云还就经济体制改革问题提出"三个主体、三个补充"的思想。在政治建设上,提出要扩大社会主义民主、健全社会主义法制,使党和政府的活动做到"有法可依"和"有法必依"。在执政党建设上,强调要提高全党的马克思列宁主义思想水平,健全党内民主集中制,坚持集体领导制度,反对个人崇拜,发展党内民主和人民民主,加强党和群众的联系。中共八大的路线是正确的,它为社会主义事业的发展和党的建设指明了方向。

(2)《论十大关系》。毛泽东于1956年4月25日在中央政治局扩大会议上作的报告。这个报告总结了经济建设的初步经验,借鉴苏联建设的经验教训,概括提出了十大关系,并提出调动一切积极因素,把我国建设成为一个强大的社会主义国家的基本方针。毛泽东强调,建设社会主义首先必须依靠工农群众,充分调动工农群众的积极性;同时,必须巩固各民族的团结,帮助少数民族发展经济建设和文化建设;还应当与民主党派"长期共存,互相监督",加强统一战线工作。毛泽东指出,在把重工业作为国内建设重点的同时,要更多地发展农业、轻工业,并处理好沿海工业与内地工业、经济建设与国防建设的关系,从而对中国工业化道路的问题作出了创造性的论述。他还开始提出体制改革的问题,主张同时发挥中央和地方的积极性。在论述中国和外国的关系时,提出"向外国学习"的口号,强调一切民族、一切国家的长处都要学,但不能一切照搬。在文化建设方面,提出"百花齐放、百家争鸣"方针。《论十大关系》是以毛泽东为主要代表的中国共产党人探索中国社会主义建设道路的开端,它在新的历史条件下从经济方面(这是主要的)和政治方面提出了新的指导方针,为中共八大的召开做了理论准备。

(3)《关于正确处理人民内部矛盾的问题》。1957年2月,毛泽东在扩大的最高国务会议上发表《关于正确处理人民内部矛盾的问题》的讲话,提出必须区分社会主义社会两类不同性质的社会矛盾,即敌我矛盾和人民内部矛盾,把正确处理人民内部矛盾作为国家政治生活的主题。他指出:敌我矛盾和人民内部矛盾是性质完全不同的两类矛盾,敌我矛盾是对抗性的矛盾,人民内部矛盾是在人民根本利益一致基础上的矛盾。他还系统地阐明了正确处理各种人民内部矛盾的方针和方法,强调不能用解决敌我矛盾的方法去解决人民内部矛盾,只能用民主的、说服的、教育的、"团结—批评—团结"的方法去解决。《关于正确处理人民内部矛盾的问题》是一篇重要的马克思主义文献。它创造性地阐述了社会主义社会矛盾学说,是对科学社会主义理论的重要发展,对中国社会主义事业具有长远的指导意义。

(4)整风运动和反右派斗争。1956年11月召开的中国共产党八届二中全会,决定从1957年起开展党内整风运动。1957年4月27日,中共中央公布《关于整风运动的指示》,决定在全党进行一次以正确处理人民内部矛盾为主题,以反对官僚主义、宗派主义和主观主义为内容的整风运动,发动群众向党提出批评建议。这是发扬社会主义民主,加强党的建设的正常步骤。广大群众、党外人士和广大党员积极响应党中央的号召,对党和政府的工作以及党员干部的作风提出了许多有益的批评、建议。但也确有极少数资产阶级右派分子乘机向共产党和新生的社会主义制度发动猖狂进攻,妄图取代共产党的领导。针对这种情况,1957年5月15日毛泽东撰写了《事情正在起变化》一文,要求认清阶级斗争形势,注意右派的进攻。6月8日,中共中央发出组织力量准备反击右派分子进攻的指示,同日《人民日报》也发表了《这是为什么?》的社论。从此,开始了大规模的反击右派的斗争。

在当时的形势下,对极少数资产阶级右派分子的进攻进行反击是正确的、必要的,这对于分清大是大非、稳定新建立起来的社会主义制度具有重要意义。但是,由于对1957年春夏的国内阶级斗争形势估计得过于严重又采取了"大鸣、大放、大字报、大辩论"的形式,在全国开展了一场群众性的政治运动,致使反右运动被严重扩大化了。

(5)"大跃进"。由于对社会主义经济发展规律和中国经济的基本情况认识不够,进行社会主义建设经验不足,加之毛泽东等领导干部滋长了骄傲自满情绪,急于求成,夸大主观意志和主观努力的作用,因而在社会主义建设总路线提出之后,没经过认真的调查研究,就轻率地发动了"大跃进"运动。1958年5月,中共八大二次会议,正式通过了"鼓足干劲、力争上游、多快好省地建设社会主义"的社会主义建设总路线。党中央随后发动了"大跃进"运动。"大跃进"

运动在生产发展上追求高速度,以实现工农业生产高指标为目标。要求工农业主要产品的产量成倍、几倍、甚至几十倍地增长。"大跃进"运动在建设上追求大规模,提出了名目繁多的全党全民"大办""特办"的口号,例如,全党全民大炼钢铁,大办铁路。由于硬要完成那些不切实际的高指标,必然导致瞎指挥盛行,浮夸风泛滥,广大群众生活遇到了严重的困难。从1958年11月开始,中共中央开始纠正"大跃进"运动中的问题。中央多次提出调整经济指标,"压缩空气",并着手解决经济工作中的问题。到1960年冬,随着党中央开始纠正农村工作中的"左"倾错误,"大跃进"运动也被停止。1962年1月召开的七千人参加的扩大中央工作会议,初步总结了"大跃进"中的经验教训,开展了批评和自我批评。

(6)"七千人大会"。1962年1月、2月间召开的扩大中共中央工作会议(即"七千人大会"),在三年调整时期具有关键性的作用。当时调整初见成效,但困难依然很大,党内的高级干部对形势和问题的看法还很不一致。为了统一思想,会议采取充分发扬党内民主的做法。来自中央各大区、省市自治区、地区、县五级的党政军领导干部七千余人,围绕讨论和修改刘少奇1月27日向大会提交的书面报告,畅所欲言,开展批评和自我批评。毛泽东在讲话中着重阐述了民主集中制的极端重要性,并带头做了自我批评。这次会议恢复和发扬了党内的民主精神和自我批评精神,统一了全党的认识,对全面贯彻"八字方针"起了极其重要的推动作用。

(7)"文化大革命"。20世纪60年代中期,在"以阶级斗争为纲"的指导思想支配下,毛泽东对当时国内阶级斗争形势以及党和国家的政治状况做出严重的错误估计,甚至认为中央出了修正主义,整个国家面临资本主义复辟的现实危险,因此只有实行"文化大革命",公开地、全面地、自下而上地发动群众来揭发上述阴暗面,才能把被"走资本主义道路的当权派"篡夺的权力重新夺回来。1966年5月,中共中央召开政治局扩大会议。会议通过的《中共中央通知》(即"五一六通知"),系统地阐发了发动"文化大革命"的主要论点。会议还决定设立"中央文化革命小组"。8月召开的八届十一中全会通过的《关于无产阶级文化大革命的决定》(简称"十六条"),成为"文化大革命"的指导方针。随后在全国掀起了"打倒一切、全面内战"的狂潮。他们把批判的矛头,集中指向刘少奇、邓小平等老一辈无产阶级革命家。在运动中,党的各级领导干部普遍受到批判和斗争,党的各级组织普遍受到冲击并陷于瘫痪、半瘫痪状态,党长期依靠的许多积极分子和基本群众受到排斥。1976年10月6日,中共中央政治局执行人民意志,毅然粉碎了江青反革命集团,结束了"文化大革命"。历时10年的"文化大革命"使国民经济遭受严重损失,民主和法制遭到践踏,大批干部和群众遭受迫害,学术文化事业在许多方面遭到摧残,科技水平在一些领域同世界先进国家的差距进一步拉大,党风和社会风气遭到严重破坏。历史已经判明,"文化大革命"是一场由领导者错误发动,被反革命集团利用,给党、国家和各族人民带来严重灾难的内乱。这种历史悲剧,决不允许重演。

(8)"四人帮"。王洪文、张春桥、江青、姚文元四人在"文化大革命"期间所结成的帮派。"四人帮"这一称谓最先由毛泽东于1974年1月初在对江青等人借"批林批孔"之机把矛头指向周恩来的批评中提出。中共十大后,王洪文任中共中央副主席、中共中央政治局常委,张春桥任中共中央政治局常委、国务院副总理、解放军总政治部主任,江青与姚文元任中共中央政治局委员。四个人结为政治团体,搞宗派活动,妄图篡党夺权。在"文化大革命"期间互相勾结,倒行逆施。

(9)"两弹一星"。"两弹一星"最初指原子弹、氢弹、人造卫星。"两弹"中的原子弹和氢弹后来合称核弹,另一弹指早期研发的导弹。后来"两弹一星"指导弹、核弹、人造卫星。1960年

11月5日,中国仿制的第一枚导弹发射成功。1964年10月16日15时中国第一颗原子弹爆炸成功,使中国成为第五个有原子弹的国家。1967年6月17日上午8时中国第一颗氢弹空爆试验成功。1970年4月24日21时中国第一颗人造卫星发射成功,使中国成为第五个发射人造卫星的国家。中国的"两弹一星"是20世纪下半叶中华民族创建的辉煌伟业。

(10)"三线建设"。1964年到1980年,中国政府在中国中西部地区的13个省、自治区进行的一场以战备为指导思想的大规模国防、科技、工业和交通基本设施建设。其开始的背景是中苏关系恶化与美国在中国东南沿海的攻势。它历经三个五年计划,投入资金2 052亿元,投入人力高峰时达400多万人,安排了1 100个建设项目。决策之快、动员之广、规模之大、时间之长,堪称中华人民共和国建设史上最重要的一次战略部署,对以后的国民经济结构和布局,产生了深远的影响。三线建设不仅极大地增强了国防力量,而且对改善城市布局和工业布局起了重要的促进作用,也为中国中西部地区工业化做出了极大贡献。

(一)如何认识十年探索中党的指导思想的两个发展趋向?

(1)错误往往由真理越过了界限而来。在社会主义经济建设的速度问题上,力争持续稳定协调发展的较高速度,是必需和正确的,越过这个界限,追求盲目冒进和高速度就是错误的。在社会主义条件下的阶级斗争问题上,重视在一定范围内存在阶级斗争是必需和正确的,越过这个界限,把阶级斗争扩大化甚至人为地制造阶级斗争都是错误的。

(2)十年的"左"倾错误的积累和发展,到后来终于暂时压倒了正确的发展趋向,导致"文化大革命"的发动。当然,"文化大革命"以前的错误无论在规模、程度、性质上都不能同"文化大革命"的错误等量齐观。

(3)十年探索中正确的发展趋向也在积累。当然,它本身不成熟、不彻底,但它终究不可能被完全抛弃。它的相当一部分在"文化大革命"中仍然在广大干部群众中发生作用。这些正确的东西也为后来纠正"文化大革命"的错误和指导思想上拨乱反正做了一定准备。

(4)十年建设的成就和失误,都是党在探索建设社会主义道路的过程中获得和发生的,无论是正确经验还是反面教训,都是党的宝贵财富,都要加以正确的总结。

(二)十年探索时期"左"倾错误的发展原因有哪些?

(1)历史传统的影响。中国是封建专制存在时间很长的国家,皇权思想、封建家长制思想很容易侵蚀中国共产党的肌肤,民主法制观念的淡薄又容易出现对权威的盲目服从,在整个民主革命时期,中国共产党一直用阶级斗争学说来指导革命,用群众运动的方法处理和解决重大问题。在进入社会主义建设时期后,很难一下子转变观念和工作方法,用旧眼光和旧方法来看待和处理新问题的情况自然比较常见。在社会主义改造过程中,中国共产党用四年时间就完成了原定十几年完成的改造任务,这无疑助长了工作中的急躁冒进情绪。

(2)急于改变落后状况的主观愿望与经济发展的实际严重脱节。

(3)毛泽东在"左"倾错误发展过程中起了主要作用。

(4)反右派斗争扩大化和"反右倾"斗争使党和国家正常的民主生活遭到严重削弱和破坏。

(三)正确认识"文化大革命"发生的原因及其这一错误的性质以及如何评价中国共产党和毛泽东在"文化大革命"中所犯的错误

原因:"文化大革命"之所以会发生并持续十年之久,原因是多方面的。由于社会主义运动的历史不长,社会主义国家的历史更短,中国的社会主义建设刚刚处于起始阶段。中国共产党过去长期处于战争和激烈的阶级斗争环境中,对于迅速到来的新生的社会主义社会和全国规模的社会主义建设事业,缺乏充分的思想准备和科学研究。因此,对于什么是社会主义、怎样建设社会主义的问题,并没有完全搞清楚。由于中国共产党的历史特点,在社会主义改造基本完成以后,在观察和处理社会主义社会发展进程中出现的政治、经济、文化等方面的新矛盾新问题时,容易把已经不属于阶级斗争的问题仍然看作是阶级斗争,并且面对新条件下的阶级斗争,又习惯于沿用过去熟悉而这时已不能照搬的疾风暴雨式群众性斗争的旧方法和旧经验,从而导致阶级斗争的严重扩大化。同时,这种脱离现实生活的主观主义的思想和做法,由于把马克思、恩格斯、列宁、斯大林著作中的某些设想和论点加以误解或教条化,反而显得有"理论根据"。这就造成把社会主义国家实行的某些具体制度和具体政策当作社会主义本质来坚持,把阶级斗争扩大化的理论当成对马克思列宁主义的所谓继承和发展,把党内不同意见的正常争论当作两条路线的斗争,甚至直接说成是阶级斗争。

性质:中国共产党在独立探索中国自己的社会主义建设道路过程中发生的严重曲折,原因是多方面的,但是归根结底,并不是由社会主义根本制度本身所造成的,而且依靠社会主义制度的自我完善和发展是完全可以纠正的。

评价:"文化大革命"给党、国家和民族造成的损失是十分巨大的,它所提供的教训是极为沉痛和深刻的。但是,错误和挫折并没有摧毁中国共产党。它能够从自己所犯的错误中学习,最终还是依靠自身的力量和人民群众的支持、帮助,彻底纠正了这些错误,使党和国家的工作重新回到正确的轨道。这个事实证明,中国共产党作为一个对人民负责任的马克思主义政党,在政治上具有自我净化、自我发展的能力。

毛泽东的错误在于违反了他自己正确的东西,是一个伟大的革命家、伟大的马克思主义者所犯的错误。他在犯严重错误的时候,还多次要求全党认真学习马克思、恩格斯、列宁的著作,还始终认为自己的理论和实践是马克思主义的,是为巩固无产阶级专政所必需的。就毛泽东的一生来说,他的功绩是第一位的。

(四)"文化大革命"错误发生的社会历史原因

(1)中国共产党在迅速进入社会主义新的历史阶段之后,对于如何在一个经济文化不发达的国家进行全面的社会主义建设,缺乏充分的思想准备和科学研究;对于什么是社会主义、怎样建设社会主义的问题,并没有完全搞清楚。

(2)由于中国共产党在历史上积累了丰富的阶级斗争经验,在社会主义改造基本完成之后,在观察和处理社会主义建设中遇到的新事物、新问题时,容易照搬过去的经验,把本不属于阶级斗争的问题看作是阶级斗争,仍然习惯于采取大规模群众性政治运动的方法去处理。这种脱离现实生活的、主观主义的思想和做法,由于把马克思、恩格斯、列宁、斯大林著作中的某些设想和论点加以误解或教条化,反而显得有"理论根据"。这些都促成了阶级斗争扩大化错误的产生。

(3)中国共产党的民主集中制和集体领导制度遭到严重破坏,致使党无法依靠制度和集体的力量及时地发现并纠正错误。在中国共产党面临工作重心转向社会主义建设这一新任务因而需要特别谨慎的时候,毛泽东逐渐骄傲起来,逐渐脱离实际和脱离群众,主观主义和个人专断作风日益严重,日益凌驾于党中央之上,使党和国家政治生活中的集体领导原则和民主集中制不断受到削弱以至破坏。再加上由于种种历史原因,使党的权力过分集中于个人,党内个人专断和个人崇拜现象滋长起来,这样也就使党和国家难于防止和制止像"文化大革命"这样全局性错误的发生和发展。

(五)怎样科学分析中国共产党在探索中所犯的错误?

在1956年到1976年,中国共产党所犯的错误需要做具体的、历史的分析。

(1)中国共产党在犯严重错误的时候,其性质和宗旨都没有改变。在"大跃进"造成国民经济严重困难的时期,党和政府对人民群众依然具有巨大凝聚力。在"文化大革命"的特殊年代里,中国共产党保持着统一,社会主义制度的根基仍然保存,经济建设仍在进行,国家仍然保持统一。

(2)党内外广大干部群众在"文化大革命"期间对"左"倾错误的抵制和抗争,对林彪、江青两个反革命集团的斗争,从未停止过。使得"文化大革命"的破坏性受到一定的限制。

(3)毛泽东在全局上肯定"文化大革命",但也制止和纠正过一些具体错误。保护过一些党政军领导干部和党外著名人士,使一些负责干部重新回到重要的领导岗位。领导粉碎林彪反革命集团,对"四人帮"批评和揭露,使其夺取党和国家最高领导权的图谋未能得逞。始终警觉地维护国家的安全,并开创了外交工作的新局面。在"文化大革命"中,共产党保持着统一,社会主义制度的根基仍然保存,经济建设仍在进行,国家仍然保持统一都是同毛泽东的作用分不开的。

(六)毛泽东等老一代革命家探索中国社会主义建设道路中有哪些理论贡献?其意义是什么?

(1)在基本的指导思想方面,论述了必须实行马克思主义与中国实际"第二次结合"的基本思想,提出了社会主义社会矛盾的学说,阐明了建设社会主义的基本方针。

(2)在社会主义发展阶段问题上,提出社会主义发展阶段分为不发达的社会主义和比较发达的社会主义两个阶段。

(3)在社会主义现代化建设的战略目标和步骤问题上,强调社会主义现代化建设采取"两步走"的发展战略。第一步,建成一个独立的、比较完整的、工业体系和国民经济体系;第二步,全面实现农业、工业、国防和科学技术的现代化战略目标,使中国经济走在世界前列。

(4)在社会主义经济建设方面,毛泽东提出了一系列正确的观点。如以农、轻、重为序发展国民经济;在优先发展重工业的条件下,坚持工业和农业并举、重工业和轻工业并举、中央工业和地方工业并举、大中小企业并举等"两条腿"走路的方针;正确解决好综合平衡的问题,处理好积累和消费、生产和生活的问题,处理好国家、集体和个人的关系,统筹兼顾,适当安排。

(5)在社会主义民主政治建设方面,毛泽东提出了许多正确的观点。如造成一个又有集中又有民主,又有纪律又有自由,又有统一意志,又有个人心情舒畅、生动活泼的政治局面;要把正确处理人民内部矛盾作为国家政治生活的主题;处理好中国共产党同各民主党派的关系,坚持长期共存、互相监督的方针,巩固和扩大爱国统一战线;要切实保障人民当家作主的各项权利,尤其是人民参与国家和社会事务管理的权利;社会主义法制要保护劳动人民利益,保护社会主义经济基础,保护社会生产力。

(6)在社会主义文化建设方面,毛泽东提出要坚持马克思主义的指导地位,实行"百花齐放、百家争鸣"的方针。

(7)在国防建设和军队建设方面,毛泽东提出必须加强国防、建设现代化正规化国防军和发展现代化国防技术的重要指导思想。

(8)关于加强共产党自身建设,毛泽东最早觉察到帝国主义的"和平演变"战略的危险,号召共产党人提高警惕,同这种危险作斗争。十分警惕党在执政以后可能产生的种种消极现象。提出:共产党员务必继续地保持谦虚、谨慎、不骄、不躁的作风,继续地保持艰苦奋斗的作风。

意义:以毛泽东为主要代表的中国共产党人所阐明的这些重要思想,把对社会主义社会建设和发展规律的认识大大地向前推进,为继续进行探索并在中共十一届三中全会后系统形成中国特色社会主义理论提供了重要的基础。

(七)造成三年经济困难的原因有哪些?中国共产党是如何克服的?

1. 原因

(1)主观原因,也是主要原因,是"大跃进"和人民公社化运动的发动以及"反右倾"斗争,使国民经济比例严重失调,重工业畸形发展,农业生产下降。

(2)苏联政府背信弃义地撕毁两国经济技术合作协议。

(3)连续三年的自然灾害。

2. 措施

(1)经济上:调整国民经济的"八字方针"的提出。

第一,调整政策首先从矛盾最突出、最尖锐的农村开始。1960年10月开始,党中央已部署在农村进行整风整社,以肃清五风:"共产"风、浮夸风、强迫命令风、生产瞎指挥风和干部特殊化风,并以纠"共产"风为重点。这些对调动农民积极性、恢复和发展农业生产起了积极作用。

第二,"八字方针"是对整个国民经济而言的,是以调整为中心,整个工业、农业、商业以及科学、教育、文化等方面都要贯彻执行。"八字方针"的提出是党在这个阶段进行社会主义建设道路探索中指导方针的一次重要转变。它是在国民经济比例严重失调的情况下,为战胜困难而采取的重大战略决策。

(2)政治上:召开七千人大会。

第一,七千人大会是党在经济上贯彻"八字方针"的同时,在政治上采取的积极措施。目的是进一步总结经验教训、统一认识、增强团结,动员全党更坚决地执行调整方针,为战胜困难而奋斗。

第二,大会的主要成就:初步总结了"大跃进"中的经验教训;毛泽东等人带头做了自我批评;会议前后为"反右倾"斗争中被错误批判的大多数人平反。

这次会议发扬了民主,统一了大多数同志的认识,在具体工作上纠正了"左"倾错误,对全面贯彻"八字方针"、动员全党团结一致克服严重的经济困难起了积极作用。从1962年起,国民经济逐渐恢复和发展,到 1964 年,国民经济调整任务基本完成并进入新的发展期。但是,这次会议经济方面的纠"左"仅局限于农业;在政治方面的纠"左"很不彻底,未能从根本上纠正中国共产党在指导思想上的"左"倾错误,对所谓"彭德怀同志为首的反党集团"错案也未予以平反。

(八)1956—1966 年全面建设社会主义所取得的巨大成就和重大失误有哪些？应当从中吸取哪些教训？

1. 成就

1)中共八大的正确决策

(1)在社会主义制度已经建立的情况下,国内的主要矛盾是先进的社会制度和落后的社会生产力之间的矛盾。

(2)总任务:团结国内外一切可以团结的力量,为建设一个伟大的社会主义中国而奋斗。

(3)经济建设的方针:既反保守又反冒进,在综合平衡中稳步前进。

2)《关于正确处理人民内部矛盾的问题》的发表

(1)必须区分和处理社会主义两类不同性质的矛盾。

(2)国家政治生活的主题:正确处理人民内部矛盾。

(3)处理人民内部矛盾的方法:团结—批评—团结。

3)"八字方针"的提出和七千人大会的召开

(1)1960 年:实行"调整、巩固、充实、提高"方针。

(2)1962 年:七千人大会总结"大跃进"中的经验教训,为"反右倾"中被错误批判的大多数人平反。

4)十年经济建设的成就

(1)工农业总产值增长近 60%。

(2)建成大中型项目 500 多个,建设武汉、包头两大钢铁基地和大庆、胜利、大港三大油田。

(3)成功试验第一颗原子弹,研制成功结晶牛胰岛素。

(4)涌现出王进喜、雷锋、焦裕禄、向秀丽等英雄模范人物。

2. 失误

(1)反右派斗争扩大化,逐步导致了政治上阶级斗争扩大化,成为后来党在阶级斗争问题上连续犯错误的根源。

(2)总路线、"大跃进"和人民公社化使以高指标、瞎指挥、浮夸风和"共产"风为主要目标的"左"倾错误严重泛滥开来。

(3)"反右倾"斗争使党内的民主生活遭到严重损害,中断了纠正"左"倾错误的进程。再加上严重的自然灾害、苏联的背信弃义,出现新中国以来最严重的经济困难。

3. 教训

进行社会主义建设,我们应该认清国情,坚持实事求是,一切从实际出发。如果从主观愿望出发,脱离实际,急于求成,就会欲速则不达。进行社会主义建设要以经济建设为中心,自觉地按照客观规律办事,如果违背有计划按比例的经济发展规律,就会造成比例失调,国民经济发展就会遭到挫折甚至倒退。进行社会主义建设,还应当健全社会主义的民主和法制,注意为经济建设的正常进行营造一个宽松和谐的外部环境。

(九)毛泽东提出的马克思主义和中国实际的"第二次结合"的思想

1956年社会主义基本制度的全面确立,标志着中国开始进入全面建设社会主义的历史阶段。中国已经是一个社会主义国家,但又是一个经济文化落后、人口众多、幅员辽阔、发展极不平衡的国家。怎样建设社会主义、怎样巩固和发展社会主义,并没有现成的道路可循,必须在实践中进行艰苦的探索。1956年4月初,在中共中央书记处会议上,毛泽东提出:我认为最重要的教训是独立自主,调查研究,摸清本国国情,把马克思主义同我国革命和建设的具体实际结合起来,制定我们的路线、方针、政策。现在是社会主义革命和建设时期,我们要进行第二次结合,找出在中国进行社会主义革命和建设的正确道路。毛泽东提出的关于马克思主义同中国实际的"第二次结合"的思想,为探索适合我国情况的社会主义建设道路提供了基本的指导原则。

(十)社会主义建设在探索中取得的成就

中国从开始全面建设社会主义以来,尽管经历过严重的曲折,还是取得了重大的、显著的成就,这主要表现在以下四个方面。

(1)独立的、比较完整的工业体系和国民经济体系的基本建立。一是经济发展保持了较快的发展速度,1952年到1978年,工农业总产值平均年增长率为8.2%,其中工业年均增长11.2%。谷物和主要工业产品产量在世界上的排名明显提前。二是基本建立了独立的、比较完整的工业体系和国民经济体系,从根本上解决了工业化"从无到有"的问题。

(2)人民生活水平的提高与文化、医疗、科技事业的发展。一是保障了人民的基本生活需要。通过兴修水利、开展农田基本建设、培育推广良种、提倡科学种田,较大幅度地提高了粮食生产水平和抵御自然灾害的能力。二是提高人民的文化素质和健康水平,扫除文盲、大力推广普通话,并加大对小学、中学和高等教育的投资。文学艺术工作在"古为今用、洋为中用、百花齐放、推陈出新"文艺方针的指引下,仍然取得了不少的成就。医疗事业也得到蓬勃发展。新中国高度重视发展体育事业,提出了"发展体育运动、增强人民体质"的指导方针。

(3)取得了一批重要的科技成果。新中国在核技术、人造卫星和运载火箭等尖端科学技术领域,取得一系列重要的成就,先后制定了两个科学技术长远发展规划。

(4)国际地位的提高与国际环境的改善。新中国在成立初期,一面奉行独立自主基础上的"一边倒"政策,积极争取苏联和其他社会主义国家对中国国内建设与外交工作的支持、援助;一面不失时机发展同西方国家的民间交往。1950年至1953年抗美援朝战争以及随后召开的日内瓦国际会议和万隆会议,极大地提高了新中国的国际地位。中国同印度、缅甸等国共同倡导的和平共处五项原则,更成为处理国与国关系公认的国际准则。

(5)探索中形成了建设社会主义的若干重要原则。

(一)单项选择题

1.生产资料的社会主义改造完成以后,国家政治生活的主题是(　　　)。

A. 进行政治体制和经济体制改革　　　　B. 坚持四项基本原则

C. 正确处理人民内部矛盾　　　　　　　D. 开展阶级斗争

2. 毛泽东在《关于正确处理人民内部矛盾的问题》中提出解决社会主义社会基本矛盾的途径是（　　）。

A. 进行新民主主义革命

B. 进行社会主义改造

C. 依靠社会主义制度本身的自我调整和自我完善

D. 进行无产阶级专政下的继续革命

3. 正式宣布在不太长的时期内，把我国建设成为具有现代工业、现代农业、现代国防和现代科学技术的社会主义强国的会议是（　　）。

A. 中国人民政治协商会议第一次会议　　B. 第一届全国人民代表大会

C. 中共八大　　　　　　　　　　　　　D. 第三届全国人民代表大会

4. 毛泽东第一次系统阐述社会主义社会矛盾问题的著作是（　　）。

A.《矛盾论》　　　　　　　　　　　　B.《论十大关系》

C.《关于正确处理人民内部矛盾的问题》　D.《论人民民主专政》

5. 社会主义社会基本矛盾的性质是（　　）。

A. 对抗性质的　　　　　　　　　　　　B. 阶级之间的矛盾

C. 必须用暴力加以解决　　　　　　　　D. 是非对抗性的

6. 作为经济工作和其他一切工作的生命线的是（　　）。

A. 技术工作　　　B. 思想政治工作　　　C. 群众工作　　　D. 组织工作

7. 由毛泽东主持起草，确定以生产队为基本核算单位，贯彻按劳分配原则，废除供给制，停办公共食堂的文件是（　　）。

A.《关于人民公社的十八个问题》　　　B.《十年总结》

C.《农村人民公社条例（草案）》　　　D.《关于农村人民公社当前政策的紧急指示信》

8. 1975年邓小平推动对党和国家各项工作进行全面整顿，其中经济工作的整顿首先是从（　　）展开的。

A. 军队　　　　　B. 交通运输　　　　　C. 工业领域　　　D. 农业领域

9. 在1956年1月召开的知识分子问题会议上，周恩来对知识分子阶级属性的表述是（　　）。

A. 民族资产阶级　　　　　　　　　　　B. 小资产阶级

C. 知识分子的绝大部分已经是工人阶级的一部分　D. 社会中间派

10. 毛泽东最早改变八大决议中关于国内主要矛盾变化的正确分析，认为"无产阶级与资产阶级、社会主义道路与资本主义道路是主要矛盾"的会议是（　　）。

A. 1957年召开的八届三中全会　　　　　B. 1958年召开的八大二次会议

C. 1959年的庐山会议　　　　　　　　　D. 1962年召开的八届十中全会

11. 1956年社会主义基本制度的全面确立，标志着（　　）。

A. 社会主义改造的基本完成　　　　　　B. 中国进入全面建设社会主义的历史阶段

C. 社会主义建设任务的实现　　　　　　D. 找到中国特色社会主义建设道路

12. 1956年4月召开的中央书记处会议上,毛泽东提出了(　　)的任务。
　　A. 马克思主义与中国实际的第一次结合　　B. 马克思主义与中国实际的第二次结合
　　C. 向现代科学进军　　D. 全面开展社会主义建设
13. 1956年毛泽东作的《论十大关系》的报告,是探索中国社会主义建设道路的重要理论成果。《论十大关系》围绕的基本方针是(　　)。
　　A. 中国共产党同民主党派长期共存、互相监督
　　B. 坚持百花齐放、百家争鸣
　　C. 调动一切积极因素,把我国建设成为一个强大的社会主义国家
　　D. 调整、巩固、充实、提高
14. 1956年9月党的八大提出的我国国内的主要矛盾是(　　)。
　　A. 无产阶级同资产阶级的矛盾
　　B. 人民大众同反革命残余势力的矛盾
　　C. 开展社会主义道路与资本主义道路的决战
　　D. 人民对于经济文化迅速发展的需要同当前经济文化不能满足人民需要的状况之间的矛盾
15. 中共八大提出的我国经济建设方针是(　　)。
　　A. 大干快上,超英赶美　　B. 慢一点、稳一点
　　C. 力争高速度压倒一切　　D. 既反保守又反冒进,在综合平衡中稳步前进
16. 1958年9月,全国范围内掀起了人民公社化运动,人民公社的基本特点是(　　)。
　　A. 政社合一　　B. "一大二公"　　C. "一平二调"　　D. 平均分配
17. 苏联暴露他们在社会主义建设中的一些缺点和错误是在(　　)。
　　A. 1953年斯大林逝世后　　B. 赫鲁晓夫上台后
　　C. 苏共二十大　　D. 我国社会主义改造完成之时
18. 决定对国民经济实行"调整、巩固、充实、提高"的八字方针的会议是(　　)。
　　A. 八届六中全会　　B. 庐山会议
　　C. 八届九中全会　　D. 七千人大会
19. 毛泽东发动"文化大革命"的导火线是(　　)。
　　A.《评新编历史剧〈海瑞罢官〉》　　B. 五·一六通知
　　C.《炮打司令部——我的第一张大字报》　　D.《关于无产阶级文化大革命的决定》
20. 以毛泽东为代表的中国共产党人开始探索中国自己的社会主义建设道路的标志是(　　)。
　　A. 1956年1月召开的最高国务会议　　B.《论十大关系》的发表
　　C. 中共八大的召开　　D.《关于正确处理人民内部矛盾的问题》的发表

(二)多项选择题

1. 1956年党的"八大"提出在社会主义改造基本完成后,我国国内的主要矛盾是(　　)。
　　A. 无产阶级和资产阶级的矛盾
　　B. 人民内部矛盾
　　C. 人民对建立先进工业国的要求同落后的农业国的现实之间的矛盾
　　D. 人民对于经济文化迅速发展的需要同当前经济文化不能满足人民需要的状况之间的矛盾

2. 毛泽东在《关于正确处理人民内部矛盾的问题》提出的解决人民内部矛盾的方法是（　　）。
　　A. 民主的方法　　　　　　　　　　B. 说服教育的方法
　　C. "大鸣、大放、大字报、大辩论"的方法　　D. "团结—批评—团结"的方法
3. 在对经济体制改革的初步探索中，陈云曾提出过"三个主体"和"三个补充"的重要思想，其主要内容是（　　）。
　　A. 国家经营和集体经营是主体，一定数量的个体经营为补充
　　B. 公有制是主体，一定数量的私有制经济为补充
　　C. 计划生产是主体，一定范围的自由生产为补充
　　D. 国家市场是主体，一定范围的自由市场为补充
4. 20世纪50年代末提出的"三面红旗"是指（　　）。
　　A. 社会主义建设总路线　　　　　　B. "一大二公"
　　C. "大跃进"　　　　　　　　　　　D. 人民公社
5. 毛泽东提出的两个"务必"的思想是指（　　）。
　　A. 务必继续地保持谦虚、谨慎、不骄、不躁的作风
　　B. 务必继续地保持同人民群众血肉联系的作风
　　C. 务必继续地保持批评与自我批评的作风
　　D. 务必继续地保持艰苦奋斗的作风
6. 在大规模进行社会主义建设的初期，体现以毛泽东为代表的中国共产党人探索自己的社会主义建设道路所取得的思想理论成果的重要文献有（　　）。
　　A.《论十大关系》　　　　　　　　B.《中国共产党第八次全国代表大会文献》
　　C.《关于正确处理人民内部矛盾的问题》D.《1957年夏季形势》
7. 毛泽东提出处理中共和民主党派关系，应该坚持的方针是（　　）。
　　A. 长期共存　　　B. 肝胆相照　　　C. 互相监督　　　D. 荣辱与共
8. 在社会主义发展阶段问题上，毛泽东提出社会主义的两个阶段是（　　）。
　　A. 社会主义初级阶段　　　　　　　B. 社会主义高级阶段
　　C. 不发达社会主义阶段　　　　　　D. 比较发达社会主义阶段
9. 新中国从建立之日起确定的对外工作的目标是（　　）。
　　A. 和平与发展　　　　　　　　　　B. 捍卫民族独立、国家主权
　　C. 维护世界和平　　　　　　　　　D. 促进人类进步事业
10. 标志着中国社会主义建设在探索中出现良好开局的重要事件有（　　）。
　　A. 1956年毛泽东所作的《论十大关系》
　　B. 1956年中共八大的召开
　　C. 1957年毛泽东发表《关于正确处理人民内部矛盾的问题》的讲话
　　D. 1958年社会主义建设总路线的提出
11. 毛泽东是"大跃进"和人民公社化运动的积极倡导者和推动者，又是中共中央领导集体中较早地觉察并实际纠正"左"倾错误的领导人。1959年2月毛泽东主持召开第二次郑州会议，针对人民公社存在的平均主义和过分集中的问题，提出的方针是（　　）。
　　A. 队为基础、分级管理　　　　　　B. 三级核算、各计盈亏

C. 按劳分配 D. 承认差别

12. 1958年中共八大二次会议通过的社会主义建设总路线的表述是（　　）。
A. 鼓足干劲 B. 力争上游
C. 多快好省地建设社会主义 D. 在综合平衡中稳步前进

13. 在"文化大革命"的十年动乱中先后被粉碎的反革命集团是（　　）。
A. 高岗反革命集团 B. 林彪反革命集团
C. 张国焘反革命集团 D. 江青反革命集团

14. 以毛泽东为主要代表的中国共产党人在创建新中国和探索适合中国国情的社会主义建设道路过程中，形成的建设社会主义的若干原则包括（　　）。
A. 社会主义可以分为不发达的社会主义和比较发达的社会主义两个阶段
B. 提出四个现代化的战略目标
C. 正确处理重工业、轻工业、农业的关系
D. 与各民主党派坚持长期共存、互相监督

15. 20世纪60年代提出了我国社会主义现代化建设的战略目标，并提出了分两步走的发展战略，这两步走是指（　　）。
A. 第一步，建立一个独立的比较完整的工业体系和国民经济体系
B. 第二步，全面实现农业、工业、国防和科学技术的现代化
C. 不发达的社会主义
D. 比较发达的社会主义

(三)问答题

1. 试析《论十大关系》内容及其意义。

2. 试析1957年整风运动及其影响。

3. 试析邓小平1975年全面整顿的过程及其影响。

4. 试析中共八大的主要历史功绩。

5. 简述中共八大对国内主要矛盾和主要任务的分析。

6. 中国共产党人在1956年至1957年的早期探索中对社会主义建设有哪些理论建树？

7. 怎样认识建立独立的、比较完整的工业体系和国民经济体系的重大意义？

8. 简述改革开放以前新中国社会主义建设取得的主要成就。

9. 为什么说毛泽东是探索中国社会主义建设道路的开创者？怎样正确认识和评价毛泽东的历史地位？

(四)材料分析题

材料分析题 1

【材料1】 重工业是我国建设的重点。必须优先发展生产资料的生产,这是已经定了的。但是决不可以忽视生产资料尤其是粮食的生产,如果没有足够的粮食和其他生活必需品,首先就不能养活工人,还谈什么发展重工业?所以,重工业和轻工业、农业的关系,必须处理好。

在处理重工业和轻工业、农业的关系上,我们没有犯原则性的错误。我们比苏联和一些东欧国家做得好些。像苏联的粮食产量长期达不到革命前最高水平的问题,像一些东欧国家由于轻重工业发展太不平衡而产生的严重问题,我们这里是不存在的。他们片面地注重重工业,忽视农业和轻工业,因而市场上的货物不够,货币不稳定。我们对于农业轻工业是比较注重的。我们一直抓了农业,发展了农业,相当地保证了发展工业所需要的粮食和原料。我们的民生日用商品比较丰富,物价和货币是稳定的。

——摘自毛泽东《论十大关系》

【材料2】 过去安排是重、轻、农,这个次序要反一下,现在是否提农、轻、重?要把农、轻、重的关系研究一下。过去搞十大关系,就是两条腿走路,多快好省也是两条腿,现在可以说是没有执行,或者说是没有很好地执行。过去是重、轻、农、商、交,现在强调把农业搞好,次序改为农、轻、重、交、商。这样提还是优先发展生产资料,并不违背马克思主义。

——摘自毛泽东《庐山会议讨论的十八个问题》(1959年6月29日至7月2日)

请根据上述材料回答下列问题:

(1)根据材料1,指出我国经济建设的重点及其原因?如何理解毛泽东指出的在重工业和轻工业、农业的关系上,我们没有犯原则性的错误?

(2)根据材料2,对于"重、轻、农"的关系,毛泽东为什么说"没有执行,或者说是没有很好地执行"?毛泽东在反思的基础上又做了哪些发展?

材料分析题 2

【材料1】 一方面是在一些工作中仍然有右倾保守思想在作怪,另一方面是在最近一个时期在有些工作中又发生了急躁冒进的倾向,有些事情做的太急了,有些计划定得太高了,没有充分考虑到实际的可能性。这是在反保守主义之后所发生的一种新情况。这种情况是值得我们严重注意的。……就农业工作来说,全国农业发展纲要四十条本来是要在五年、七年和十二年内分别加以实现的,但有些同志因为心急图快,企图在两三年内即把这些事情全部做好。

——摘自《人民日报》(1956年6月20日社论)

【材料2】 湖北红安土质贫瘠,生产条件不好,今年平均亩产也达到843斤,比1952年增长了一倍以上。……值得注意的是这些大量增产的地区,有的是十分贫瘠的,在那里能够提早十年实现农业发展纲要草案的指标,那么条件与它们相同或者比它们好的地方,难道反而不能做到吗?有些人不了解农业合作化以后,我们就有条件也有必要在生产上来一个大的跃进,这是符合客观规律的。

——摘自《人民日报》(1957年11月13日社论)

【材料3】 1958年5月,在北京召开八大的第二次会议。……武断地认为1956年下半年的反冒进造成我国经济发展的"马鞍型"。即1956年的高潮,1957年的低潮(实际上并不是低潮),1958年更大的高潮;对反冒进负有责任的周恩来、陈云等领导人在会上作了检讨。……八大二次会议通过的第二个五年计划指标,比八大一次会议建议的指标,工业方面普遍提高一倍,农业方面普遍提高20%～50%。……这样,第二个五年计划一开始就抛开了八大一次会议通过的《建议》,转上了大跃进的道路。……农业提出"以粮为纲"的口号,要求五年、三年以至一二年达到十二年农业发展纲要规定的粮食产量指标。

——摘自胡绳主编《中国共产党的七十年》

根据以上材料回答:

(1)根据材料1,概括当时党在经济建设上的指导方针并分析其影响。

(2)根据材料2,分析当时党在指导农业生产的方针上与材料1相比发生了什么变化?

(3)根据材料3,分析八大二次会议是如何总结八大以来党领导经济建设的经验,这种认识导致了什么结果?

材料分析题3

【材料1】 人民公社是形势发展的必然趋势。……在目前形势下,建立农林牧副渔全面发展、工农商学兵互相结合的人民公社,是指导农民加速社会主义建设,提前建成社会主义并逐步过渡到共产主义所必须采取的基本方针。

——摘自《中共中央关于在农村建立人民公社问题的决议》

【材料2】 北戴河会议以后,全国农村一哄而起,大办人民公社。没有经过试验,只用一个多月的时间就基本实现公社化。……人民公社的特点叫"一大二公",实际上就是搞"一平二调"。所谓大,就是将原来一二百户的合作社合并成为四五千户以至一二万户的人民公社。一般是一乡一社。所谓公,就是将几十上百个经济条件、贫富水平不同的合作社合并后,一切财产上交公社,多者不退,少者不补,在全社范围内统一核算,统一分配,实行部分的供给制(包括大办公共食堂、吃饭不要钱,叫做共产主义因素),造成原来的各个合作社(合并后叫大队或小队)之间、社员与社员之间严重的平均主义。同时,社员的自留地、家畜、果树等,也都被收归社有。在各种"大办"中,政府和公社还经常无偿地调用生产队的土地、物资和劳动力,甚至调用社员的房屋、家具。这些实际上都是对农民的剥夺,使农民惊恐和不满,纷纷杀猪宰羊,砍树伐木,造成生产力的很大破坏,给农业生产带来灾难性的后果。

——摘自胡绳主编《中国共产党的七十年》

根据以上材料回答:

(1)从生产资料所有制和分配方式两个方面概括人民公社运动的错误及其危害。

(2)简要指出人民公社运动的主要教训。

材料分析题 4【2014 年考研真题】

【材料 1】 1980 年 8 月,邓小平会见意大利记者奥琳埃娜·法拉奇。法拉奇问:"天安门上的毛主席像,是否要永远保留下去?"邓小平回答说:"永远要保留下去。过去毛主席像挂得太多,到处都挂,并不是一件严肃的事情,也并不能表明对毛主席的尊重。"邓小平又说:"毛主席一生中大部分时间是做了非常好的事情的,他多次从危机中把党和国家挽救过来。没有毛主席,至少我们中国人民还要在黑暗中摸索更长的时间。毛主席最伟大的功绩是把马列主义的原理同中国革命的实际结合起来,指出了中国夺取革命胜利的道路。应该说,在六十年代以前或五十年代后期以前,他的许多思想给我们带来了胜利,他提出的一些根本的原理是非常正确的。"

——摘自《邓小平文选》(第二卷)

【材料 2】 2013 年 1 月 5 日,习近平在新进中央委员会的委员、候补委员学习贯彻党的十八大精神研讨班开班式上发表重要讲话。他强调指出,我们党领导人民进行社会主义建设,有改革开放前和改革开放后两个时期,这是两个相互联系又有重大区别的时期。虽然这两个历史时期在进行社会主义建设的思想指导、方针政策、实际工作上有很大差别,但两者绝不是彼此割裂的,更不是根本对立的。不能用改革开放后的历史时期否定改革开放前的历史时期,也不能用改革开放前的历史时期否定改革开放后的历史时期。要坚持实事求是的思想路线,分清主流和支流,坚持真理,修正错误,发扬经验,吸取教训,在这个基础上把党和人民的事业继续推向前进。

——摘自《人民日报》(2013 年 1 月 6 日)

根据以上材料回答:

(1)1980 年,邓小平为什么强调天安门上的毛主席像"永远要保留下去"?

(2)如何理解习近平总书记提出的"两个不能否定"的深刻内涵及其意义?

推荐阅读文献

[1]毛泽东.论十大关系[M].北京:人民出版社,1976.

[2]毛泽东.关于正确处理人民内部矛盾的问题[N].人民日报,1957-06-19.

[3]毛泽东.在扩大的中央工作会议上的讲话[M].北京:人民出版社,1978.

[4]邓小平.答意大利记者奥琳埃娜·法拉奇问[M]//邓小平文选(第 2 卷).北京:人民出版社,1994.

[5]江泽民.在毛泽东同志诞辰一百周年纪念大会上的讲话[N].新华社,1993-12-26.

[6]胡锦涛.在毛泽东同志诞辰一百一十周年纪念大会上的讲话[N].人民日报,2003-12-26.

[7]胡锦涛.在庆祝中国共产党成立八十五周年暨总结保持共产党员先进性教育活动大会上的讲话[N].人民日报,2006-6-30.

[8]逄先知,金冲及.毛泽东传(1949—1976)[M].北京:中央文献出版社,2003.

[9]邱石.共和国重大事件决策实录(第三卷)[M].北京:经济日报出版社,1998.

[10]庞松.简明中华人民共和国史[M].广州:广东教育出版社,2001.

[11]王桧林.中国现代史(下卷)[M].北京:高等教育出版社,2010.

[12]何沁.中华人民共和国史(第3版)》[M].北京:高等教育出版社,2009.

[13]武力.中华人民共和国史研究丛书[M].北京:当代中国出版社,2016.

[14]张树德.红墙大事:共和国重大历史事件的来龙去脉[M].北京:团结出版社,2017.

[15]张化,苏采青.回首"文革"(中国十年"文革"分析与反思)[M].北京:中共党史出版社,2014.

[16]王年一.大动乱的年代:1949—1976年的中国[M].北京:人民出版社,2009.

[17]潘鸣啸.失落的一代:中国的上山下乡运动(1968—1980)[M].北京:中国大百科全书出版社,2010.

第十章　中国特色社会主义的开创与接续发展

(1) 历史性的伟大转折和改革开放的起步 ⎰ 历史性的伟大转折
　　　　　　　　　　　　　　　　　　⎨ 改革开放的起步
　　　　　　　　　　　　　　　　　　⎩ 拨乱反正任务的胜利完成

(2) 改革开放和现代化建设新局面的展开 ⎰ 改革开放的全面展开
　　　　　　　　　　　　　　　　　　⎨ 改革开放和现代化建设的深入
　　　　　　　　　　　　　　　　　　⎩ 中国特色社会主义事业的继续推进

(3) 中国特色社会主义事业的跨世纪发展 ⎰ 改革开放新的历史性突破
　　　　　　　　　　　　　　　　　　⎨ 进一步推进改革开放和现代化建设
　　　　　　　　　　　　　　　　　　⎩ 改革开放和现代化建设的跨世纪发展

(4) 在新的历史起点上推进中国特色　　⎧ 全面建设小康社会战略目标的确定
　　 社会主义　　　　　　　　　　　　⎪ 不断推动经济社会的科学发展
　　　　　　　　　　　　　　　　　　⎨ 奋力把中国特色社会主义推进到新的发展阶段
　　　　　　　　　　　　　　　　　　⎩ 改革开放和现代化建设的巨大进展

(1) 真理标准问题大讨论。1976年10月在粉碎"四人帮"之后,主持中央工作的华国锋仍然坚持"两个凡是"的错误方针,使彻底纠正"文化大革命"错误的要求受阻。1978年5月10日,中共中央党校内部刊物发表了由胡耀邦审定的《实践是检验真理的唯一标准》一文后全国各大报刊纷纷转载,文章阐述了马克思主义的思想路线,指出检验真理的标准只能是社会实践,实际上是对"两个凡是"错误方针的否定,从而引发了一场关于真理标准问题的全国性大讨论。邓小平、叶剑英、陈云、罗瑞卿等老干部旗帜鲜明地支持真理标准问题的讨论。经过这场大讨论,"实践是检验真理的唯一标准"这一马克思主义的认识论原则得以重新确立,为随后召开的中共十一届三中全会做了重要的思想准备。

(2)中共十一届三中全会。中国共产党第十一届中央委员会第三次全体会议于1978年12月18日至22日在北京举行。邓小平在此前召开的中央工作会议上作的题为《解放思想，实事求是，团结一致向前看》的报告成为此次会议的主题报告，全会冲破长期"左"的错误的严重束缚，彻底否定了"两个凡是"的错误方针，高度评价了关于真理标准问题的讨论，否定了"以阶级斗争为纲"的指导思想，做出了把工作重点转移到社会主义现代化建设上来和实行改革开放的重大决策。中共十一届三中全会是新中国成立以来党的历史上的伟大转折。全会结束了粉碎"四人帮"后两年在前进中徘徊的局面，标志着中国共产党重新确立了马克思主义的思想路线、政治路线、组织路线，开始了全面的拨乱反正，形成了以邓小平为核心的党中央领导集体，揭开了社会主义改革开放的序幕。以这次全会为起点，中国进入了改革开放和现代化建设的历史新时期。

(3)改革开放。1978年召开的中共十一届三中全会，做出了实行"改革开放"的重大决策。"改革开放"包括对内改革和对外开放，是社会主义制度的自我完善与发展。改革首先从农村开始，安徽省凤阳县小岗村开始实行"家庭联产土地承包责任制"，拉开了我国改革的大幕，随后改革从农村扩展到城市，从经济体制的改革扩展到政治体制、文化体制、社会体制和其他各方面体制的改革。对外开放是全方位、多层次、宽领域的开放，2001年12月加入世贸组织，标志着我国对外开放进入了一个全面开放的新阶段。2007年党的十七大报告指出：改革开放是党在新的时代条件下带领人民进行的新的伟大革命，目的就是要解放和发展社会生产力，实现国家现代化，让中国人民富裕起来，振兴伟大的中华民族；就是要推动我国社会主义制度自我完善和发展，赋予社会主义新的生机活力，建设和发展中国特色社会主义；就是要在引领当代中国发展进步中加强和改进党的建设，保持和发展党的先进性，确保党始终走在时代前列。

(4)1989年政治风波。1989年春夏发生的政治风波，是极少数敌对势力利用党在工作中的失误，利用人民群众对腐败现象的不满，掀起的一场有计划、有组织、有预谋的政治动乱。从5月13日起，北京的非法组织在天安门广场煽动一些不明真相的人绝食，随即许多大中城市出现未经批准的大规模游行活动，党政机关受到冲击。5月20日，国务院发布命令，在北京部分地区实行戒严。动乱的组织者占领天安门广场，煽动拦截参加戒严的军车，最终发展成反革命暴乱。中共中央政治局在邓小平和其他老一辈革命家坚决有力的支持下，采取果断措施，在6月4日平息了这场政治风波。中国的改革开放和社会主义现代化建设经受住了一次严峻的考验并继续沿着社会主义的正确方向破浪前进。

(5)邓小平南方谈话。1992年1月18日至2月21日，邓小平先后视察武昌、深圳、珠海、上海等地，并发表了一系列重要讲话。谈话的中心是：坚定不移地贯彻执行党的"一个中心、两个基本点"的基本路线，坚持走有中国特色的社会主义道路，抓住当前有利时机，加快改革开放的步伐，集中精力把经济建设搞上去。谈话针对人们思想中普遍存在的疑虑，重申了深化改革、加速发展的必要性和重要性，并从中国实际出发，深刻地总结了十多年改革开放的经验教训，在一系列重大的理论和实践问题上，提出了新思路，将建设有中国特色社会主义理论大大地向前推进了一步。邓小平的南方谈话，在重大历史关头科学地总结了十一届三中全会以来党的基本实践和基本经验，明确回答了长期困扰和束缚人们思想的许多重大认识问题，对整个社会主义现代化建设事业产生了重大而深远的影响。这个谈话标志着邓小平理论的最终成熟和形成。

(6)邓小平理论。1978年十一届三中全会以来,以邓小平同志为主要代表的中国共产党人,总结新中国成立以来正反两方面的经验,解放思想,实事求是,实现全党工作中心向经济建设的转移,实行改革开放,开辟了社会主义事业发展的新时期,逐步形成了建设中国特色社会主义的路线、方针、政策,阐明了在中国建设社会主义、巩固和发展社会主义的基本问题,创立了邓小平理论。邓小平理论是马克思列宁主义的基本原理同当代中国实践和时代特征相结合的产物,是毛泽东思想在新的历史条件下的继承和发展,是马克思主义在中国发展的新阶段,是当代中国的马克思主义,是中国共产党集体智慧的结晶,引导着我国社会主义现代化事业不断前进。

(7)"三个代表"重要思想。1989年十三届四中全会以来,以江泽民同志为主要代表的中国共产党人,在建设中国特色社会主义的实践中,加深了对什么是社会主义、怎样建设社会主义和建设什么样的党、怎样建设党的认识,积累了治党治国新的宝贵经验,形成了"三个代表"重要思想。"中国共产党必须始终代表中国先进生产力的发展要求,代表中国先进文化的前进方向,代表中国最广大人民的根本利益",这是对"三个代表"重要思想的集中概括。"三个代表"重要思想是对马克思列宁主义、毛泽东思想、邓小平理论的继承和发展,反映了当代世界和中国的发展变化对党和国家工作的新要求,是加强和改进党的建设、推进我国社会主义自我完善和发展的强大理论武器,是中国共产党集体智慧的结晶,是党必须长期坚持的指导思想。始终做到"三个代表",是我们党的立党之本、执政之基、力量之源。

(8)科学发展观。2003年10月召开的中共十六届三中全会提出了科学发展观,并把它的基本内涵概括为"坚持以人为本,树立全面、协调、可持续的发展观,促进经济社会和人的全面发展",坚持"统筹城乡发展、统筹区域发展、统筹经济社会发展、统筹人与自然和谐发展、统筹国内发展和对外开放的要求"。科学发展观,第一要义是发展,核心是以人为本,基本要求是全面协调可持续,根本方法是统筹兼顾。它深刻认识和回答了新形势下实现什么样的发展、怎样发展等重大问题,成为发展中国特色社会主义必须坚持和贯彻的重大战略思想和指导思想。

(9)社会主义和谐社会。2004年9月,中共十六届四中全会提出构建社会主义和谐社会的战略任务。2005年2月,胡锦涛在中央党校省部级主要领导干部专题研讨班上,对构建社会主义和谐社会的重大战略思想作了全面论述。2006年10月,中共十六届六中全会审议通过了《中共中央关于构建社会主义和谐社会若干重大问题的决定》。决定指出:社会和谐是中国特色社会主义的本质属性。构建社会主义和谐社会是一个不断化解社会矛盾的持续过程。我们要构建的社会主义和谐社会,是在中国特色社会主义道路上,中国共产党领导全体人民共同建设、共同享有的和谐社会。决定首次将"和谐"列入现代化建设的奋斗目标,号召全国各族人民"为把我国建设成为富强民主文明和谐的社会主义现代化国家而奋斗"。

(10)中国特色社会主义道路。2007年10月15日至21日,中共第十七次全国代表大会在北京召开。大会对我国改革开放的历史进程和基本经验做了总结,指出改革开放以来我们取得一切成绩和进步的根本原因,归结起来就是:开辟了中国特色社会主义道路,形成了中国特色社会主义理论体系。中国特色社会主义道路就是在中国共产党领导下,立足基本国情,以经济建设为中心,坚持四项基本原则,坚持改革开放,解放和发展社会生产力,巩固和完善社会主义制度,建设社会主义市场经济、社会主义民主政治、社会主义先进文化、社会主义和谐社会,建设富强民主文明和谐的社会主义现代化国家。

 **重难点解析**

（一）为什么说十一届三中全会是新中国成立以来的伟大历史转折？

胡绳认为："党的十一届三中全会确实决定了中国的命运。如果没有十一届三中全会以后一系列的政策措施，没有在党的领导下坚持以邓小平同志建设有中国特色社会主义理论为指导，没有坚持'一个中心、两个基本点'的路线，那么就不是社会主义建设发展得好不好的问题，不是发展中有什么困难的问题，而是我们的社会主义是否还存在的问题，也就是说有亡党亡国的危险。"

1976年10月，粉碎"四人帮"的胜利从危难中挽救了党和国家，但"文化大革命"遗留的政治、思想、组织和经济上的混乱还极其严重。如何摆脱这种困境，打开新局面，是摆在全党面前的历史性课题。

1978年12月18日至22日在北京召开的党的十一届三中全会形成的以邓小平为核心的中央领导集体，承担起了这一艰巨的历史使命。

（1）十一届三中全会的中心议题是：把全党工作重点转移到社会主义现代化建设上来。全会彻底否定"两个凡是"的错误方针，高度评价关于真理标准问题的讨论，重新确立解放思想、实事求是的指导思想，实现了思想路线的拨乱反正；停止使用"以阶级斗争为纲"的口号，做出把党和国家的工作重点转移到社会主义现代化建设上来的决策，实现了政治路线的拨乱反正；决定健全民主集中制，加强集体领导，健全党规党纪，重新确立了党的组织路线。同时全会做出了实行改革开放的战略决策，开启了中国改革开放的新时代。

（2）中共十一届三中全会是新中国成立以来的伟大转折，具有重大意义：第一，从根本上结束了长期以来"左"的错误，完成了党的工作重心的转移，开始了中国共产党在思想、政治、组织等领域的全面拨乱反正，重新确立了党的马克思主义思想路线、政治路线和组织路线，形成了以邓小平为核心的第二代中央领导集体。第二，揭开了社会主义改革开放的序幕。以这次全会为起点，中国共产党正式开辟了建设中国特色社会主义的新道路，标志着中国从此进入了改革开放和社会主义现代化建设的历史新时期。

（二）中共十一届三中全会以来中国特色社会主义事业取得了哪些主要成就，取得这些成绩和进步的根本原因是什么？

（1）在中国共产党领导下，经过全国各族人民的共同努力，开创了中国特色社会主义道路，坚持以经济建设为中心，坚持四项基本原则，坚持改革开放，初步建立起社会主义市场经济体制，胜利实现了现代化建设"三步走"发展战略的前两步目标，大幅度提高了国家的综合国力和人民的生活水平，为全面建设小康社会、基本实现社会主义现代化开辟了广阔的前景。

第一，国民经济保持持续健康快速发展，现代化建设事业稳步推进，综合国力和国际竞争力显著提高，人民生活总体上达到小康水平。中共十一届三中全会后，中国经济实现持续快速增长；国家先后启动了东部地区率先发展战略、西部大开发战略、东北等老工业基地振兴战略和中部崛起战略，激发了各大经济区域的发展活力；在可持续发展战略、科教兴国战略和人才强国战略的推动下，国家创新体系、科技基础设施和自主创新能力建设得到加强；人民生活总体上实现了由温饱到小康的历史性跨越。

第二,社会主义市场经济体制初步建立并不断完善,各项改革事业取得重大进展:社会主义市场经济体制初步建立并不断完善,更具活力、更加开放的经济体系正在形成,市场在资源配置中的基础性作用显著增强,新的宏观调控体系框架初具规模;确立了公有制为主体、多种经济成分共同发展这一社会主义初级阶段的基本经济制度,实行按劳分配为主体、多种分配方式并存的基本分配制度。财税、金融、流通、住房、医疗、教育等改革不断深化;国有企业改革稳步推进;在推进改革的过程中,全体人民各尽其能、各得其所而又和谐相处的局面逐步形成。

第三,全方位对外开放取得新突破,形成全方位、多层次、宽领域的对外开放格局。尤其是2001年12月11日加入世界贸易组织后,中国的对外贸易进入了新的发展阶段。

第四,社会主义民主政治建设取得重要进展:人民代表大会制度、中国共产党领导的多党合作和政治协商制度进一步健全和完善;基层民主建设取得重大进展,以农村村民委员会、城市居民委员会和企业职工代表大会为主要内容的基层民主自治体系开始形成;社会主义的法制建设取得显著成就。

第五,社会主义精神文明建设成效显著:坚持不懈地用马克思主义中国化的最新成果武装全党、教育人民,取得一大批研究成果,形成了一支政治强、业务精、作风正的哲学社会科学研究队伍;建设中国特色社会主义共同理想形成广泛共识;教育、科学、文化各项事业取得长足进展。

第六,民族政策和宗教政策得到全面贯彻:认真坚持实行民族区域自治制度;使用和发展本民族语言文字;尊重和保护各民族宗教信仰自由,积极引导宗教与社会主义社会相适应。

第七,推进国防和军队建设:人民解放军坚持以新时期军事战略方针为统揽,以推进中国特色军事变革为主线,以军事斗争准备为龙头,按照建设信息化军队、打赢信息化战争的战略目标,全面推进国防和军队现代化建设。

第八,祖国统一大业取得重大进展:根据邓小平"一国两制"的构想,1997年和1999年香港、澳门相继回归祖国;祖国大陆同台湾的经济文化交流和人员往来不断发展,反对"台独"等各种分裂图谋的斗争深入发展。

第九,积极开展全方位外交:中国政府坚持高举和平、发展、合作的旗帜,坚持独立自主的和平外交政策,坚定不移地走和平发展的道路,致力于建设一个持久和平、共同繁荣的和谐世界,全方位地开展对外工作。中国的国际影响日益扩大,国际地位显著提高,在国际社会发挥着重要的作用。截至2011年7月,中国已同172个国家建立了外交关系。中国还积极参与应对国际金融危机、气候变化等全球性问题的国际合作,积极开展公共外交。

第十,全面推进党的建设新的伟大工程:在改革开放和现代化建设的进程中,逐步形成了以全面推进党的建设新的伟大工程来推动中国特色社会主义伟大事业发展的格局。从1999年起,先后开展"三讲"教育、以实践"三个代表"重要思想为主要内容的保持共产党员先进性教育活动和深入学习实践科学发展观活动。

(2)改革开放以来,中国人民的面貌、社会主义的面貌、中国共产党的面貌之所以能够发生历史性的变化,最根本的就是在党的基本路线指引之下始终坚持改革开放的正确方向。

改革开放以来我们取得一切成绩和进步的根本原因,归结起来就是:开辟了中国特色社会主义道路,形成了中国特色社会主义理论体系。中国特色社会主义道路就是在中国共产党领导下,立足基本国情,以经济建设为中心,坚持四项基本原则,坚持改革开放,解放和发展社生产力，巩固和完善社会主义制度，建设社会主义市场经济、社会主义民主政治、社会主义先进文化、社会主义和谐社会，建设富强民主文明和谐的社会主义现代化国家。

（三）四项基本原则及其重要性

1979年3月30日，中共中央在北京召开理论务虚会议，讨论工作重点转移后的理论工作问题。邓小平在会上作了"坚持四项基本原则"的讲话。他指出：坚持社会主义道路，坚持无产阶级专政即人民民主专政，坚持共产党的领导，坚持马列主义、毛泽东思想这四项基本原则，是"实现四个现代化的根本前提"。

(1)坚持四项基本原则是立国之本。它规定了我国走什么道路，实行什么样的经济和政治制度，由谁来领导和以什么作为指导思想等一系列最根本最重大的原则问题，决定着国家的性质和发展方向，关系着全国各族人民的利益和命运。

(2)坚持四项基本原则，是我们社会主义建设事业健康发展的根本前提和根本保证。它对改革开放和现代化建设起政治保证作用：一是保证有一个坚定正确的政治方向；二是保证有一个团结稳定的环境；三是保证有统一意志和统一行动。

(3)坚持四项基本原则是我们党领导革命和建设取得成功的一条根本经验。在任何时候、任何情况下都不能动摇或否定任何一项，否则就动摇了整个社会主义事业和整个现代化事业。

(4)坚持四项基本原则是社会主义现代化建设的政治保证。四项基本原则能够保证改革开放和现代化建设坚持社会主义方向，能够保证改革开放和现代化建设有一个稳定的环境，能够保证全党和全国人民有一个共同理想和统一意志。

（四）中共十四大对建设有中国特色社会主义理论的全面概括及其意义

1992年10月12—18日，中国共产党第十四次全国代表大会在北京召开。大会是在邓小平"南方谈话"之后，在我国加快改革开放和现代化建设的新形势下召开的。

(1)大会最突出的贡献，就是对建设有中国特色社会主义理论进行了全面的概括：第一，在社会主义发展道路上，强调走自己的路，不把书本当教条，不照搬外国模式，以马克思主义为指导，以实践作为检验真理的唯一标准，解放思想，实事求是，建设有中国特色的社会主义；第二，在社会主义的发展阶段上，做出了我国还处在社会主义初级阶段的科学论断，强调这是一个至少上百年的很长的历史阶段，制定一切方针政策都必须以这个基本国情为依据，不能脱离实际，超越阶段；第三，在社会主义的根本任务问题上，指出社会主义的本质是解放生产力，发展生产力，消灭剥削，消除两极分化，最终达到共同富裕；第四，在社会主义的发展动力问题上，强调改革也是一场革命，也是解放生产力，是中国现代化的必由之路，僵化停滞是没有出路的；第五，在社会主义建设的外部条件问题上，指出和平与发展是当代世界两大主题，必须坚持独立自主的和平外交政策，为我国现代化建设争取有利的国际环境；第六，在社会主义政治保证问题上，强调坚持社会主义道路、坚持人民民主专政、坚持中国共产党的领导、坚持马克思列宁主义和毛泽东思想；第七，在社会主义建设的战略步骤问题上，提出基本实现现代化分三步走；第八，在社会主义的领导力量和依靠力量问题上，强调中国共产党是社会主义事业的领导核心，中国共产党必须适应改革开放和现代化建设需要，不断改善和加强对各方面工作的领导，改善和加强自身建设。必须依靠工人、农民、知识分子，必须依靠各民族人民的团结，依靠最广泛的统一战线；第九，在祖国统一问题上，提出"一国两制"的创造性构想。

(2)意义：建设有中国特色社会主义理论是马克思列宁主义基本原理与当代中国实际和时代特征相结合的产物，是毛泽东思想的继承和发展，是全党全国人民集体智慧的结晶，是中国共产党和中国人民最可贵的精神财富。它科学地把握社会主义的本质，第一次比较系统地初步回答了在中国这样经济文化比较落后的国家中，如何建设社会主义、如何巩固和发展社会主义的一系列基本问题；它用新的思想观点，继承、丰富和发展了马克思主义，它是当代中国的马克思主义；它是指导我国社会主义不断前进的指针。

大会确立了建设有中国特色社会主义理论在全党的指导地位，提出了用这一理论武装全党的战略任务。大会指出，14年的伟大实践，集中到一点，就是要毫不动摇地坚持以建设有中国特色社会主义理论为指导的党的基本路线。

（五）邓小平南方谈话的主要内容及其意义

(1)主要内容：①革命是解放生产力，改革也是解放生产力。不坚持社会主义，不改革开放，不发展经济，不改善人民生活，只能是死路一条。基本路线要管一百年，动摇不得。改革开放胆子要大一些，敢于试验。看准了的，就大胆地试，大胆地闯。判断的标准应该主要看是否有利于发展社会主义社会的生产力，是否有利于增强社会主义国家的综合国力，是否有利于提高人民的生活水平。②计划多一点还是市场多一点，不是社会主义与资本主义的本质区别。计划和市场都是经济手段。社会主义的本质是解放生产力，发展生产力，消灭剥削，消除两极分化，最终达到共同富裕。社会主义要赢得与资本主义相比较的优势，就必须大胆吸收和借鉴人类社会创造的一切文明成果，吸收和借鉴当今世界各国包括资本主义发达国家的一切反映现代化社会化生产规律的先进经营方式、管理方式。右可以葬送社会主义，"左"也可以葬送社会主义。中国要警惕右，但主要是防止"左"。③发展才是硬道理。抓住时机，发展自己，关键是发展经济，要力争经济发展隔几年上一个台阶。要讲效益、讲质量、搞外向型经济。经济发展得快一点，必须依靠科技和教育。④中国的事情能不能办好，从一定意义上说，关键在人。中国要出问题还是出在共产党内部。对这个问题要清醒，要注意培养人，要按照干部"四化"的标准，选拔德才兼备的人才进班子。要坚持两手抓，一手抓改革开放，一手抓打击各种犯罪活动。在整个改革开放过程中，都要反腐败。⑤我们搞社会主义才几十年，还处在初级阶段。巩固和发展社会主义制度，还需要一个很长的历史阶段，需要我们几代人、十几代人，甚至几十代人坚持不懈地努力奋斗，决不能掉以轻心。世界上赞成马克思主义的人最终会多起来，社会主义经过某些挫折将会向着更加健康的方向发展。我们要在建设有中国特色社会主义的道路上继续前进。

(2)意义：邓小平南方谈话，是把改革开放和现代化建设推进到新阶段的又一个解放思想的宣言书。它在国际国内政治风波严峻考验的重大历史关头，科学总结了十一届三中全会以来的基本实践和经验，明确回答了长期困扰和束缚人们思想的许多重大认识问题，极大地鼓舞了全党和全国人民，对现代化建设和改革开放产生了重大而深远的影响。

（六）全面建设小康社会纲领的提出

建设一个富强民主文明和谐的社会主义现代化的强国，是近代以来中国人民的理想和追求。中华人民共和国成立和社会主义基本制度建立后，以毛泽东为代表的中国共产党人提出了"四个现代化"的发展目标和"两步走"的战略设想。中共十一届三中全会实现党和国家工作重点向社会主义现代化建设转移后,"小康"成为中国现代化发展阶段的一个重要目标。

"小康"是一个典型的中国式的概念,所描绘的是一种与"大同"社会相对的社会状态和理想。"小康"一词最早出自《诗经·大雅·民劳》。作为一种社会模式,"小康"最早在西汉成书的《礼记·礼运》中得到阐述。千百年来,"小康"或"小康之家"成为普通百姓表达对殷实、宽裕生活的向往和追求的一个通俗词汇。到20世纪70年代末,我国改革开放和现代化建设的总设计师邓小平在设计中国现代化进程时,赋予"小康"这个概念以全新的时代内涵,将其确立为20世纪末中国现代化发展的目标。1979年12月,邓小平在同日本首相大平正芳的谈话中,第一次使用了"小康"一词来描述中国式的现代化,并同时使用了"小康之家""小康的状态""小康的国家"等表述方式。以后,邓小平又使用了"小康生活""小康水平""小康社会"等表述方式。其中,邓小平在1984年3月25日会见日本首相中曾根康弘时,曾经三次提到"小康社会"。研究者认为,"小康社会"这一概念发端于邓小平"在本世纪末实现四个现代化"这一雄心壮志的现实思考,脱胎于"中国式的现代化"这一新目标。"翻两番"则是把一个贫困的中国变为小康中国的途径。"小康生活"是中国共产党人在20世纪末的奋斗目标。

邓小平关于建立小康社会的思想提出之后,一直是指导我国经济和社会发展的战略指导思想。党的十二大、"六五"计划、"七五"计划和党的十三大,都对小康社会做了设计。1987年,党的十三大把实现小康社会正式确定为我国现代化建设的第二步战略目标。1990年,在全国绝大多数地区解决了温饱问题的历史背景下,党的十三届七中全会正式做出了奔小康的战略决策。此后,奔小康成为我国经济社会发展的主题曲。

1995年,在我国国民生产总值提前5年实现翻两番的情况下,党的十四届五中全会绘制了我国跨世纪发展蓝图,强调21世纪的前10年我国"还是处于小康阶段"。从而表明,小康不仅是第二步战略目标的终点,而且是以此为起点的社会历史发展阶段。1997年在我国人均国民生产总值又提前实现翻两番的情况下,党的十五大不失时机地提出了"建设小康社会"的历史任务,并且根据邓小平小康社会思想及其提出的第三步战略目标,第一次提出了21世纪前半叶我国社会主义现代化建设的新的"三步走"战略部署,总体规划了建设小康社会的战略。

2000年10月召开的党的十五届五中全会,第一次明确提出了"全面建设小康社会"的历史任务。2001年江泽民在纪念中国共产党成立80周年大会的讲话中指出:"我国已进入了全面建设小康社会、加快推进社会主义现代化的新的发展阶段","要尽快地使全国人民都过上殷实的小康生活",并提出了建设小康社会,推进社会主义现代化在各方面的要求和任务。

在邓小平理论指导下,经过全党和全国各族人民的共同努力,全国胜利实现了现代化建设"三步走"战略的第一步、第二步目标,2001年我国国内生产总值达到95 933亿元,比1989年增长近两倍,年均增长9.3%,经济总量已居世界第六位,人民生活总体上实现了由温饱到小康的历史性跨越。综合国力大幅度跃升,人们普遍得到实惠,社会长期保持安定团结、政通人和,国际影响显著扩大,民族凝聚力极大增强。这是社会主义制度的伟大胜利,是中华民族发展史上一个新的里程碑。

但是,由于我国正处在并将长期处在社会主义初级阶段,现在达到的小康还是低水平的、不全面的、发展很不平衡的小康,人民日益增长的物质文化需要同落后的社会生产之间的矛盾仍然是我国社会的主要矛盾。我国生产力和科技、教育还比较落后,实现工业化和现代化还有很长的路要走;城乡二元经济结构还没有改变,地区差距扩大的趋势尚未扭转,贫困人口还为数不少;人口总量继续增加,老年人口比重上升,就业和社会保障压力增大;生态环境、自然资源和经济社会发展的矛盾日益突出;我国仍面临发达国家在经济、科技等方面占优势的压力;经济体制和其他方面的管理体制还不完善;民主法制建设、思想道德建设等方面还存在一些不容忽视的问题。巩固和提高目前达到的小康水平,还需要进行长时期的艰苦奋斗。正是基于对中国目前发展状况的清醒认识,中国共产党提出了全面建设小康社会的奋斗目标。

2002年11月,中国共产党第十六次代表大会在北京召开。大会的主题是:高举邓小平理论伟大旗帜,全面贯彻"三个代表"重要思想,继往开来,与时俱进,全面建设小康社会,加快推进社会主义现代化,为开创中国特色社会主义事业新局面而奋斗。大会指出:21世纪头20年对我国来说,是一个必须紧紧抓住并且可以大有作为的重要战略机遇期。我们要在本世纪头20年,集中力量,全面建设惠及十几亿人口的更高水平的小康社会,使经济更加发展、民主更加健全、科教更加进步、文化更加繁荣、社会更加和谐、人民生活更加殷实。这是实现现代化建设第三步战略目标必经的承上启下的发展阶段,也是完善社会主义市场经济体制和扩大对外开放的关键阶段。经过这个阶段的建设,再继续奋斗几十年,到本世纪中叶基本实现现代化,把我国建成富强民主文明的社会主义国家。会议提出了全面建设小康社会的目标,作出全面建设小康社会的战略决策。

为贯彻十六大精神,中共中央召开七次全会,分别就深化机构改革、完善社会主义市场经济体制、加强党的执政能力建设、制定"十一五"规划、构建社会主义和谐社会等关系全局的重大问题作出决定和部署,提出并贯彻科学发展观等重大战略思想,推动党和国家工作取得新的重大成就。经过全国人民共同努力,我国已经朝着全面建设小康社会的目标迈出了坚实的步伐。

(七)中共十七大的主要内容和历史意义

2007年10月15日至21日,中国共产党第十七次全国代表大会在北京召开。大会的主题是:高举中国特色的社会主义伟大旗帜,以邓小平理论和"三个代表"重要思想为指导,深入贯彻落实科学发展观,继续解放思想,坚持改革开放,推动科学发展,促进社会和谐,为夺取全面建设小康社会新胜利而奋斗。

(1)大会通过了主题报告《高举中国特色社会主义伟大旗帜 为夺取全面建设小康社会新胜利而奋斗》。报告共分十二个部分:第一,过去五年的工作;第二,改革开放的伟大历史进程;第三,深入贯彻落实科学发展观;第四,实现全面建设小康社会奋斗目标的新要求;第五,促进国民经济又好又快发展;第六,坚定不移发展社会主义民主政治;第七,推动社会主义文化大发展大繁荣;第八,加快推进以改善民生为重点的社会建设;第九,开创国防和军队现代化建设新局面;第十,推进"一国两制"实践和祖国和平统一大业;第十一,始终不渝走和平发展道路;第十二,以改革创新精神全面推进党的建设新的伟大工程。

大会对我国改革开放的历史进程和基本经验做出了科学的总结;强调要深入贯彻落实科学发展观,科学发展观第一要义是发展,核心是以人为本,基本要求是全面协调可持续,根本方法是统筹兼顾;提出了全面建设小康社会奋斗目标的新要求,对于我国社会主义经济、政治、文化、社会等各方面建设做出了全面部署;大会强调中国共产党要站在时代前列带领人民不断开创中国特色社会主义事业新局面,以改革创新精神加强自身建设;通过了《中国共产党章程(修正案)》的决议,将科学发展观写入党章;选举产生新一届中央委员会。

(2)党的十七大是在我国改革发展关键阶段召开的一次十分重要的大会,胡锦涛总书记在十七大上所作的报告,是中国共产党人面向现代化、面向世界、面向未来的政治宣言,是马克思主义的纲领,具有重要意义。

第一,从大会召开的时机看,对我们党和国家事业发展至关重要。21世纪头20年,既是实现现代化建设第三步战略目标必经的承上启下的发展阶段,也是完善社会主义市场经济体制和扩大对外开放的关键阶段。

第二,从大会确定的主题看,对我们党和国家事业发展至关重要。党的十七大的主题是:高举中国特色社会主义伟大旗帜,以邓小平理论和"三个代表"重要思想为指导,深入贯彻落实科学发展观,继续解放思想,坚持改革开放,推动科学发展,促进社会和谐,为夺取全面建设小康社会新胜利而奋斗。确定这样的主题,就是要鲜明地向党内外、国内外宣示,我们党将举什么旗、走什么路、以什么样的精神状态、朝着什么样的发展目标继续前进,这对我们党和国家事业继往开来、开拓奋进十分紧要。

第三,从大会担负的使命看,对我们党和国家事业发展至关重要。党的十七大报告对继续推进改革开放和社会主义现代化建设、实现全面建设小康社会的宏伟目标做出了全面部署,对以改革创新精神全面推进党的建设新的伟大工程提出了明确要求。党的十七大通过的《中国共产党章程(修正案)》,既保持了《中国共产党章程》的稳定性和连续性,又实现了与时俱进。党的十七大和随后召开的党的十七届一中全会选举产生的以胡锦涛同志为总书记的新一届中央领导集体,是一个富有改革创新精神、具有丰富实践经验、深得人民群众信任和拥护的中央领导集体。

毫无疑问,党的十七大对统一全党思想、凝聚各方面力量、团结带领全国各族人民夺取全面建设小康社会新胜利、开创中国特色社会主义事业新局面必将产生重大而深远的指导作用。

(八)在不断推进改革开放和现代化建设的历史进程中,实践创新和理论创新的关系是怎样的?

马克思主义认识论认为,理论创新就是理论观点、思想体系不断根据实践要求进行新的、创造性的提升和发展;实践创新就是由理论创新所推动的,人们改造和变革客观世界的活动要富有创造性和超前性。它们之间的关系是:实践创新是理论创新的基础,实践创新决定理论创新;理论创新是社会发展和变革的先导,每一个理论上的创新都进一步推动了制度的创新、科技的创新、文化的创新等其他方面的创新。

在我国改革开放的实践中,中国共产党人坚持马克思主义的基本立场、观点和方法,在中国特色社会主义建设的实践中,大胆地试,大胆地闯,把实践创新作为基础,同时也不断总结实践经验,进行理论创新,并形成了新的理论用以指导新的伟大实践。比如,社会主义市场经济理论的创立,正是党在总结历史和实践基础上理论创新的成果。我们知道,长期以来,由于种种原因,传统的观念一直把市场经济看成是资本主义特有的经济形式,从根本上否定市场经济在社会主义制度下存在和发展的可能性。十一届三中全会以后,随着经济体制改革的逐步深入,传统的高度集中的计划经济体制存在着忽视甚至排斥商品经济和市场作用的弊端,已越来越不适应现代化生产发展的要求。因此,在现代化建设的实践中,我们首先突破计划与市场对立的传统观念,大胆进行实践创新,开始由单一的计划经济模式向计划与市场并重转变,强调市场对经济发展的基础性作用,尝试着把社会主义与市场经济结合在一起,结果激发了市场的活力,搞活了经济,促进了现代化建设的发展。在此基础上,党通过不断在理论上进行总结、创新,先后提出了"计划经济为主,市场调节为辅""有计划的商品经济"的改革目标,并于1992年党的十四大上,明确作出"我国经济体制改革的目标,就是建立社会主义市场经济体制"的科学决策,创立了社会主义市场经济的新理论。社会主义市场经济体制目标的确立,实现了从传统的计划经济体制向社会主义市场经济体制的转变,这是中国共产党人对马克思主义理论的重大发展。同时,理论创新又成为了实践创新的先导。社会主义市场经济体制目标的确立,完全推倒了"计划经济就是社会主义,市场经济就是资本主义"的传统认识,最终解决了困扰人们多年的重大实践和理论问题,直接推动了我国经济体制改革。党的十四大以来,我国以建立社会主义市场经济体制为目标的改革,进一步发挥了市场对资源配置的基础作用,经济活力大大增长,进一步推动了我国经济的发展和社会的进步。

(九)社会主义和谐社会的科学内涵和总体特征

社会主义和谐社会的科学内涵和总体特征是:民主法治、公平正义、诚信友爱、充满活力、安定有序、人与自然和谐相处。

民主法治,就是社会主义民主得到充分发扬,依法治国的基本方略得到切实落实,各方面积极因素得到广泛调动;公平正义,就是社会各方面的利益关系得到妥善协调,人民内部矛盾和其他社会矛盾得到正确处理,社会公平和正义得到切实维护和实现;诚信友爱,就是全社会互帮互助、诚实守信,全体人民平等友爱、融洽相处;充满活力,就是能够使一切有利于社会进步的创造愿望得到尊重,创造活动得到支持,创造才能得到发挥,创造成果得到肯定;安定有序,就是社会组织机制健全,社会管理完善,社会秩序良好,人民群众安居乐业,社会保持安定团结;人与自然和谐相处,就是生产发展、生活富裕、生态良好。

以上这些基本特征是相互联系、相互作用的,既包括社会关系的和谐,也包括人与自然关系的和谐,体现了民主与法治的统一、公平与效率的统一、活力与秩序的统一、科学与人文的统一、人与自然的统一。这六个方面的内容十分丰富,既是社会主义和谐社会的科学内涵和总体特征,也是构建和谐社会的总体要求。

构建社会主义和谐社会,要遵循以下原则:必须坚持以人为本,必须坚持科学发展,必须坚持改革开放,必须坚持民主法治,必须坚持正确处理改革发展稳定的关系,必须坚持在党的领导下全社会共同建设。

(十)中国和平发展道路的内涵和特征

内涵:中国和平发展的道路,是一条统筹国内发展和对外开放的发展道路。中国是一个拥有13多亿人口、面临众多难题的最大的发展中国家。中国要发展起来、振兴起来,要实现现代化、实现全体人民的共同富裕,需要很多代人的努力奋斗。在这一历史进程中,我们需要稳定的国内环境,也需要和平的国际环境。为此必须高举和平、发展、合作的旗帜,坚持独立自主的和平外交政策,坚定不移地走和平发展道路,实施互利共赢的开放战略,维护国家主权、安全、发展利益,积极争取和平稳定的国际环境、睦邻友好的周边环境、平等互利的合作环境、互信协作的安全环境、客观友善的舆论环境。

中国和平发展的道路是一条勇于参与经济全球化而又坚持广泛合作、互利共赢的发展道路。中国实行对内改革从一开始就是同对外开放联系在一起的。中国勇敢地参与国际经济技术合作和竞争,获得了在闭关锁国条件下不可能获得的资金、先进技术、管理经验和各种人才,从而极大地增强了发展的优势。在实行对外开放的同时,坚持独立自主、自力更生。推进中国的发展,必须依靠自己的观念创新和体制创新,依靠自己的经济结构和产业结构调整,依靠开拓国内市场和增加国内需求,依靠更加广泛和深入地开发人力资源,依靠加快科技进步和创新。中国始终不渝奉行互利共赢的开放战略,以自己的发展促进地区和世界共同发展,扩大同各方利益的汇合点,在实现本国发展的同时兼顾对方特别是发展中国家的正当关切。继续按照通行的国际经贸规则,扩大市场准入,依法保护合作者权益。支持国际社会帮助发展中国家增强自主发展能力、改善民生,缩小"南北差距"。支持完善国际贸易和金融体制,推进贸易和投资自由化便利化,通过磋商协作妥善处理经济贸易摩擦。中国决不做损人利己、以邻为壑的事情。

特征:中国和平发展道路意味着在与国际环境的互动上,中国特色社会主义截然不同于世界主要大国所走过的传统现代化道路。中国走和平发展道路意味着我们独立自主地建设社会主义,而又按趋利避害的方针积极参与经济全球化。中国和平发展道路意味着中国反对霸权主义,也严格约束自己即使在发展起来以后也永远不称霸。

练习题

(一)单项选择题

1.1978年12月,邓小平在中共中央工作会议上发表的重要报告是(　　)。
A.《实践是检验真理的唯一标准》
B.《解放思想,实事求是,团结一致向前看》
C.《必须旗帜鲜明地坚持四项基本原则》
D.《关于建国以来党的若干历史问题的决议》

2.1981年通过《关于建国以来党的若干历史问题的决议》的是(　　)。
A. 中共十一届五中全会　　　　　　B. 中共十二届三中全会
C. 中共十一届六中全会　　　　　　D. 中共十二届六中全会

3.1979年元旦,全国人大常委会发表的推动祖国统一大业重要文献是(　　)。
A.《告台湾同胞书》　　　　　　　B.《实现两岸和平统一的九项方针》
C.《一个国家、两种制度》　　　　D.《为促进祖国统一大业的完成而继续奋斗》

4.我国经济体制改革转向以城市为重点全面展开的标志是(　　)。
A.《关于经济体制改革的决定》的实施　　B.《关于科学技术体制改革的决定》的实施
C.《关于教育体制改革的决定》的实施　　D.《政治体制改革总体设想》的实施

5.中国共产党顺利实现第二代中央领导集体向第三代中央领导集体过渡的会议是(　　)。
A. 中共十一届三中全会　　　　　　B. 中共十二届三中全会
C. 中共十三届四中全会　　　　　　D. 中共十四届四中全会

6.随着对外开放的进一步扩大,中共中央和国务院在1990年做出的战略举措是(　　)。
A. 建立厦门经济特区　　　　　　　B. 建立珠海经济特区
C. 开发、开放海南经济特区　　　　D. 开发、开放上海浦东新区

7.1998年,中共中央决定在县级以上党政领导班子、领导干部中深入开展(　　)。
A. 讲学习、讲正气、讲政治的教育　　B. 讲政治、讲作风、讲文明的教育

C. 讲学习、讲觉悟、讲作风的教育 　　　　D. 讲思想、讲行为、讲素质的教育

8. 中国共产党将"三个代表"重要思想作为党的指导思想写入党章是在（　　）。
A. 中共十四大　　　　　　　　　　　　B. 中共十五大
C. 中共十六大　　　　　　　　　　　　D. 中共十七大

9. 2006年3月，胡锦涛在看望全国政协委员时提出了以"八荣八耻"为主要内容的（　　）。
A. 社会主义价值观　　　　　　　　　　B. 社会主义荣辱观
C. 社会主义核心价值体系　　　　　　　D. 社会主义共同理想

10. 2007年召开的中共十七大科学概括了（　　）。
A. 党在社会主义初级阶段的基本路线　　B. 党在社会主义初级阶段的基本纲领
C. 建设中国特色社会主义的基本经验　　D. 中国特色社会主义的理论体系

11. 1976年"文化大革命"结束后，造成党和国家的工作在徘徊中前进局面的根源在于（　　）。
A. "阶级斗争为纲"的错误方针　　　　　B. "批林批孔"的错误方针
C. "反击右倾翻案风"的错误方针　　　　D. "两个凡是"的错误方针

12. 1978年关于真理标准问题的讨论，是为了解决中国共产党的（　　）。
A. 组织路线问题　　　　　　　　　　　B. 思想路线问题
C. 政治路线问题　　　　　　　　　　　D. 社会主义初级阶段的基本路线问题

13. 1978年在我国出现的一场马克思主义思想解放运动是（　　）。
A. 社会主义教育运动　　　　　　　　　B. 揭批"四人帮"运动
C. 关于真理标准的大讨论　　　　　　　D. 关于计划经济和市场经济的大讨论

14. 中共十一届三中全会后，中国农村在经济体制改革中推行的制度是（　　）。
A. 个体经营制度　　　　　　　　　　　B. 互助合作制度
C. 家庭联产承包责任制度　　　　　　　D. 以生产队为基础的集体经营制度

15. 邓小平在中共十二大上首次明确提出了（　　）。
A. 建设有中国特色社会主义　　　　　　B. 建设富强民主文明的社会主义现代化国家
C. 党在社会主义初级阶段的基本路线　　D. 党在社会主义初级阶段的基本纲领

16. 1987年召开的中共十三大比较系统地阐述了（　　）。
A. 社会主义商品经济理论　　　　　　　B. 社会主义初级阶段理论
C. 社会主义市场经济理论　　　　　　　D. 社会主义本质理论

17. 我国改革开放和现代化建设事业进入向社会主义市场经济体制转变新阶段的标志是（　　）。
A. 中共十一届三中全会　　　　　　　　B. 中共十二届三中全会
C. 中共十三大　　　　　　　　　　　　D. 邓小平"南方谈话"和中共十四大

18. 1997年召开的中共十五大明确提出了（　　）。
A. 党在社会主义初级阶段的基本路线　　B. 党在社会主义初级阶段的基本纲领
C. 建设中国特色社会主义的基本经验　　D. 建设中国特色社会主义的基本规律

19. 标志着祖国统一大业向前迈出重要一步的香港回归是在（　　）。
A. 1997年7月1日　　　　　　　　　　　B. 1997年12月20日
C. 1999年7月1日　　　　　　　　　　　D. 1999年12月20日

20. 2002年召开的中共十六大明确提出,我国社会主义建设到2020年的奋斗目标是( )。
　　A. 总体达到小康社会　　　　　　　　B. 全面建设小康社会
　　C. 基本实现现代化　　　　　　　　　D. 全面实现现代化

(二)多项选择题

1. 1980年1月,邓小平在《目前的形势和任务》提出的中国人民长期奋斗的三件大事是( )。
　　A. 推进体制改革　　　　　　　　　　B. 维护世界和平
　　C. 实现祖国统一　　　　　　　　　　D. 加紧现代化建设

2. 1992年,邓小平同志在视察南方的谈话中阐述了一系列重要思想,其中有( )。
　　A. 关于社会主义本质的思想　　　　　B. 关于计划和市场都是经济手段的思想
　　C. 关于发展才是硬道理的思想　　　　D. 关于"三个有利于"的思想

3. 构建社会主义和谐社会战略思想提出后,中国特色社会主义事业的总体布局包括( )。
　　A. 经济建设　　B. 政治建设　　C. 文化建设　　D. 社会建设

4. 中共十七大指出,改革开放以来我们取得一切成绩和进步的根本原因归结起来就是( )。
　　A. 开辟了中国特色社会主义道路　　　B. 形成了中国特色社会主义理论体系
　　C. 建立了社会主义市场经济体制　　　D. 提出了社会主义初级阶段理论

5. 【2015年考研真题】1976年,针对当时存在的是否还要坚持毛泽东思想的问题,邓小平指出:"有些同志说,我们只拥护'正确的毛泽东思想',而不拥护'错误的毛泽东思想'。这种说法也是错误的。""这种说法"之所以错误,是因为( )。
　　A. 没有把"毛泽东思想"与"毛泽东的思想"区分开来
　　B. 没有把毛泽东思想与有中国特色的社会主义理论区分开来
　　C. 没有把毛泽东晚年的错误与毛泽东思想的科学体系区分开来
　　D. 没有把毛泽东与党的其他领导人对毛泽东思想的贡献区分开来

6. 1978年开展的关于真理标准问题讨论的历史意义是( )。
　　A. 冲破了个人崇拜和"两个凡是"的束缚
　　B. 重新确立了"解放思想、实事求是"的思想路线
　　C. 思想路线的拨乱反正
　　D. 为党的十一届三中全会的召开,准备了思想条件

7. 中共十一届三中全会后对外开放开始起步,1980年中央决定设立( )。
　　A. 深圳经济特区　　　　　　　　　　B. 珠海经济特区
　　C. 汕头经济特区　　　　　　　　　　D. 厦门经济特区

8. 进入20世纪80年代,我国多层次、有重点、点面结合对外开放格局的构成包括( )。
　　A. 经济特区　　　　　　　　　　　　B. 沿海开放城市
　　C. 沿海经济开放区　　　　　　　　　D. 内地

9. 邓小平在同江泽民等谈话时提出的中国社会主义农业改革和发展的"两个飞跃"是( )。
　　A. 废除人民公社,实行家庭联产承包责任制　　　B. 发展乡镇企业

C. 实施科教兴农战略　　　　　　　　　　　D. 发展集体经济

10. 以江泽民为核心的中央领导集体,以马克思主义的巨大勇气进行理论创新,逐步形成了"三个代表"重要思想的科学理论。"三个代表"具体指中国共产党(　　)。
　　A. 代表中国先进生产力的发展要求　　　B. 代表中华民族的最高利益
　　C. 代表中国先进文化的前进方向　　　　D. 代表中国最广大人民的根本利益

11. 20世纪90年代后期我国改革开放和现代化建设经受的风险考验主要有(　　)。
　　A. 1997年爆发的亚洲金融危机　　　　　B. 1998年发生的历史上罕见的洪涝灾害
　　C. 1999年北约袭击中国驻南斯拉夫使馆　D. 1999年"法轮功"邪教组织非法聚众闹事

12. 2007年6月,胡锦涛在中央党校发表的重要讲话中指出,科学发展观的(　　)。
　　A. 第一要义是发展　　　　　　　　　　B. 核心是以人为本
　　C. 基本要求全面协调可持续　　　　　　D. 根本方法是统筹兼顾

13. 为保持香港和澳门特别行政区的繁荣和稳定,中央政府严格执行的方针是(　　)。
　　A. "一国两制"　　　　　　　　　　　　B. "港人治港"
　　C. "澳人治澳"　　　　　　　　　　　　D. 高度自治

14.【2017年考研真题】1978年12月18日到22日,党的十一届三中全会在北京召开。会议的主要任务是确定把全党工作重点转移到社会主义现代化建设上来。这次全会是新中国成立以来党的历史上具有深远意义的伟大转折。全会结束了粉碎"四人帮"后两年党和国家工作在徘徊中前进的局面,标志着中国共产党(　　)。
　　A. 重新确立了马克思主义的思想路线、政治路线、组织路线
　　B. 形成了以邓小平为核心的党的中央领导集体
　　C. 开始了在思想、政治、组织等领域的全面拨乱反正
　　D. 揭开了社会主义改革开放的序幕

15.【2016年考研真题】1992年初,在关乎中国改革开放和社会主义现代化建设前途命运的关键时刻,邓小平在视察武昌、深圳、珠海、上海等地时,发表了重要谈话。谈话的主要内容有(　　)。
　　A. 革命是解放生产力,改革也是解放生产力
　　B. 不坚持社会主义,不改革开放,不发展经济,不改善人民生活,只能是死路一条
　　C. 走社会主义道路,就是要逐步实现共同富裕
　　D. 计划多一点还是市场多一点,不是社会主义与资本主义的本质区别

(三)问答题

1. 中共十三大提出的社会主义初级阶段的基本路线是什么?

2. 简述中共十七大关于党的建设的部署。

3. 简述中国共产党提出的坚持走和平发展道路的基本内容。

4. 简述中国共产党成立以来所做的三件大事及其影响。

5. 中共十一届六中全会的基本内容及其历史意义是什么?

6. 1978年开始的关于真理标准问题大讨论的历史意义是什么？

7. 简述《关于建国以来党的若干历史问题的决议》对毛泽东和毛泽东思想历史地位的评价。

8. 简述邓小平提出的"三步走"发展战略。

9. 简述中共十六大提出的全面建设小康社会的奋斗目标。

10.《关于建国以来党的若干历史问题的决议》的基本内容及其历史意义是什么？

(四)材料分析题

材料分析题1

【材料1】 30年前，中国正处在一个重大的历史关头。粉碎"四人帮"，结束"文化大革命"，举国欢腾，人心思变，百业待举。但许多人还不能正确认识和对待毛泽东思想，还不能正确区分毛泽东同志的伟大历史功绩和晚年错误，"左"的思想的长期影响和"两个凡是"的禁锢依然是严重障碍，党和国家的工作在前进中出现徘徊的局面。针对这种情况，邓小平同志旗帜鲜明地指出，"两个凡是"不符合马克思主义，要完整准确地理解毛泽东思想。这就为我们党实现思想路线上的拨乱反正指明了方向……1978年5月10日，中央党校内部刊物《理论动态》发表经胡耀邦同志审定的《实践是检验真理的唯一标准》一文。5月11日，光明日报以特约评论员名义，公开发表了这篇文章，新华社向全国转发，在广大干部群众中引起强烈反响，引发了关于真理标准问题的讨论。针对当时一些同志不理解甚至不接受、不赞成的情况，邓小平同志等老一辈无产阶级革命家对这篇文章给予了充分肯定，一场顺应时代发展潮流、反映党心民心的大讨论在全国范围内逐步展开，对党和国家的事业、对中国特色社会主义的创立和发展产生极大影响。

——摘自李长春《在纪念关于真理标准问题的讨论30周年座谈会上的讲话》[《人民日报》(2008年5月9日)]

【材料2】 我们也有一些同志天天讲毛泽东思想，却往往忘记、抛弃甚至反对毛泽东同志的实事求是、一切从实际出发、理论与实践相结合的这样一个马克思主义的根本观点、根本方法……他们的观点，实质上是主张只要照抄马克思、列宁、毛泽东同志的原话，照抄照转照搬就行了。要不然，就说这是违反了马列主义、毛泽东思想，违反了中央精神。他们提出的这个问题不是小问题，而是涉及到怎么看待马列主义、毛泽东思想的问题。

目前进行的关于实践是检验真理的唯一标准问题的讨论，实际上也是要不要解放思想的争论。大家认为进行这个争论很有必要，意义很大。从争论的情况来看，越看越重要。一个党，一个国家，一个民族，如果一切从本本出发，思想僵化，迷信盛行，那它就不能前进，它的生机就停止了，就要亡党亡国。这是毛泽东同志在整风运动中反复讲过的。只有解放思想，坚持实事求是，一切从实际出发，理论联系实际，我们的社会主义现代化建设才能顺利进行，我们党的马列主义、毛泽东思想的理论也才能顺利发展。从这个意义上说,关于真理标准问题的争论,的确是个思想路线问题,是个政治问题,是个关系到党和国家的前途和命运的问题。

——选编自《邓小平文选》(第二卷)

请根据以上材料思考以下问题:

(1)关于实践是检验真理的唯一标准问题的讨论是在什么背景下展开的?其意义何在?

(2)"文化大革命"结束后,邓小平为什么反复强调要坚持党的实事求是的思想路线?

材料分析题 2

【材料1】 社会主义对于我们来说,有许多地方还是未被认识的必然王国。我们要完成这个伟大的任务,面临着许多新的问题,需要我们去认识,去研究,躺在马列主义毛泽东思想的现成条文上,甚至拿现成的公式去限制、宰割、裁剪无限丰富的飞速发展的革命实践,这种态度是错误的。我们要有共产党人的责任心和胆略,勇于研究生动的实际生活,研究现实的确切事实,研究新的实践中提出的新问题。只有这样,才是对待马克思主义的正确态度,才能够逐步地由必然王国向自由王国前进,顺利地进行新的伟大的长征。

——摘自《光明日报》1978年5月11日特约评论员文章《实践是检验真理的唯一标准》

【材料2】 一九七八年开的是十一届三中全会,过几天我们要开十二届三中全会,这将是一次很有特色的全会。前一次三中全会重点在农村改革,这一次三中全会则要转到城市改革,包括工业、商业和其他行业的改革,可以说是全面的改革。无论是农村改革还是城市改革,其基本内容和基本经验都是开放,对内把经济搞活,对外更加开放。虽然城市改革比农村复杂,但是有了农村改革的成功经验,我们对城市改革很有信心。农村改革三年见效,城市改革时间要长一些,三年五载也会见效。十二届三中全会的决议公布后,人们就会看到我们全面改革的雄心壮志。我们把改革当作一种革命,当然不是"文化大革命"那样的革命。

——摘自邓小平1984年10月10日会见联邦德国总理科尔时的谈话(《邓小平文选》第3卷,人民出版社1993年版,第81—82页)

【材料3】 当谈到办经济特区的问题时,小平同志说,对办特区,从一开始就有不同意见,担心是不是搞资本主义。深圳的建设成就,明确回答了那些有这样那样担心的人。特区姓"社"不姓"资"。从深圳的情况看,公有制是主体,外商投资只占1/4,就是外资部分,我们还可以从税收、劳务等方面得到益处嘛!多搞点"三资"企业,不要怕。只要我们头脑清醒,就不怕。我们有优势,有国营大中型企业,有乡镇企业,更重要的是政权在我们手里。有的人认为,多一分外资,就多一分资本主义,"三资"企业多了,就是资本主义的东西多了,就是发展了资本主义。这些人连基本常识都没有。

——摘自《深圳特区报》1992年3月26日《东方风来满眼春——邓小平同志在深圳纪实》

请根据以上材料思考以下问题:

(1)对待马克思主义的正确态度是什么?

(2)为什么说改革是一场革命?

(3)判断改革得失成败的标准是什么?

材料分析题3

【材料1】 我们的政治路线,是把四个现代化建设作为重点,坚持发展生产力,始终扭住这个根本环节不放松,除非打起世界战争。即使打世界战争,打完了还搞建设。

——摘自《邓小平文选》(第三卷)

【材料2】 坚持党的基本路线不动摇,必须把改革开放同四项基本原则统一起来。有中国特色的社会主义所以具有蓬勃的生命力,就在于它是实行改革开放的社会主义。我们的改革开放所以能够健康发展,就在于它是有利于巩固和发展社会主义的改革开放。坚持四项基本原则,坚持改革开放,都是为了更好地解放和发展生产力。

——摘自江泽民《加快改革开放和现代化建设步伐,夺取有中国特色社会主义事业的更大胜利》(1992年10月12日)

【材料3】 新时期最鲜明的特点是改革开放。从农村到城市、从经济领域到其他各个领域,全面改革的进程势不可当地展开了;从沿海到沿江沿边,从东部到中西部,对外开放的大门毅然决然地打开了。这场历史上从未有过的大改革大开放,极大地调动了亿万人民的积极性,使我国成功实现了从高度集中的计划经济体制到充满活力的社会主义市场经济体制、从封闭半封闭到全方位开放的伟大历史转折。今天,一个面向现代化、面向世界、面向未来的社会主义中国巍然屹立在世界东方。

——摘自胡锦涛《高举中国特色社会主义伟大旗帜　为夺取全面建设小康社会新胜利而奋斗》(2007年10月15日)

请根据以上材料思考以下问题:

(1)中国共产党在社会主义初级阶段的基本路线是什么?

(2)中共十一届三中全会后,中国为什么能够取得举世瞩目的成就?

(3)怎样才能使中国特色社会主义道路越走越宽广?

推荐阅读文献

[1]中国共产党第十一届中央委员会第三次全体会议公报[N].人民日报,1978-12-24(1).

[2]邓小平.解放思想、实事求是、团结一致向前看[N].人民日报,1983-7-1(1).

[3]邓小平.在武昌、深圳、珠海、上海等地的谈话要点[N].人民日报,1993-11-6.

[4]江泽民.高举邓小平理论伟大旗帜　把建设有中国特色社会主义事业全面推向二十一世纪[M]//十五大以来重要文献选编(上).北京:人民出版社,2000.

[5]胡锦涛.高举中国特色社会主义伟大旗帜　为夺取全面建设小康社会新胜利而奋斗[M].北京:人民出版社,2007.

[6]胡锦涛.在纪念党的十一届三中全会召开三十周年大会上的讲话[M].北京:人民出版社,2008.

[7]习近平.在庆祝改革开放40周年大会上的讲话[M].北京:人民出版社,2018.

[8](美)费正清.伟大的中国革命(1800—1985)[M].北京:世界知识出版社,2000.

[9]中国经济体制改革研究会.见证重大改革决策:改革亲历者口述历史[M].北京:社会科学文献出版社,2018.

[10]金春明.中华人民共和国简史(1949—2007)[M].北京:中共党史出版社,2008.

[11]陆铭.中国的大国经济发展道路[M].北京:中国大百科全书出版社,2008.

[12]伍国友.中华人民共和国史(1977—1991》[M].北京:人民出版社,2010.

[13]高尚全.中国改革开放四十年——回顾与思考[M].北京:人民出版社,2018.

[14]曹普.当代中国改革开放史[M].北京:人民出版社,2016.

[15]俞可平.改革开放研究丛书:中国的治理变迁(1978—2018)[M].北京:社会科学文献出版社,2018.

[16]宫力.邓小平在重大历史关头:纪念邓小平南方谈话20周年[M].北京:九州出版社,2012.

[17]傅高义.邓小平时代[M].北京:生活·读书·新知三联书店,2013.

[18]理查德·伊文思.邓小平传(图文典藏本)[M].北京:国际文化出版公司,2014.

第十一章　中国特色社会主义进入新时代

(1)开拓中国特色社会主义更为广阔的发展前景 ⎰ 全面建成小康社会目标的确定
　　　　　　　　　　　　　　　　　　　　　　⎱ 实现民族复兴中国梦的提出
　　　　　　　　　　　　　　　　　　　　　　⎱ 统筹推进"五位一体"总体布局
　　　　　　　　　　　　　　　　　　　　　　⎰ 协调推进"四个全面"战略布局

(2)党和国家事业的历史性成就和历史性变革 ⎰ 极不平凡的五年
　　　　　　　　　　　　　　　　　　　　 ⎱ 新时代中国与世界关系的历史性变化

(3)新时代中国与世界关系的历史性变化 ⎰ 在新时代坚持和发展中国特色社会主义
　　　　　　　　　　　　　　　　　　 ⎰ 更好发挥宪法在新时代坚持和发展中国特色
　　　　　　　　　　　　　　　　　　 ⎱ 　社会主义中的重大作用
　　　　　　　　　　　　　　　　　　 ⎱ 推进国家治理体系和治理能力现代化
　　　　　　　　　　　　　　　　　　 ⎰ 齐心协力走向中华民族伟大复兴的光明前景

(1)五位一体。中共十八大以来,中共中央统筹推进"五位一体"总体布局,提出一系列新理念新思想新战略,引领中国特色社会主义各项事业蓬勃发展。所谓"五位一体"指的是:主动适应和引领经济发展新常态,发展社会主义民主政治,发展中国特色社会主义文化,在发展中保障和改善民生,建设美丽中国。

(2)四个全面。中共十八大以来,中共中央从坚持和发展中国特色社会主义全局出发,提出并形成了全面建成小康社会、全面深化改革、全面依法治国、全面从严治党的战略布局。这个战略布局既有战略目标,也有战略举措,每一个"全面"都具有重大战略意义,是实现中华民族伟大复兴中国梦的重要保障。

(3)中共十八大精神。中共十八大精神归结到一点,就是坚持和发展中国特色社会主义。十八大强调:我们必须坚定不移高举中国特色社会主义伟大旗帜,既不走封闭僵化的老路,也不走改旗易帜的邪路。中共十八大的召开标志着中国已经进入全面建成小康社会的决定性阶段，开启了中国特色社会主义新时代。

(4)中国梦。中国梦即实现中华民族伟大复兴，是中国共产党十八大召开以来，习近平总书记提出的重要指导思想和执政理念。中国梦的核心目标是"两个一百年"的目标，即"到中国共产党成立100年时全面建成小康社会的目标一定能实现，到新中国成立100年时建成富强民主文明和谐的社会主义现代化国家的目标、中华民族伟大复兴的梦想一定能实现"。实现国家富强、民族振兴、人民幸福中国梦的途径是走中国特色社会主义道路、坚持中国特色社会主义理论体系、弘扬民族精神、凝聚中国力量。

(5)十九大主题。不忘初心，牢记使命，高举中国特色社会主义伟大旗帜，决胜全面建成小康社会，夺取新时代中国特色社会主义伟大胜利，为实现中华民族伟大复兴的中国梦不懈奋斗。

(6)习近平新时代中国特色社会主义思想。①明确坚持和发展中国特色社会主义，总任务是实现社会主义现代化和中华民族伟大复兴，在21世纪中叶建成富强民主文明和谐美丽的社会主义现代化强国；②明确新时代我国社会主要矛盾是人民日益增长的美好生活需要和不平衡不充分的发展之间的矛盾，必须坚持以人民为中心的发展思想，不断促进人的全面发展、全体人民共同富裕；③明确中国特色社会主义事业总体布局是"五位一体"、战略布局是"四个全面"，强调坚定道路自信、理论自信、制度自信、文化自信；④明确全面深化改革总目标是完善和发展中国特色社会主义制度、推进国家治理体系和治理能力现代化；⑤明确全面推进依法治国总目标是建设中国特色社会主义法治体系、建设社会主义法治国家；⑥明确党在新时代的强军目标是建设一支听党指挥、能打胜仗、作风优良的人民军队，把人民军队建设成为世界一流军队；⑦明确中国特色大国外交要推动构建新型国际关系，推动构建人类命运共同体；⑧明确中国特色社会主义最本质的特征是中国共产党领导，中国特色社会主义制度的最大优势是中国共产党领导，党是最高政治领导力量，提出新时代党的建设总要求，突出政治建设在党的建设中的重要地位。这"八个明确"，构成了系统完备、逻辑严密、内在统一的科学体系，是习近平新时代中国特色社会主义思想最重要、最核心的内容。

(7)美丽中国。党的十八大指出，"把生态文明建设放在突出地位，融入经济建设、政治建设、文化建设、社会建设各方面和全过程，努力建设美丽中国，实现中华民族永续发展"。这是美丽中国首次作为执政理念被提出。十九大报告中，习近平指出，人与自然是生命共同体，人类必须尊重自然、顺应自然、保护自然。通过推进绿色发展，解决突出环境问题，加大生态系统保护力度，改革生态环境监管体制等举措，加快生态文明体制改革，建设美丽中国。

(8)十九大新目标。从现在到2020年，是全面建成小康社会决胜期。综合分析国际国内形势和我国发展条件，从2020年到本世纪中叶可以分两个阶段来安排：第一个阶段，从2020年到2035年，在全面建成小康社会的基础上，再奋斗十五年，基本实现社会主义现代化。第二个阶段，从2035年到本世纪中叶，在基本实现现代化的基础上，再奋斗十五年，把我国建成富强民主文明和谐美丽的社会主义现代化强国。从全面建成小康社会到基本实现现代化，再到全面建成社会主义现代化强国，是新时代中国特色社会主义发展的战略安排。我们要坚忍不拔、锲而不舍，奋力谱写社会主义现代化新征程的壮丽篇章！

(9)十九大新部署。党的十九大报告在经济建设、政治建设、文化建设、社会建设、生态文明建设以及军队建设、国家统一建设、外交工作建设、党的建设等方面做出部署，提出了很多要求,还提出了一些新的重大发展战略,如乡村振兴战略、军民融合发展战略、区域协调发展战略等,这些都是实现"两个一百年"奋斗目标的具体举措。这些战略、部署能够保证我们新的目标的实现,且能够落到实处,取得应有的成效。

(10)十九大新要求。中国特色社会主义进入新时代,对党的建设也提出了新的要求。新时代党的建设总要求亮点很多,其中一个重大变化,是把政治建设和纪律建设列入党的建设总体布局,把制度建设贯穿于政治建设、思想建设、组织建设、作风建设、纪律建设之中,这也是新的要求。同时,对于反腐败斗争强调"深入推进",充分表明了我们党坚定不移正风肃纪的坚强决心。

(一)十八大的主要内容有哪些?

2012年11月8日至14日,中国共产党第十八次全国代表大会在北京举行。大会系统总结了中共十七大以来五年和十六大以来十年的奋斗历程及其成就,指出科学发展观同马克思列宁主义、毛泽东思想、邓小平理论、"三个代表"重要思想一起,是党必须长期坚持的指导思想。

大会阐明中国特色社会主义的总依据是社会主义初级阶段,总布局是经济、政治、文化、社会、生态文明建设五位一体,总任务是实现社会主义现代化和中华民族伟大复兴;阐明中国特色社会主义道路、理论体系、制度的科学内涵及其相互关系;明确提出夺取中国特色社会主义新胜利必须牢牢把握的八项基本要求,要求全党坚定道路自信、理论自信、制度自信。

大会提出要在党的十六大、十七大确立的全面建设小康社会目标的基础上努力实现新的要求,即经济持续健康发展,人民民主不断扩大,文化软实力显著增强,人民生活水平全面提高,资源节约型、环境友好型社会建设取得重大进展,确保到2020年实现全面建成小康社会的目标。

大会强调,全面建成小康社会,必须不失时机深化重要领域改革,构建系统完备、科学规范、运行有效的制度体系,使各方面制度更加成熟更加定型。

大会要求以改革创新精神全面推进党的建设新的伟大工程,全面提高党的建设科学化水平,以加强党的执政能力建设、先进性和纯洁性建设为主线,建设学习型、服务型、创新型的马克思主义执政党。

(二)中华民族伟大复兴中国梦是如何被提出的?

中共十八大结束不久,习近平在参观"复兴之路"展览时明确提出,实现全面建成小康社会目标是实现中华民族伟大复兴中国梦的关键一步。中华民族的昨天,可以说是"雄关漫道真如铁"。近代以后,中华民族遭受的苦难之重、付出的牺牲之大,在世界历史上都是罕见的。但是,中国人民从不屈服,不断奋起抗争,终于掌握了自己的命运,开始了建设自己国家的伟大进程,充分展示了以爱国主义为核心的伟大民族精神。中华民族的今天,正可谓"人间正道是沧桑"。改革开放以来,我们总结历史经验,不断艰辛探索,终于找到了实现中华民族伟大复兴的正确道路,取得了举世瞩目的成果。这条道路就是中国特色社会主义。中华民族的明天,可以说是"长风破浪会有时"。经过鸦片战争以来 170 多年的持续奋斗,中华民族伟大复兴展现出光明的前景。现在,我们比历史上任何时期都更接近中华民族伟大复兴的目标,比历史上任何时期都更有信心、更有能力实现这个目标。

习近平强调,实现中华民族伟大复兴就是中华民族近代以来最伟大的梦想,需要一代又一代中国人共同为之努力。我们坚信"到中国共产党成立 100 年时全面建成小康社会的目标一定能实现,到新中国成立 100 年时建成富强民主文明和谐的社会主义现代化国家的目标、中华民族伟大复兴的梦想一定能实现"。

(三)如何实现中华民族伟大复兴中国梦?

2013 年 3 月 17 日,习近平在十二届全国人大第一次会议上进一步强调,实现全面建成小康社会、建成富强民主文明和谐的社会主义现代化国家的奋斗目标,实现中华民族伟大复兴的中国梦,就是要实现国家富强、民族振兴、人民幸福。

实现中国梦必须走中国道路。中国特色社会主义道路,是在改革开放 40 多年的伟大实践中走出来的,是在中华人民共和国成立 70 年的持续探索中走出来的,是在对近代以来 170 多年中华民族发展历程的深刻总结中走出来的,是在对中华民族 5 000 多年悠久文明的传承中走出来的,具有深厚的历史渊源和广泛的现实基础。

实现中国梦必须弘扬中国精神。中国精神是凝心聚力的兴国之魂、强国之魂。爱国主义始终是把中华民族坚强团结在一起的精神力量,改革创新始终是鞭策我们在改革开放中与时俱进的精神力量。

实现中国梦必须凝聚中国力量。中国梦是民族的梦,也是每个中国人的梦。生活在我们伟大祖国和伟大时代的中国人民,共同享有人生出彩的机会,共同享有梦想成真的机会,共同享有同祖国和时代一起成长与进步的机会。全国各族人民一定要牢记使命,心往一处想,劲往一处使,用 13 亿人的智慧和力量汇集起不可战胜的磅礴力量。

(四)如何统筹推进"五位一体"总体布局?

中共十八大以来,中共中央统筹推进"五位一体"总体布局,提出一系列新理念新思想新战略,引领中国特色社会主义各项事业蓬勃发展。

1. 主动适应和引领经济发展新常态

中共中央加强和改善党对经济工作的领导,坚持稳中求进工作总基调,保持宏观政策连续性和稳定性,创新宏观调控思路和方式,有针对性地进行预调微调,扎实做好各项工作,实现了经济社会持续稳步发展。

2. 发展社会主义民主政治

坚持发挥中国共产党总揽全局、协调各方的领导核心作用,提高党科学执政、民主执政、依法执政水平,保证党领导人民有效治理国家。

毫不动摇坚持人民代表大会制度,与时俱进完善人民代表大会制度,推动人大工作迈出新步伐、迈上新台阶。坚持和完善中国共产党领导的多党合作和政治协商制度;坚持和完善民族区域自治制度,强调坚持统一和自治相结合、民族因素和区域因素相结合;坚持和完善基层群众自治制度,发展基层民主,保障人民依法直接行使民主权利。

正确处理一致性和多样性关系,做好新形势下统一战线工作。保持和增强党的群团工作及群团组织的政治性、先进性、群众性,开创党的群团工作新局面。

3. 发展中国特色社会主义文化

坚持和巩固党对意识形态工作的领导。巩固马克思主义在意识形态领域的指导地位、巩固全党全国人民团结奋斗的共同思想基础的根本任务,强调宣传思想工作一定要把围绕中心、服务大局作为基本职责;文艺工作必须坚持以人民为中心的创作导向,坚持为人民服务、为社会主义服务的根本方向。

培育和践行社会主义核心价值观。大力加强理想信念教育,弘扬中华优秀传统文化、革命文化、社会主义先进文化,弘扬以爱国主义为核心的民族精神,推进文化体制改革,建设公共文化服务网络。

4. 在发展中保障和改善民生

把增进人民福祉、促进人的全面发展作为一切工作的出发点和落脚点,要坚持人民主体地位,顺应人民群众对美好生活的向往,从人民群众最关心、最直接、最现实的利益问题入手,统筹做好教育、就业、收入分配、社会保障、医疗卫生等各领域民生工作。

不断促进教育发展成果更多更公平惠及全体人民。多渠道创造就业机会。促进社会公平正义,让广大人民群众共享改革发展成果。加强和创新社会治理,完善中国特色社会主义社会治理体系。

5. 建设美丽中国

贯彻新发展理念,坚持节约资源和保护环境的基本国策,坚持节约优先、保护优先、自然恢复为主的方针,强调"绿水青山就是金山银山",推动形成绿色发展方式和生活方式。

坚持山水林田湖是一个生命共同体,按照系统工程的思路,全方位、全地域、全过程开展生态环境保护建设。完善生态文明制度体系,用最严格的制度、最严密的法治保护生态环境。强化公民环境意识,加强生态文明宣传教育,增强全民节约意识、环保意识、生态意识,营造爱护生态环境的良好风气。积极参与国际合作,同世界各国携手共建生态良好的地球美好家园。

(五)如何协调推进"四个全面"战略布局?

中共十八大以来,中共中央从坚持和发展中国特色社会主义全局出发,提出并形成了全面建成小康社会、全面深化改革、全面依法治国、全面从严治党的战略布局。这个战略布局是实现中华民族伟大复兴中国梦的重要保障。

1. 推进全面深化改革

改革开放是决定当代中国命运的关键一招。全面深化改革的总目标是:"完善和发展中国特色社会主义制度,推进国家治理体系和治理能力现代化";"坚持社会主义市场经济改革方向,以促进社会公平正义、增进人民福祉为出发点和落脚点,进一步解放思想、解放和发展社会生产力、解放和增强社会活力",让发展成果更多惠及全体人民。

2. 推进全面依法治国

推进全面依法治国,总目标是建设中国特色社会主义法治体系,建设社会主义法治国家。实现这个总目标,必须坚持中国共产党的领导,坚持人民主体地位,坚持法律面前人人平等,坚持依法治国和以德治国相结合,坚持从中国实际出发。党的领导是中国特色社会主义最本质的特征,是社会主义法治的根本保证。坚持党的领导是中国特色社会主义法治道路的核心要义。

3. 推进全面建成小康社会

实现"十三五"时期发展目标,破解发展难题,厚植发展优势,牢固树立并切实贯彻创新、协调、绿色、开放、共享的发展理念;坚持以人民为中心的发展思想,坚持发展为了人民、发展依靠人民、发展成果由人民共享。

全面建成小康社会,最艰巨最繁重的任务在农村,特别是在贫困地区。坚持精准扶贫、精准脱贫,坚决打赢脱贫攻坚战,确保到2020年所有贫困地区和贫困人口同全国人民一道迈入全面小康社会。

4. 推进全面从严治党

中共十八大以来,中共中央全面加强党的领导和党的建设,采取全方位、高标准的管党治党举措,开创全面从严治党的新局面。改进工作作风、密切联系群众。各级党政机关和领导干部带头改进工作作风,带头深入基层调查研究,带头密切联系群众,带头解决实际问题等。

教育实践活动以为民、务实、清廉为主要内容,活动全过程要贯穿"照镜子、正衣冠、洗洗澡、治治病"总要求,着力解决形式主义、官僚主义、享乐主义和奢靡之风这"四风"问题。各级领导干部都要树立和发扬"三严三实",既严以修身、严以用权、严以律己,又谋事要实、创业要实、做人要实。坚持以零容忍态度惩治腐败,坚持"老虎""苍蝇"一起打,形成对腐败的高压态势,持续遏制不正之风和腐败现象蔓延势头。

号召全党同志牢固树立政治意识、大局意识、核心意识、看齐意识,坚定不移维护党中央权威和党中央集中统一领导,确保党团结带领人民不断开创中国特色社会主义事业新局面。

(六)中共十八大以来,党和国家事业发生怎样的历史性变革?

中共十八大以来的五年,是党和国家发展进程中极不平凡的五年。中共中央坚持稳中求进工作总基调,迎难而上,开拓进取,取得了改革开放和社会主义现代化建设的历史性成就。

(1)经济建设取得重大成就。坚定不移贯彻新发展理念,坚决端正发展观念、转变发展方式,发展质量和效益不断提升。

(2)全面深化改革取得重大突破。蹄疾步稳推进全面深化改革,坚决破除各方面体制机制弊端。改革全面发力、多点突破、纵深推进,着力增强改革系统性、整体性、协同性,压茬拓展改革广度和深度。中国特色社会主义制度更加完善,国家治理体系和治理能力现代化水平明显提高,全社会发展活力和创新活力明显增强。

(3)民主法治建设迈出重大步伐。积极发展社会主义民主政治,推进全面依法治国,党的领导、人民当家作主、依法治国有机统一的制度建设全面加强,党的领导体制机制不断完善,社会主义民主不断发展,党内民主更加广泛,社会主义协商民主全面展开,爱国统一战线巩固发展,民族宗教工作创新推进。

(4)思想文化建设取得重大进展。加强党对意识形态工作的领导,党的理论创新全面推进,马克思主义在意识形态领域的指导地位更加鲜明,中国特色社会主义和中国梦深入人心。社会主义核心价值观和中华优秀传统文化广泛弘扬,群众性精神文明创建活动扎实开展。主旋律更加响亮，正能量更加强劲，文化自信得到彰显，国家文化软实力和中华文化影响力大幅提升，全党全社会思想上的团结统一更加巩固。

（5）人民生活不断改善。深入贯彻以人民为中心的发展思想，一大批惠民举措落地实施，人民获得感显著增强。脱贫攻坚战取得决定性进展，社会治理体系更加完善，社会大局保持稳定，国家安全全面加强。

（6）生态文明建设成效显著。大力度推进生态文明建设，全党全国贯彻绿色发展理念的自觉性和主动性显著增强，忽视生态环境保护的状况明显改变。生态文明制度体系加快形成，主体功能区制度逐步健全，国家公园体制试点积极推进。全面节约资源有效推进，能源资源消耗强度大幅下降。重大生态保护和修复工程进展顺利，森林覆盖率持续提高。生态环境治理明显加强，环境状况得到改善。引导应对气候变化国际合作，成为全球生态文明建设的重要参与者、贡献者、引领者。

（7）强军兴军开创新局面着眼于实现中国梦强军梦，制定新形势下军事战略方针，全力推进国防和军队现代化。人民军队在中国特色强军之路上迈出坚定步伐。

（8）港澳台工作取得新进展，全面准确贯彻"一国两制"方针，牢牢掌握宪法和基本法赋予的中央对香港、澳门全面管治权。坚持一个中国原则和"九二共识"，推动两岸关系和平发展。妥善应对台湾局势变化，坚决反对和遏制"台独"分裂势力，有力维护了台海和平稳定。

（9）全方位外交布局深入展开。全面推进中国特色大国外交，形成全方位、多层次、立体化的外交布局，为我国发展营造了良好外部条件。倡导构建人类命运共同体，促进全球治理体系变革。我国国际影响力、感召力、塑造力进一步提高，为世界和平与发展作出新的重大贡献。

（10）全面从严治党成效卓著。全面加强党的领导和党的建设，坚决改变管党治党宽松软状况。坚持反腐败无禁区、全覆盖、零容忍，反腐败斗争压倒性态势已经形成并巩固发展。

中共十八大以来五年的成就是全方位的、开创性的，变革是深层次的、根本性的。这些历史性变革，对党和国家事业发展具有重大而深远的影响。

（七）中共十八大以来，党和国家事业发生历史性变革的意义是什么？

党和国家事业取得的历史性成就和发生的历史性变革，是以习近平为核心的党中央坚强领导的结果，是习近平新时代中国特色社会主义思想科学指引的结果，是全党全国各族人民共同奋斗的结果。以习近平为核心的党中央举旗定向、运筹帷幄，坚持不忘初心、牢记使命、砥砺奋进，以巨大的政治勇气，有效应对国际国内诸多风险和挑战。党中央的坚强领导是党和国家事业发生历史性变革的根本政治保障。

（八）十八大以来，新时代中国与世界关系的历史性变化有哪些？

中国特色社会主义进入新时代，中国的国际地位发生了历史性的变化，正日益走近世界舞台中央。五年来，中国发挥负责任大国作用，积极推动构建人类命运共同体，做世界和平的建设者、全球发展的贡献者、国际秩序的维护者，不断为人类作出更大贡献。

中共十八大以来，以习近平为核心的党中央提出一系列具有鲜明中国特色的全球治理观。如合作共赢理念、新型大国关系、正确义利观等，特别是提出共建"一带一路"倡议、构建人类命运共同体的理念，在国际上引起广泛反响，多次载入联合国有关文件。中国的全球治理观反映了人类共同价值追求和当代国际关系现实，为全球治理体系改革和建设贡献了中国智慧、提供了中国方案。

鸦片战争前夕的中国封建社会,衰相尽显,潜伏着许多危机,闭关自守,故步自封,已远远落后于西方资本主义国家,古老的中国遇到了空前严重的挑战。今天,中国与世界的关系正站在新的历史起点上,中国同国际社会的互联互动变得空前紧密,中国对世界的依靠、对国际事务的参与在不断加深,世界对中国的依靠、对中国的影响也在不断加深。中国越来越离不开世界,世界也越来越离不开中国。

在中国共产党的坚强领导下,中国各族人民经过不懈努力,国家的经济实力、科技实力、国防实力、综合国力进入世界前列,国际地位实现前所未有的提升,党的面貌、国家的面貌、人民的面貌、军队的面貌、中华民族的面貌发生了前所未有的变化,中华民族正以崭新姿态屹立于世界的东方。

(九)新时代坚持和发展中国特色社会主义的基本方略有哪些?

坚持党对一切工作的领导、坚持以人民为中心、坚持全面深化改革、坚持新发展理念、坚持人民当家作主、坚持全面依法治国、坚持社会主义核心价值体系、坚持在发展中保障和改善民生、坚持人与自然和谐共生、坚持总体国家安全观、坚持党对人民军队的绝对领导、坚持"一国两制"和推进祖国统一、坚持推动构建人类命运共同体、坚持全面从严治党。这"十四个坚持",是对党的治国理政重大方针、原则的最新概括,体现了理论与实践相统一、战略与战术相结合;是实现"两个一百年"奋斗目标、实现中华民族伟大复兴中国梦的"路线图"和"方法论"。这"十四个坚持"既是习近平新时代中国特色社会主义思想的重要组成部分,也是落实习近平新时代中国特色社会主义思想的实践要求。

(十)如何认识习近平新时代中国特色社会主义思想的历史地位?

习近平新时代中国特色社会主义思想,是对马克思列宁主义、毛泽东思想、邓小平理论、"三个代表"重要思想、科学发展观的继承和发展,是马克思主义中国化最新成果,是党和人民实践经验和集体智慧的结晶,是中国特色社会主义理论体系的重要组成部分,是全党全国人民为实现中华民族伟大复兴而奋斗的行动指南,必须长期坚持并不断发展。

大会通过的党章修正案把习近平新时代中国特色社会主义思想确立为党的行动指南,实现了党的指导思想的又一次与时俱进。这是党的十九大的一个重大历史贡献。

(十一)怎样认识中国特色社会主义进入新时代与我国社会主要矛盾的新变化?

经过长期努力,中国特色社会主义进入了新时代,这是我国发展新的历史方位。中国特色社会主义进入新时代,我国社会主要矛盾已经转化为人民日益增长的美好生活需要和不平衡不充分的发展之间的矛盾。我国社会主要矛盾的变化是关系全局的历史性变化,对党和国家工作提出了许多新要求。我们要在继续推动发展的基础上,着力解决好发展不平衡不充分问题,大力提升发展质量和效益,更好地满足人民在经济、政治、文化、社会、生态等方面日益增长的需要,更好地推动人的全面发展、社会的全面进步。

我国社会主要矛盾的变化,没有改变我们对我国社会主义所处历史阶段的判断,我国仍处于并将长期处于社会主义初级阶段的基本国情没有变,我国是世界最大发展中国家的国际地位没有变。全党要牢牢把握社会主义初级阶段这个基本国情,牢牢立足社会主义初级阶段这个最大实际,牢牢坚持党的基本路线这个党和国家的生命线、人民的幸福线。

(十二)推进新时代中国特色社会主义伟大事业有哪些具体部署?

(1)在经济建设上,要贯彻新发展理念,建设现代化经济体系。

(2)在政治建设上,要坚持党的领导、人民当家作主、依法治国有机统一,健全人民当家作主制度体系,发展社会主义民主政治,推进社会主义民主政治制度化、规范化、程序化。

(3)在文化建设上,要坚定文化自信,推动社会主义文化繁荣兴盛,牢牢掌握意识形态工作领导权,培育和践行社会主义核心价值观,加强思想道德建设,繁荣发展社会主义文艺,推动文化事业和文化产业发展。

(4)在社会建设上,要提高保障和改善民生水平,加强和创新社会治理,不断满足人民日益增长的美好生活需要,在幼有所育、学有所教、劳有所得、病有所医、老有所养、住有所居、弱有所扶上不断取得新进展,深入开展脱贫攻坚,保证全体人民在共建共享发展中有更多获得感,不断促进人的全面发展、全体人民共同富裕。

(5)在生态文明建设上,要践行"绿水青山就是金山银山"的理念,加快生态文明体制改革,形成节约资源和保护环境的空间格局、产业结构、生产方式、生活方式,建设美丽中国。

(6)在国防和军队建设上,必须坚持走中国特色强军之路,全面贯彻习近平强军思想,贯彻新形势下军事战略方针,把人民军队建设成为世界一流军队。

(7)在港澳台工作上,要保持香港、澳门长期繁荣稳定,全面准确贯彻"一国两制""港人治港""澳人治澳"、高度自治的方针,严格依照宪法和基本法办事;必须继续坚持"和平统一、一国两制"方针,推动两岸关系和平发展,推进祖国和平统一进程,绝不允许任何人、任何组织、任何政党,在任何时候、以任何形式、把任何一块中国领土从中国分裂出去。

(8)在外交工作上,坚持和平发展道路,坚定不移地在和平共处五项原则基础上发展同各国的友好合作,积极促进"一带一路"国际合作,继续积极参与全球治理体系改革和建设,推动建设相互尊重、公平正义、合作共赢的新型国际关系,推动构建人类命运共同体,同世界各国人民一道建设持久和平、普遍安全、共同繁荣、开放包容、清洁美丽的世界。

(十三)推进新时代中国特色社会主义党的建设伟大工程有哪些具体部署?

中国特色社会主义进入新时代,中国共产党一定要有新气象新作为。新时代党的建设总要求是:要坚持和加强党的全面领导,坚持党要管党、全面从严治党,以加强党的长期执政能力建设、先进性和纯洁性建设为主线,以党的政治建设为统领,以坚定理想信念宗旨为根基,以调动全党积极性、主动性、创造性为着力点,全面推进党的政治建设、思想建设、组织建设、作风建设、纪律建设,把制度建设贯穿其中,深入推进反腐败斗争,不断提高党的建设质量,把党建设成为始终走在时代前列、人民衷心拥护、勇于自我革命、经得起各种风浪考验、朝气蓬勃的马克思主义执政党。

要把党的政治建设摆在首位。全党必须增强政治意识、大局意识、核心意识、看齐意识,坚持党中央权威和集中统一领导,坚定执行党的政治路线,严格遵守政治纪律和政治规矩,在政治立场、政治方向、政治原则、政治道路上同党中央保持高度一致。

（十四）如何理解齐心协力走向中华民族伟大复兴的光明前景？

实现中华民族伟大复兴是近代以来中华民族最伟大的梦想。中国共产党成立后，就肩负起实现中华民族伟大复兴的历史使命，团结带领人民进行了艰苦卓绝的斗争，谱写了气吞山河的壮丽史诗。

90多年来，中国共产党团结带领人民找到了一条以农村包围城市、武装夺取政权的正确革命道路，进行了28年浴血奋战，完成了新民主主义革命，1949年建立了中华人民共和国，实现了中国从几千年封建专制政治向人民民主的伟大飞跃；团结带领人民完成社会主义革命，确立社会主义基本制度，推进社会主义建设，完成了中华民族有史以来最为广泛而深刻的社会变革，为当代中国一切发展进步奠定了根本政治前提和制度基础，实现了中华民族由近代不断衰落到根本扭转命运、持续走向繁荣富强的伟大飞跃；团结带领人民进行改革开放新的伟大革命，破除阻碍国家和民族发展的一切思想和体制障碍，开辟了中国特色社会主义道路，使中国大踏步赶上时代。

中国特色社会主义是改革开放以来党的全部理论和实践的主题，是党和人民历尽千辛万苦、付出巨大代价取得的根本成就。中国特色社会主义道路是实现社会主义现代化、创造人民美好生活的必由之路，中国特色社会主义理论体系是指导党和人民实现中华民族伟大复兴的正确理论，中国特色社会主义制度是当代中国发展进步的根本制度保障，中国特色社会主义文化是激励全党全国各族人民奋勇前进的强大精神力量。

中国梦是历史的、现实的，也是未来的，终将在一代代青年的接力奋斗中变为现实。今天，我们比历史上任何时期都更接近、更有信心和更有能力实现中华民族伟大复兴的目标。作为祖国未来的社会主义建设者、各条战线的生力军，当代大学生一定要牢记中国近现代的历史及其基本经验，继承先辈们的优良传统，自觉地承担起时代赋予我们的历史使命，在实现中国梦的生动实践中放飞青春梦想。

练习题

（一）单项选择题

1.十八大的召开，标志着中国已经进入全面建成小康社会的决定性阶段，开启了中国特色社会主义（　　）。

　　A.新纪元　　　　B.新道路　　　　C.新时代　　　　D.新阶段

2.中国共产党人的初心和使命，就是为中国人民（　　），为中华民族（　　）。这个初心和使命是激励中国共产党人不断前进的根本动力。

　　A.谋幸福　谋未来　　　　　　B.谋生活　谋复兴
　　C.谋幸福　谋复兴　　　　　　D.谋生活　谋未来

3.建设中国特色社会主义，总依据是（　　）。

　　A.生产力还比较落后　　　　　B.社会主义初级阶段
　　C.党的基本路线　　　　　　　D.党的宗旨和根本任务

4.建设中国特色社会主义总任务是（　　）。

　　A.人的自由和全面发展

B. 全面建成小康社会
C. 人民共同富裕和基本实现社会主义现代化
D. 实现社会主义现代化和中华民族伟大复兴

5. 中国共产党第十八次全国代表大会对我国经济建设、政治建设、文化建设、社会建设和（　　）"五位一体"的中国特色社会主义建设进行了部署。
   A. 物质文明建设　　　　　　　　B. 法制建设
   C. 思想建设　　　　　　　　　　D. 生态文明建设

6. 十九大的主题是：不忘初心，（　　），高举中国特色社会主义伟大旗帜，决胜全面建成小康社会，夺取新时代中国特色社会主义伟大胜利，为实现中华民族伟大复兴的中国梦不懈奋斗。
   A. 继续前进　　　B. 牢记使命　　　C. 方得始终　　　D. 砥砺前行

7. 五年来，我们统筹推进（　　）总体布局、协调推进（　　）战略布局，"十二五"规划胜利完成，"十三五"规划顺利实施，党和国家事业全面开创新局面。
   A. 五位一体　四个全面　　　　　B. 四位一体　五个全面
   C. 五个全面　四位一体　　　　　D. 四个全面　五位一体

8. 中国梦是国家的梦、民族的梦，归根到底是（　　）。
   A. 国家的梦　　B. 民族的梦　　C. 人民的梦　　D. 个人的梦

9. （　　）是实现社会主义现代化、创造人民美好生活的必由之路。
   A. 中国特色社会主义道路　　　　B. 中国特色社会主义理论体系
   C. 中国特色社会主义制度　　　　D. 中国特色社会主义文化

10. 习近平新时代中国特色社会主义思想的核心要义是（　　）。
    A. 实现中华民族伟大复兴　　　　B. 坚持和发展中国特色社会主义
    C. 促进人类和平进步发展　　　　D. 实现党的指导思想与时俱进

11. 习近平总书记强调，（　　）是党生存发展第一位的问题，事关党的前途命运和事业兴衰成败。
    A. 政治定力　　B. 政治意识　　C. 政治方向　　D. 政治观念

12. 作风建设的核心问题是（　　）。
    A. 保持党同人民群众的血肉联系　　B. 解决问题、务求实效
    C. 坚决反对"四风"　　　　　　　　D. 严格落实八项规定精神

13. 党的十九大报告提出，要以提升（　　）为重点，突出政治功能，把基层党组织建设成为宣传党的主张、贯彻党的决定、领导基层治理、团结动员群众、推动改革发展的坚强战斗堡垒。
    A. 凝聚力　　B. 领导力　　C. 组织力　　D. 战斗力

14. 习近平总书记指出，要弘扬社会主义核心价值观，弘扬和践行忠诚老实、公道正派、实事求是、清正廉洁等价值观，以（　　）涵养风清气正的政治生态。
    A. 坚定理想信念　　　　　　　　B. 良好政治文化
    C. 先进价值理念　　　　　　　　D. 优良传统文化

15. "三严三实"专题教育"三实"是指（　　）。
    ①工作要实　②谋事要实　③创业要实　④做人要实
    A. ①②③　　B. ①②④　　C. ①③④　　D. ②③④

16.【2019年考研真题】习近平新时代中国特色社会主义思想是对马克思列宁主义、毛泽东思想、邓小平理论、"三个代表"重要思想、科学发展观的继承和发展,是马克思主义中国化最新理论成果,是党和人民实践经验和集体智慧的结晶,是中国特色社会主义理论体系的重要组成部分,是全党全国人民为实现中华民族伟大复兴而奋斗的行动指南。这一思想的核心要义是(　　)。

　　A. 推进马克思主义中国化、时代化、大众化　　B. 坚持以经济建设为中心
　　C. 坚持和发展中国特色社会主义　　D. 实现社会主义现代化

17.【2019年考研真题】党的十八大以来,为了更好适应我国国家安全面临的新形势新任务,实现国家长治久安,我们党明确提出了总体国家安全观。总体国家安全观的宗旨是(　　)。

　　A. 政治安全　　B. 经济安全
　　C. 人民安全　　D. 军事、文化、社会安全

18.【2019年考研真题】高度重视和不断加强党的自身建设,是中国共产党从小到大、由弱到强、从挫折中奋起、在战胜困难中不断成熟的一大法宝,也是党领导的伟大事业不断取得胜利的根本保证。中国特色社会主义进入新时代,党的建设的根本方针是(　　)。

　　A. 全面加强党的执政本领　　B. 坚持党要管党、全面从严治党
　　C. 坚持解放思想、改革创新　　D. 全面推进党的政治建设

19.【2019年考研真题】党的十九大提出实施乡村振兴战略,是以习近平同志为核心的党中央着眼党和国家事业全局,深刻把握现代化建设规律和城乡关系变化特征,顺应亿万农民对美好生活的向往,对"三农"工作作出的重大决策部署,是新时代做好"三农"工作的总抓手。实施乡村振兴战略的根本目的是(　　)。

　　A. 确保国家粮食安全　　B. 建立新型土地承包关系
　　C. 转移农村富余劳动力　　D. 推进农业农村现代化

20. 2018年9月10日,中国教育大会在北京召开,习近平在讲话中指出,培养什么人,是教育的首要问题。我国是中国共产党领导的社会主义国家,这就决定了我们的教育必须(　　)。

　　A. 把推进教育现代化作为根本任务
　　B. 把培养社会主义建设者和接班人作为根本任务
　　C. 把全面深化教育体制改革作为根本任务
　　D. 把建设教育强国作为根本任务

(二)多项选择题

1. 为了建设美丽中国,需要加强生态文明宣传教育,增强全民(　　)。
　　A. 节约意识　　B. 环保意识　　C. 生态意识　　D. 自然意识

2. 中共十八大以来,生态文明建设成效显著,以下哪些说法是正确的(　　)。
　　A. 重拳整治大气污染,重点地区细颗粒物(PM2.5)平均浓度下降30%以上
　　B. 制定实施大气、水、土壤污染防治三个"十条"并取得扎实成效
　　C. 生态文明制度体系加快形成,主体功能区制度逐步健全,国家公园体制试点积极推进;全面节约资源有效推进,能源资源消耗强度大幅下降;重大生态保护和修复工程进展顺利,森林覆盖率持续提高
　　D. 引导应对气候变化国际合作,成为全球生态文明建设的重要参与者、贡献者、引领者

3.十八大要求以改革创新精神全面推进党的建设新的伟大工程,全面提高党的建设科学化水平,以加强党的执政能力建设、先进性和纯洁性建设为主线,建设(　　)的马克思主义执政党。

　　A.先进性　　　　B.学习型　　　　C.服务型　　　　D.创新型

4.十九大强调,全党要更加自觉地增强(　　),既不走封闭僵化的老路,也不走改旗易帜的邪路,保持政治定力,坚持实干兴邦,始终坚持和发展中国特色社会主义。

　　A.道路自信　　　B.理论自信　　　C.制度自信　　　D.文化自信

5.这个新时代,是(　　)。

　　A.承前启后、继往开来、在新的历史条件下继续夺取中国特色社会主义伟大胜利的时代

　　B.决胜全面建成小康社会、进而全面建设社会主义现代化强国的时代

　　C.全国各族人民团结奋斗、不断创造美好生活、逐步实现全体人民共同富裕的时代

　　D.全体中华儿女勠力同心、奋力实现中华民族伟大复兴中国梦的时代;是我国日益走近世界舞台中央、不断为人类作出更大贡献的时代

6.新时代中国特色社会主义思想,是(　　),必须长期坚持并不断发展。

　　A.对马克思列宁主义、毛泽东思想、邓小平理论、"三个代表"重要思想、科学发展观的继承和发展

　　B.马克思主义中国化最新成果,党和人民实践经验和集体智慧的结晶

　　C.中国特色社会主义理论体系的重要组成部分

　　D.全党全国人民为实现中华民族伟大复兴而奋斗的行动指南

7.贯彻新发展理念,坚持节约资源和保护环境的基本国策,坚持(　　)为主的方针,强调"绿水青山就是金山银山",推动形成绿色发展方式和生活方式。

　　A.事先预防　　　B.节约优先　　　C.保护优先　　　D.自然恢复

8.坚定不移在和平共处五项原则基础上发展同各国的友好合作,推动建设(　　)的新型国际关系。

　　A.相互尊重　　　B.公平正义　　　C.互不干涉　　　D.合作共赢

9.保持香港、澳门长期繁荣稳定,必须全面准确贯彻(　　)的方针。

　　A."一国两制"　　　　　　　　　　B."港人治港"

　　C."澳人治澳"　　　　　　　　　　D.高度自治

10.新时代党的建设总要求是(　　)。

　　A.坚持和加强党的全面领导,坚持党要管党、全面从严治党;以加强党的长期执政能力建设、先进性和纯洁性建设为主线,以党的政治建设为统领,以坚定理想信念宗旨为根基,以调动全党积极性、主动性、创造性为着力点

　　B.全面推进党的政治建设、思想建设、组织建设、作风建设、纪律建设

　　C.把制度建设贯穿其中,深入推进反腐败斗争,不断提高党的建设质量

　　D.把党建设成为始终走在时代前列、人民衷心拥护、勇于自我革命、经得起各种风浪考验、朝气蓬勃的马克思主义执政党

11.【2019年考研真题】中国特色社会主义进入新时代,我国社会主要矛盾已经转化为人民日益增长的美好生活需要和不平衡不充分的发展之间的矛盾。但是,我国社会主义矛盾的变化没有改变我们对我国社会主义所处历史阶段的判断,依据是(　　)。

A. 我国仍然是世界上最大的发展中国家
B. 我国仍然面临极其复杂的国际环境
C. 我国总体上仍处于不发达阶段
D. 我国社会主要矛盾的变化只是社会主义初级阶段这个历史阶段中的变化

12.【2019年考研真题】坚定文化自信,是事关国运兴衰、事关文化安全、事关民族精神独立性的大问题。坚定中国特色社会主义道路自信、理论自信、制度自信,说到底就是要坚定文化自信。讲文化自信,我们有充分理由和充足底气,因为中国特色社会主义文化(　　)。
A. 熔铸于生机勃勃的社会主义先进文化　　B. 承继于激昂向上的革命文化
C. 源自于博大精深的中华优秀传统文化　　D. 植根于中国特色社会主义伟大实践

13.【2019年考研真题】2018年4月,十三届全国人民代表大会第一次会议通过《宪法修正案》。把国家倡导的社会主义核心价值观正式写入宪法,进一步凸显了社会主义核心价值观的重大意义。社会主义核心价值观是(　　)。
A. 坚持和发展中国特色社会主义的价值遵循　　B. 构建人类命运共同体的行动指南
C. 增进社会团结和谐的最大公约数　　D. 提高国家文化软实力的迫切要求

14. 决胜全面建成小康社会,要紧扣我国社会主要矛盾变化,综合施策、精准发力,特别是要坚决打好(　　)三大攻坚战。
A. 防范化解重大风险　　B. 精准脱贫
C. 污染防治　　D. 推进国家治理体系和治理能力现代化

15. 习近平新时代中国特色社会主义思想的核心内容包括(　　)。
A. "八个明确"　　B. "五位一体"
C. "四个全面"　　D. "十四个坚持"

16. 党的十九大对我国社会主义所处历史阶段作出"两个没有变"的重大判断,具体是指(　　)。
A. 我国仍处于并将长期处于社会主义初级阶段的基本国情没有变
B. 我国现阶段社会主要矛盾没有变
C. 我国改革开放的基本国策没有变
D. 我国是世界上最大发展中国家的国际地位没有变

17. 改革开放以来我们取得一切成绩和进步的根本原因,归结起来就是(　　)。
A. 开辟了中国特色社会主义道路　　B. 形成了中国特色社会主义理论体系
C. 确立了中国特色社会主义制度　　D. 发展了中国特色社会主义文化

18. 关于中国特色社会主义制度的最大优势,下列说法不正确的是(　　)。
A. 人民代表大会制度
B. 中国共产党领导的多党合作和政治协商制度
C. 民族区域自治制度
D. 中国共产党领导

19. 我们党的三大历史任务是(　　)。
A. 推进现代化建设　　B. 维护世界和平与促进共同发展
C. 完成祖国统一　　D. 实现全人类解放

20. 中国梦的本质是( )。

A. 国家富强　　　　B. 民族振兴　　　　C. 美好生活　　　　D. 人民幸福

(三)问答题

1. 如何认识习近平新时代中国特色社会主义思想的历史地位?

2. 怎样认识中国特色社会主义进入新时代、我国社会主要矛盾发生新变化?

3. 中共十八大以来,党和国家事业发生了怎样的历史性变革?其意义是什么?

4. 新时代中国与世界的关系有哪些历史性变化?

5. 论如何统筹推进"五位一体"总体布局?

(四)材料分析题

材料分析题1

【材料1】 十月革命给中国送来了马克思列宁主义。鸦片战争后,中国逐步沦为半殖民地半封建社会,中华民族遭受深重苦难,无数仁人志士为寻求救国救民真理而尝试各种主义和思潮,但都以失败告终。十月革命的胜利,使在黑暗中彷徨无计的中国先进分子受到极大震撼和激励,燃起了实现民族独立和人民解放的新希望。他们运用马克思列宁主义的立场观点方法,逐步认清了人类社会发展的潮流,认清了帝国主义瓜分世界并压迫中国的现实,认清了中国社会的性质和中国革命的目标,最终找到了挽救民族危亡的根本出路——走十月革命开辟的社会主义道路。毛泽东同志曾深刻指出:"十月革命一声炮响,给我们送来了马克思列宁主义。十月革命帮助了全世界的也帮助了中国的先进分子,用无产阶级的宇宙观作为观察国家命运的工具,重新考虑自己的问题。走俄国人的路——这就是结论。"在把马克思列宁主义与中国工人运动相结合的过程中,中国的先进分子创建了中国共产党,中国革命的面貌从此焕然一新。在中国共产党的坚强领导下,原本一盘散沙状的中华民族从此牢不可破地团结凝聚起来,牢牢掌握了自己的前途和命运。在中国共产党的带领下,中国人民经过28年浴血奋战,夺取了新民主主义革命胜利,实现了民族独立和人民解放。毛泽东同志说:"中国共产党所领导的人民革命,从来就是十月革命所开始的世界无产阶级社会主义革命的一个组成部分。"

——摘自刘奇葆《在"十月革命与中国特色社会主义"理论研讨会上的讲话》(2017年9月26日)

【材料2】 经过长期努力,中国特色社会主义进入了新时代,这是我国发展新的历史方位。中国特色社会主义进入新时代,意味着近代以来久经磨难的中华民族迎来了从站起来、富起来到强起来的伟大飞跃,迎来了实现中华民族伟大复兴的光明前景;意味着科学社会主义在21世纪的中国焕发出强大生机活力,在世界上高高举起了中国特色社会主义伟大旗帜;意味着中国特色社会主义道路、理论、制度、文化不断发展,拓展了发展中国家走向现代化的途径,给世界上那些既希望加快发展又希望保持自身独立性的国家和民族提供了全新选择,为解决人类问题贡献了中国智慧和中国方案。

这个新时代,是承前启后、继往开来、在新的历史条件下继续夺取中国特色社会主义伟大胜利的时代,是决胜全面建成小康社会、进而全面建设社会主义现代化强国的时代,是全国各族人民团结奋斗、不断创造美好生活、逐步实现全体人民共同富裕的时代,是全体中华儿女勠力同心、奋力实现中华民族伟大复兴中国梦的时代,是我国日益走近世界舞台中央、不断为人类做出更大贡献的时代。

——摘自习近平《决胜全面建成小康社会　夺取新时代中国特色社会主义伟大胜利》(2017年10月18日)

阅读以上材料分析以下问题:

(1)如何理解毛泽东所说的"中国共产党所领导的人民革命,从来就是十月革命所开始的世界无产阶级社会主义革命的一个组成部分"?

(2)为什么党的十九大报告指出"中国特色社会主义进入了新时代"?

材料分析题2【2019年考研真题】

【材料1】　深圳故事始于改革开放之初。当时,以时任广东省委第一书记习仲勋同志为代表的改革先行者向中央提出创办对外加工贸易区的设想建议,邓小平同志审时度势,创造性地提出"可以划出一块地方,就叫做特区"。1980年,深圳蛇口工业区一声炮响,拉开了经济特区建设大幕。特区建立前,深圳还只是一个仅有两条小巷和一条200米长小街的小渔村;今天的深圳,已是一座充满魅力、动力、活力和创新力的现代化国际化大都市,创造了工业化、城市化、现代化发展的奇迹,被誉为中国改革开放的"样板间"。如果把视线聚焦到党的十八大以来这五年多,深圳故事更是精彩纷呈。五年来,深圳扎实践行习近平新时代中国特色社会主义思想,不断在高质量发展中发力,发展动力持续增强,百姓福祉稳步改善,城市文明进一步提升,绿色发展特质更加凸显。在中国特色社会主义新时代,深圳依然是改革开放的排头兵。

作为我国改革开放的重要起源地和中国特色社会主义的忠实践行地,深圳故事连着中国故事,深圳的成就是中华民族实现从站起来到富起来,并迎来从富起来到强起来伟大飞跃的生动缩影。改革开放40年来,按可比价格计算,我国国内生产总值年均增长约9.5%,7亿多人成功脱贫;中国成为世界第二大经济体,连续多年对世界经济增长贡献率超过30%,特别是党的十八大以来,以习近平同志为核心的党中央以前所未有的决心和力度,把改革开放提升到新的战略高度,推动党和国家事业取得历史性成就、发生历史性变革。40年的辉煌成就充分证明,改革开放是决定当代中国命运的关键抉择,是当代中国发展进步的活力之源。

——摘自《人民日报》(2018年4月10日、5月21日)

【材料2】　2012年12月,习近平总书记在党的十八大后首次离京考察,首站即到改革开放中得风气之先的深圳,现场回顾中国改革开放的历史进程,宣示继续推进改革开放的坚定信念,他指出改革开放是我们党的历史上一次伟大觉醒,正是这个伟大觉醒孕育了新时期从理论到实践的伟大创造,现在我国改革开放已进入攻坚期和深水区,我们必须以更大的政治勇气和智慧,不失时机深化重要领域改革。

时隔近6年,习近平总书记于2018年10月再次南下广东,他考察调研时指出:"党的十八大后我考察调研的第一站就是深圳,改革开放40周年之际再来这里,就是要向世界宣示中国改革不停顿、开放不止步,中国一定会有让世界刮目相看的新的更大奇迹。"他强调,进入新时代国际国内形势发生广泛而深刻的变化,改革发展面临着新形势、新任务、新挑战,我们要抓住机遇、迎接挑战,关键在于高举新时代改革开放旗帜,继续全面深化改革、全面扩大开放。越是环境复杂,我们越是要以更坚定的信心、更有力的措施把改革开放不断推向深入。

——摘自《人民日报》(2018年10月26日)

阅读以上材料分析以下问题:
(1)为什么说"改革开放是决定当代中国命运的关键抉择"?

(2)如何理解进入新时代必须"以改革开放眼光看待改革开放"?

材料分析题3【2019年考研真题】

【材料1】 2018年,中国相继举办了四大主场外交活动:博鳌亚洲论坛年会、上海合作组织峰会、中非合作论坛峰会、中国国际进口博览会。习近平悉数出席并作重要主旨演讲,深入阐述了构建人类命运共同体重要思想,为世界发展提供了中国智慧、中国方案,产生了日益广泛而深远的国际影响。主场外交是党的十八大以来中国外交一大亮点,已成为全新的"中国名片"。

①坚持开放共赢 共创美好未来。2018年4月10日,习近平在博鳌亚洲论坛年会开幕式上发表题为《开放共创繁荣 创新引领未来》的主旨演讲,强调"中国开放的大门不会关闭,只会越开越大!""让我们坚持开放共赢,勇于变革创新,向着构建人类命运共同体的目标不断迈进,共创亚洲和世界的美好未来!"面向未来,习近平为各国携手构建新型国际关系、构建人类命运共同体进一步明确了路径:相互尊重、平等相待;对话协商、共担责任;同舟共济、合作共赢;兼容并蓄、和而不同;敬畏自然、珍爱地球。

②弘扬"上海精神" 增添时代内涵。2018年6月10日,上海合作组织扩员后的首次峰会在青岛举行,习近平在题为《弘扬"上海精神" 构建命运共同体》的重要讲话中强调,"上海精神"是上合组织的灵魂和共同财富,必须加以坚持和弘扬,习近平提出的发展观、安全观、合作观、文明观和全球治理观,为"上海精神"增添了新的时代内涵,赋予上合组织新的历史使命。习近平呼吁各方齐心协力构建命运共同体,经各方协商一致,"确定人类命运共同体的共同理念"被写入青岛宣言,成为上合组织八国最重要的政治共识和努力目标。

③中非携手同心 共同促进发展。2018年9月3日,习近平在中非合作论坛北京峰会发表题为《携手共命运 同心促发展》的主旨讲话,对中非特色鲜明的合作共赢之路,做出清晰概括:真诚友好,平等相待;义利相兼,以义为先;发展为民,务实高效;开放包容,兼收并蓄。习近平提出要携手打造责任共担、合作共赢、幸福共享、文化共兴、安全共筑、和谐共生的中非命运共同体;在中非合作计划全面落实的基础上,未来三年和今后一段时间重点实施"八大行动"为构建更加紧密的中非命运共同体指明了行动路径,为推动构建人类命运共同体树立了典范。

④扩大对外开放 机遇世界共享。2018年11月5日,首届中国国际进口博览会在上海隆重举行。习近平在题为《共同创新包容的开放型世界经济》的主旨演讲中强调:中国推动更高水平开放的脚步不会停滞! 中国推动建设开放型世界经济的脚步不会停滞! 中国推动构建人类命运共同体的脚步不会停滞! 习近平同时强调,中国国际进口博览会不是中国的独唱,而是各国的大合唱,中国在激发进口潜力、持续放宽市场准入、营造国际一流营商环境、打造对外开放新高地、推动多边和双边合作深入发展等方面加大进一步开放的力度,与世界各国向着构

建人类命运共同体目标不懈奋进,开创人类更加美好的未来!

——摘自《人民日报》(2018年4月11日、6月11日、9月4日、11月6日)

阅读以上材料分析以下问题:

(1)为什么说"主场外交已成为全新的'中国名片'"?

(2)中国主场外交贯穿着怎样的对外关系理念?中国为世界发展提供了哪些智慧和方案。

推荐阅读文献

[1]中共中央马克思恩格斯列宁斯大林著作编译局.马克思恩格斯论中国[M].北京:人民出版社,1997.

[2]习近平.习近平谈治国理政(第一卷、第二卷)[M].北京:外文出版社,2017.

[3]习近平.决胜全面建成小康社会 夺取新时代中国特色社会主义伟大胜利——中国共产党第十九次全国代表大会上的报告[N].人民日报,2017-10-18.

[4]中国共产党章程.2017年10月.

[5]中华人民共和国宪法修正案.2018年3月.

[6]中共中央宣传部.习近平总书记系列重要讲话读本[M].北京:学习出版社,2016.

[7]慎海雄.习近平改革开放思想研究[M].北京:学习出版社,2018.

[8]中共中央宣传部.习近平新时代中国特色社会主义思想三十讲[M].北京:学习出版社,2018.

[9]中共中央党校.以习近平同志为核心的党中央治国理政新理念新思想新战略[M].北京:人民出版社,2017.

参考答案

第一章

(一)单项选择题
1~5. AABAC   6~10. DCCBB   11~15. DDBBA   16~20. DDCDC

(二)多项选择题
1. ABC   2. ABCD   3. ABCD   4. BC   5. ABD   6. ABC   7. ABC   8. ACD   9. ABCD
10. BCD   11. ABC   12. AB   13. ABCD   14. ABCD   15. AB   16. CD   17. ACD
18. CD   19. ABC   20. ABCD

(三)问答题

1.答案要点:见上编综述重难点解析(一)。

2.答案要点:近代中国工人阶级最早出现于19世纪40—50年代外国资本主义在华企业中。19世纪60年代后洋务派创办的大型军用工业和民用企业以及70年代以后的中国民族企业中,又雇佣了一批工人。到1919年五四运动前夕,中国工人阶级总数达到200万人左右。

近代中国工人阶级主要来源于城乡破产失业的农民、手工业者和城市贫民。早期中国工人阶级人数不多,却是中国新生产力的代表。它深受帝国主义、封建势力、资产阶级三重压迫,工资低、劳动时间长、劳动条件恶劣、受剥削最深、革命性最强,而且它还有组织纪律性强、集中、团结、与广大农民有着天然联系等优点,因此是近代中国最革命的阶级。

3.答案要点:中国资产阶级是在外国资本主义入侵的影响和刺激下,主要由一些买办、商人、地主、官僚投资新式企业转化而成。近代中国的买办,是半殖民地中国的产物。他们最初是充当通商口岸外国洋行的雇员和代理人,在帮助外国资产阶级积累资本的过程中,通过获取佣金、分红、利息等手段积累财富,并利用与外国侵略势力及封建势力的密切关系,提高自己的政治、经济地位。从19世纪70年代开始,中国民族资本兴办的新式企业逐步发展起来。

中国资产阶级的来源不同,构成比较复杂。一部分是官僚买办资本家,他们是大官僚与大买办的结合,利用政治特权和与外国资本的紧密联系,在剥削劳动人民和挤压民族资本的过程中,逐渐形成和发展起来。另一部分是民族资本家,他们经营的企业由于原始积累不足,大多数规模小,设备落后,并受到外国资本主义和本国封建主义及官僚买办资产阶级的压迫,发展缓慢,始终未能在中国社会经济中占主要地位。同时,民族资产阶级同外国资本主义、本国封建主义仍然有着千丝万缕的联系。这也决定了中国的民族资产阶级在政治上表现出的两面性。他们与外国资本主义和本国封建主义既有矛盾、斗争的一面,又有依赖、妥协的一面。他们在一定条件下可以参加反帝反封建的革命或者在斗争中保持中立,但是缺乏革命的彻底性,不可能引导中国的民主革命走向胜利。

4.答案要点:见上编综述重难点解析(六)。

5.答案要点:见上编综述重难点解析(七)。

6.答案要点:见第一章重难点解析(一)。

7.答案要点:帝国主义列强之间的矛盾和互相制约,是列强并没能实现瓜分中国图谋的一个重要原因。但列强之间的矛盾和妥协,并不是瓜分中国的阴谋破产的根本原因。因为帝国主义列强在世界各地争夺殖民地时,都存在着利害冲突,它们在瓜分非洲和东南亚时,都是如此。它们或者通过协商,或者直接采取战争的手段,还是把非洲、东南亚地区等瓜分了。帝国主义列强不能灭亡和瓜分中国,最根本的原因是中华民族进行的不屈不挠的反侵略斗争。

在反帝爱国运动中,中国人民以其不畏强暴、敢与敌人战斗到底的英雄气概,打击和教训了帝国主义者,使它们不敢为所欲为地瓜分中国。正是包括义和团在内的中华民族为反抗侵略所进行的前赴后继、视死如归的战斗,才粉碎了帝国主义列强瓜分和灭亡中国的图谋。

8.答案要点:帝国主义列强通过战争,强迫中国签订一系列不平等条约,破坏中国的领土主权、领海主权、关税主权、司法主权等,并一步一步地控制中国的政治、经济、外交和军事。中国已经完全丧失了独立的地位,在相当程度上被殖民地化了。但由于中国人民的抗争,同时也由于帝国主义列强间争夺中国的矛盾无法协调,使得它们中的任何一个国家都无法单独征服中国,也使得它们不可能共同瓜分中国。它们只能与中国的封建势力、买办势力相勾结,共同压迫、剥削中国人民,镇压中国革命。因此,近代中国尽管在实际上已经丧失了拥有完整主权的独立国的地位,但仍然维持着独立国家和政府的名义,还有一定的主权。因此被称作半殖民地。

同时,帝国主义列强用武力打开中国的门户,把中国卷入了世界资本主义经济体系和世界市场之中。外国资本主义的入侵,一方面破坏了中国自给自足的自然经济基础,破坏了城市的手工业和农民的家庭手工业;另一方面则促进了中国城乡商品经济的发展,给中国资本主义的产生创造了某些客观条件。中国出现了资本主义生产关系,已经不是完全的封建社会了。然而,帝国主义列强并不愿意中国成为独立的资本主义国家。它们对中国的民族工业进行直接的经济压迫。中国的民族资本主义经济虽然有了某些发展,但是并没有也不可能成为中国社会经济的主要形式。在中国农村中,封建的生产关系在社会经济生活中依然占着明显的优势。这样,中国的经济既不再是完全的封建经济,也不是完全的资本主义经济,而成为半殖民地半封建的经济了。

半殖民地半封建中国的社会性质,体现在近代中国政治、经济、文化和社会的各个领域,两者是密切结合、互相联系的统一整体。这种既不是完全的殖民地,也不是完全的封建社会,更不是一个资本主义社会的半殖民地半封建社会,体现着近代中国的特殊性,即基本国情。近代中国的主要矛盾、主要问题、革命道路、革命风貌及革命前途等问题,均源于这种基本国情。毛泽东曾说要从中国国情出发,就是中国革命要从这样的半殖民地半封建社会的实际状况出发,而不是从书本出发,将马克思列宁主义与中国的这种具体实际相结合。

9.答案要点:见上编综述重难点解析(五)。

10.答案要点:从1840—1919年的80年间,中国人民对外来侵略者进行了英勇顽强的反抗,这些斗争具有重大的历史作用。但是,历次的反侵略战争,都以中国失败、中国政府被迫签订丧权辱国的条约而告终。其原因从中国内部因素来分析,主要有以下两个方面:一是社会制度的腐败;二是经济技术的落后。而前者则是最根本的原因。

第一,社会制度的腐败。1840年以后,中国封建社会逐步变成了半殖民地半封建社会。清王朝的统治阶级,大都昏庸愚昧,不了解世界大势,不懂御敌之策。许多官员、将帅为了自身私利,不惜出卖国家和民族的利益,并常常压制与破坏人民群众和爱国官兵的反侵略斗争。腐败的中国半殖民地半封建的社会制度,阻碍了中国人民群众的广泛动员和组织,这是近代中国历次反侵略战争屡遭失败的最重要原因。

第二,经济技术的落后。近代中国反侵略战争失败的另一个重要原因,是国家综合实力特别是经济技术和作战能力的落后。19世纪中叶,西方资本主义强国经过工业革命,经济和技术飞速发展,封建的中国已被远远抛在后面。但是,经济技术落后并不意味着在战争中一定打败仗。而当时的中国,不仅武器装备落后,而且统治阶级实行错误的方针、政策,并压制人民群众的动员。在这种情况下,中国的反侵略战争才一再失败。

中国近代历次反侵略战争的失败启示我们:

(1)在近代中国,要取得反侵略战争的胜利,争得民族独立,必须充分动员和组织人民群众的力量,必须改变中国帝国主义、封建势力联合统治的局面。

(2)要取得反侵略战争的胜利,必须改变中国经济技术落后的状况。但进行现代化建设的前提是实现民族的独立和人民的解放。这需要推翻帝国主义对中国的民族压迫和封建的腐朽势力的反动统治。只有这样,国家才能真正强大,人民才能当家作主。

(四)材料分析题

材料分析题1

答案要点:(1)材料1中亚当斯的论调并不符合历史事实,这是在寻找借口,为英国发动侵华战争开脱罪责。英国发动侵华战争是蓄谋已久的,是资本主义发展和殖民扩张的需要。该论调说明西方列强在对华政策方面是一致的。

(2)资本-帝国主义的入侵,打破了清朝闭关锁国的状态,客观上促进了封建经济的解体,促使中国发生了资本主义因素,这是列强侵华的客观后果,决不是主观愿望,列强侵华的最终目的是要瓜分中国,灭亡中国。资本-帝国主义的侵略,使中国成为一个半殖民地半封建社会,严重阻碍了中国的经济发展和社会进步,是近代中国贫穷落后的根源。

材料分析题 2

答案要点:(1)"解体"指的是中国自给自足的封建经济以及封建制度的瓦解。

(2)政治上的影响表现在:①中国从一个独立自主封建国家变成一个受到西方列强侵略的半殖民地半封建国家。②社会问题的加剧,清朝中叶嘉庆、道光年间以后,中国社会已有种种严重问题,包括土地兼并、人口过剩、贪官污吏等,但在川楚教乱之后数十年的太平,使得当时的社会问题隐而不现,侵略战争虽然直接影响的地区不多,但对于清朝的权威有所打击,许多社会上的问题逐渐浮现,造成较多的民变发生。

经济上的影响表现在:中国自给自足的自然经济开始解体。战前,中国是一个以自然经济为基础的封建国家,小农业和家庭手工业相结合,有力地排斥着外国的商品侵略。战后,废除"公行"制度,增加通商口岸,丧失关税主权,外国的廉价商品源源不断地涌入中国。这种商品"重炮",逐渐摧毁了中国自给自足的封建经济,使中国日益成为帝国主义商品市场和原料供给地。致使中国:①殖民地、半殖民地城市的出现;②鸦片走私有增无减;③外国商品倾销局面形成;④自然经济结构在东南沿海地区开始解体;⑤苦力贸易盛行。

(3)事实证明,鸦片战争带给中国的是:①白银大量外流,影响清政府的财政管理,使劳动人民的生活更加艰苦;②腐蚀清朝统治机构;③减弱军队战斗力;④中国东南沿海的门户被打开,便利了外国势力的入侵;⑤给中华民族带来了沉重的灾难。不能否认鸦片战争的客观作用,但其作用只是客观的,最深痛的是它给中国人民带来了灾难。

材料分析题 3

答案要点:见第一章重难点解析(十)。

第二章

(一)单项选择题

1～5. CBCDD　　6～10. BDACB

(二)多项选择题

1. ABD　　2. ABCD　　3. ABCD　　4. ABC　　5. ACD　　6. ABD　　7. BCD　　8. ABC　　9. ABC
10. BCD

(三)问答题

1.答案要点:太平天国起义虽然失败了,但它具有不可磨灭的历史功绩和重大的历史意义。

太平天国起义沉重打击了封建统治阶级,强烈撼动了清政府的统治根基。这次起义历时14载,起义军转战18省,并建立了与清王朝对峙的政权。在太平天国的影响下,各地各族人民反清斗争风起云涌。如南方和东南沿海各省有天地会及其支派的起义,北方有捻军起义,西南、西北有各族人民起义。天京失陷后,太平天国余部仍坚持斗争达4年之久。这些斗争加速了清王朝的衰败过程。

太平天国起义是中国旧式农民战争的最高峰。它把千百年来农民对拥有土地的渴望在《天朝田亩制度》中比较完整地表达了出来。《资政新篇》则是中国近代历史上第一个比较系统的发展资本主义的方案,这反映了太平天国某些领导人在后期试图通过向外国学习来寻求出路的一种努力。因此,太平天国起义具有了不同于以往农民战争的新的历史特点。

太平天国起义也冲击了孔子和儒家经典的正统权威。这在一定程度上削弱了封建统治的精神支柱。

太平天国起义还有力地打击了外国侵略势力。太平天国的领袖们拒绝承认不平等条约,严禁鸦片贸易。

尤其是当中外反动派勾结起来向太平军举起屠刀时,他们毫不犹豫地同英、法军队和由外国军官组织和指挥的"常胜军""常捷军"进行了英勇的斗争。

在19世纪中叶的亚洲民族解放运动中,太平天国起义是其中时间最久、规模最大、影响最深的一次。它和其他亚洲国家的民族解放运动汇合在一起,冲击了西方殖民主义者在亚洲的统治。

2.答案要点:见本章重难点解析(三)。
3.答案要点:见本章重难点解析(七)。
4.答案要点:见本章重难点解析(九)。
5.答案要点:见本章重难点解析(十)。

(四)材料分析题

材料分析题1

答案要点:(1)洋务派。"中学为体,西学为用",学习西方的先进技术,维护清朝的统治。

(2)学习西方先进的政治制度,实行君主立宪。

(3)材料1:清政府举办洋务运动,冲击了保守观念,为西学在中国的传播创造了条件。材料2:对当时知识分子的注意力从工商科技转移到政治制度方面起到了启蒙作用。材料3:有助于人们的思想解放,有利于民主思想的传播。

材料分析题2

答案要点:(1)守旧派和洋务派要维护封建君主专制制度。

(2)维新派主张要兴民权,设议院,实行君主立宪。

(3)其论战的实质是资产阶级思想与封建主义思想在中国的第一次正面交锋。

第三章

(一)单项选择题

1～5. BCCCB　6～10. ADBAD

(二)多项选择题

1. ABD　2. ABCD　3. ABC　4. ABC　5. BCD　6. BCD　7. ABC　8. ACD　9. BCD　10. ABCD

(三)问答题

1.答案要点:见本章重难点解析(三)。

2.答案要点:见本章重难点解析(七)。

3.答案要点:武昌起义后,袁世凯以武力压迫革命派,并命其党羽联名通电,宣称"若以少数意见采用共和政体,必誓死抵抗"。

帝国主义列强调动军舰在长江游弋,为袁世凯助威,并攻击孙中山"缺乏管理国家的经验"。

在革命高潮中附从革命的立宪派、旧官僚等则从内部施加压力,大造大总统职位"非袁莫属"的舆论,力主袁世凯上台,以便早日结束革命。一些革命党人甚至主张只要袁世凯能逼清帝退位,就应该让他当大总统。

在这种情况下,孙中山不得不表示只要清帝退位、袁世凯宣布拥护共和,就可以把临时大总统的职位让给他。

袁世凯在得到这些许诺后,即加紧"逼宫"。1912年2月12日,清帝退位。第二天,袁世凯致电南京临时政府,宣称"共和为最良国体"。同日,孙中山向参议院提出辞职咨文,但附以南京为首都、总统在南京就职、遵守约法三个条件,力图以此制约袁世凯。但袁世凯不肯离开北京老巢,指使部下在北京发动"兵变",西方列强也调兵进京配合,以迫使革命派让步。革命派再次妥协。1912年3月10日,袁世凯在北京就任临时大总统。

1912年4月1日,孙中山正式卸去临时大总统职务。随后,临时参议院议决将临时政府迁往北京。辛亥革命果实就此被袁世凯窃取。

4.答案要点:见本章重难点解析(九)。

5.答案要点:见本章重难点解析(十)。

(四)材料分析题

材料分析题1

答案要点:(1)从世界范围来看,19世纪末20世纪初,民族民主革命已成为世界潮流。由于帝国主义的侵略,清王朝的腐朽无能,使民族危机日益加深、社会矛盾不断激化,清王朝已成为中国经济发展和社会进步的主要障碍。革命的目的不只是要推翻清王朝的统治,而要在中国建立共和制度,因此即使是汉族人当皇帝,也必须革命。

(2)中国共产党人继承了孙中山先生开创的民族民主革命,取得了新民主主义革命胜利,建立了中华人民共和国,实现了民族独立、人民解放;中国共产党人继承了孙中山先生建立民主共和的理想,实现了从新民主主义社会到社会主义社会的转变,确立了社会主义基本制度;中国共产党人继承了孙中山振兴中华的理想,开展了大规模社会主义建设,进行了改革开放新的伟大革命,中国特色社会主义事业取得了巨大成就,中华民族伟大复兴展现出光明前景。

材料分析题2

答案要点:(1)不符合。思想根源是中国与西方列强都提倡资产阶级革命,建立资产阶级政权,所以认为列强能够理解,不会干涉。

(2)都幻想得到外国列强对中国革命的支持。说明了资产阶级的局限性和妥协性。

(3)多次斗争失败使孙中山认识到向帝国主义妥协也不可能得到同情和支持。

(4)由对帝国主义抱有幻想到彻底反帝反封建,说明了孙中山勇于探索,总结经验教训,改正错误的革命精神。

第四章

(一)单项选择题

1~5. DDBDD　　6~10. CBBAD　　11~15. BBABC　　16~20. CBAAC

(二)多项选择题

1. AB　2. BC　3. AB　4. ABC　5. ACD　6. CD　7. BCD　8. ABCD　9. ABCD
10. ACD　11. BCD　12. ABCD　13. ABD　14. ACD　15. ACD

(三)问答题

1.答案要点:民主,既是指资产阶级民主主义的制度,也是指资产阶级民主主义的思想。

科学,有广狭二义:"狭义的是指自然科学而言,广义是指社会科学而言。"陈独秀强调要用自然科学一样的科学精神和科学方法来研究社会,可是詹姆士的实用主义、柏格森的创造进化论和罗素的新唯实主义这类用某些自然科学成果装饰起来的资产阶级唯心主义思想体系,当时在他心目中也被认为是科学。他提倡民主和科学,是为了实现在中国"建设西洋式之新国家"即西方式的资产阶级现代国家这个目标。

2.答案要点:新文化运动的倡导者认为孔学是封建社会的正统思想。进入民国时期,北洋军阀政府仍然把孔学当作宗教教条一样强迫人民去信奉,那时统治阶级及其帮闲者们的文章和教育,不论内容和形式,都是八股式、教条式的,严重地束缚了人们的思想,压制了民族的生机和创造力。所以,为了提倡民主和科学,给发展资本主义扫清思想障碍,必须对孔学进行批判。

但是新文化运动的倡导者并没有否定孔学的历史作用,也没有把孔学说得一无是处。他们批判孔学,是为了指明它在根本上已经不适于现代生活,是为了反对孔学对人们的思想禁锢,是为了动摇孔学的绝对权威的地位,从而使人们敢于冲破封建思想的牢笼,去进行独立思考,以求得"真实合理的信仰"。

3.答案要点:五四运动以前新文化运动的局限性主要体现在以下几个方面。

第一,早期新文化运动所提倡资产阶级民主主义,并不能为人们提供一种思想武器去认识中国,去对中国社会进行改造。

第二,他们将改造国民性置于优先地位,但方式主要依靠有限的宣传手段,没有改造落后国民性植根的封建思想社会环境,是行不通的。

第三,那时的许多领导人物还没有马克思主义的批判精神,他们一般使用资产阶级的方法。他们中有的人片面地、形式主义地看问题,影响了这个运动后来的发展。

4.答案要点:十月革命是一个具有划时代意义的世界性的历史事件。它昭示人们,资本主义制度并不是永恒的,无产阶级和其他劳动群众一旦觉醒起来、组织起来,完全可以依靠自身的力量创造出维护绝大多数人利益的崭新的社会制度。由于这个革命发生在中国学习西方的努力遭到失败、中国的先进分子陷于彷徨和苦闷之中的时候,它确实使中国人看到了民族解放的新希望。它推动中国的先进分子把自己的目光从西方转向东方,从资产阶级民主主义转向社会主义。

5.答案要点:十月革命推动中国先进分子从资产阶级民主主义转向社会主义的原因主要有以下几点。

第一,十月革命给予中国人的一个启示是:经济文化落后的国家也可以用社会主义思想指引自己走向解放之路。

第二,十月革命诞生的社会主义俄国号召反对帝国主义,并以新的平等的态度对待中国,有力地推动了社会主义思想在中国的传播。

第三,十月革命中俄国工人、农民和士兵群众的广泛发动并由此赢得胜利的事实,给予中国的先进分子以新的革命方法的启示,推动他们去研究这个革命所遵循的主义。

这样,在十月革命以后、五四运动前后的中国思想界,就产生了一批赞成俄国十月社会主义革命、具有初步共产主义思想的知识分子。社会主义开始在中国形成一股有相当影响的思想潮流。

6.答案要点:五四运动是中国近代史上的一个划时代的事件,它爆发的原因主要有以下几点。

首先,新的社会力量的成长、壮大。第一次世界大战期间,中国的资本主义经济得到了相当迅速的发展,中国资产阶级和工人阶级的力量进一步成长起来,为五四运动提供了比以往革命斗争更加广泛的群众基础。

其次,新文化运动掀起的思想解放的潮流。受到这个潮流影响的年轻一代知识界,尤其是那些具有初步共产主义思想的知识分子,为五四运动准备了最初的群众队伍和骨干力量。

再次,俄国十月革命对中国的影响。

最后,巴黎和会上中国外交的失败,激起了各阶层人民的强烈愤怒,成为了五四运动的直接导火索。

7.答案要点:中国早期信仰马克思主义的人物主要有三种类型。

首先,是五四运动以前的新文化运动的精神领袖,代表是李大钊和陈独秀。其次,是五四爱国运动的左翼骨干,代表为毛泽东、杨匏安、蔡和森、周恩来等。再次,是一部分原中国同盟会会员、辛亥革命时期的活动家,代表为董必武、吴玉章。以上三种类型中,李大钊、陈独秀属于先驱者和擎旗人,毛泽东等五四运动的左翼骨干则是其主体部分。

8.答案要点:第一,重视对马克思主义基本理论的学习,明确地同第二国际的社会民主主义划清界限。第二,注意从中国的实际出发,学习、运用马克思主义的理论。第三,开始提出知识分子应当同劳动群众相结合的思想。

9.答案要点:中国共产党早期组织成立以后,着重进行了以下几个方面的工作:第一,研究和宣传马克思主义。共产党早期组织的成员开始着重从马克思、恩格斯的原著来学习马克思主义,同时开始学习列宁的著作,积极进行马克思主义著作的译介,同反马克思主义的思想流派进行斗争。第二,到工人中去进行宣传和组织工作。深入工厂,与工人一起劳动,创办专门供工人阅读的进行马克思主义启蒙教育的刊物,组织领导工人创办工会。第三,进行关于建党问题的讨论和实际组织工作。各地的共产主义者对建党的有关问题展开了讨论,并在上海、北京、天津、武汉、长沙等地成立了社会主义青年团。

10.答案要点:大革命虽然失败了,它的历史意义仍然是不可磨灭的。主要体现为:这场大革命实际上是未来胜利的革命的一次伟大的演习。因为正是在这个时期,中国共产党人进行了轰轰烈烈的革命工作,领导了全国反帝反封建的伟大斗争,在中国革命史上写下了光荣的一页,同时开始探索马克思主义中国化的途径,初步提出了无产阶级领导的、人民大众的、反帝反封建的新民主主义革命的基本思想,并且从大革命的失败中汲取了深刻的历史教训,开始懂得进行土地革命和掌握革命武装的重要性。这场大革命使中国人民的觉悟程度和组织程度有了明显的提高,中国共产党开始掌握了一部分革命武装。所有这些,都为把中国革命推进到一个新的阶段——土地革命战争阶段准备了必要的条件。

(四)材料分析题

材料分析题1

(1)答案要点:马克思主义传入中国给中国人民指明了前进方向,提供了全新选择。

旧民主主义革命时期,为改变中华民族的命运,中国人民和无数仁人志士进行了艰苦的探索和不屈不挠的斗争,然而旧式农民起义不触动封建根基的自强运动和改良主义,资产阶级革命派领导的革命以及照搬西方资本主义的其他种种方案,因其各自的局限性和缺点,都不能完成反帝反封建的历史任务。究其原因,主要在于没有坚强的领导核心,没有科学的指导思想。

十月革命推动中国的先进分子把目光从西方转向东方,从资产阶级民主主义转向社会主义。十月革命给予中国人的启示有:①中国可以学习俄国走社会主义道路;②中国可以学习俄国科学社会主义思想;③中国可以学习俄国广泛发动群众的革命方法。除此之外,新文化运动的推动和影响,为马克思主义在中国的广泛传播准备了思想和文化的条件。五四运动有力地促进了马克思主义在中国的传播及其与中国工人运动的结合。1921年7月,中国共产党一大在上海召开,会议确立了党的指导思想为马克思主义。

在马克思主义的指导下,中国革命出现了新局面。中国革命从此有了科学理论的指导、坚强的领导核心、正确的纲领和奋斗目标以及全新的革命方法。

(2)答案要点:三次飞跃说明了必须坚持中国共产党的领导,必须走中国特色社会主义道路,必须坚持以人民为中心,必须坚持中国特色社会主义道路自信、制度自信、理论自信,把马克思主义基本原理同新时代中国具体实际结合起来,不断实现马克思主义中国化。

材料分析题2

(1)答案要点:中国共产党是中国近现代历史发展的必然产物,是马克思列宁主义与中国工人运动相结合的产物。旧式的资产阶级革命运动不能挽救民族危机,中国必须寻找一条新的道路。第一次世界大战和俄国十月革命之后,马克思列宁主义在中国得到广泛传播。马克思主义与中国工人运动相结合,中国共产党应运而生。

(2)答案要点:中国共产党有先进的理论作指导;中国共产党代表了中华民族和中国人民的根本利益,代表了历史前进的方向;中国共产党始终不忘初心,牢记使命,不断地加强自身的建设。(注:若从总结中国革命命和社会主义建设经验角度作答,且言之成理,可酌情给分)

第五章

(一)单项选择题

1~5. BCADA　　6~10. AADAC　　11~15. ACABC　　16~20. CDBBD

(二)多项选择题

1. ABD　2. ABC　3. ABCD　4. ABC　5. ABCD　6. CD　7. ABC　8. ABC　9. ABCD
10. ABCD　11. AD　12. ABD　13. ABC　14. ABCD　15. BC

(三)问答题

1.答案要点:首先,为了镇压人民和消灭异己力量,国民党建立了庞大的军队。据1929年3月的官方材料,"全国军额达二百万"。实际兵员数远不止此。国民党还大力加强地方反动武装。各县民团统称保安队。广大人民被置于国民党武装的严密控制和监视之下。

其次,为了镇压人民和消灭异己力量,国民党建立了庞大的全国性特务系统。如隶属于国民党中央组织部的调查统计局(简称"中统")和隶属国民党军事委员会的调查统计局(简称"军统"),其主要任务就是反对共产党,破坏革命运动,绑架或暗杀革命者和异己分子。

再次,为了控制人民,禁止革命活动,大力推行保甲制度,规定十户为甲,十甲为保,分设甲长、保长。保甲内各户要互相监视、互相告发;国民党政府的征税、摊派等,许多也通过保甲来进行。自1934年11月起,保甲制度在全国普遍推行。

最后,为了控制舆论,剥夺人民的言论和出版自由,厉行文化专制主义。大批进步书刊被查禁,许多进步作家被监视、拘捕乃至枪杀。

2.答案要点:八七会议是第一次国内革命战争失败以后,在关系党和革命事业前途与命运的关键时刻,中共中央于1927年8月7日在汉口秘密召开的紧急会议。这次会议彻底清算了大革命后期的陈独秀右倾机会主义错误,确定了土地革命和武装反抗国民党的总方针,并选出了以瞿秋白为书记的中央临时政治局。毛泽东在会上着重阐述了党必须依靠农民和掌握枪杆子的思想,强调党"以后要非常注意军事,须知政权是由枪杆子中取得的"。会议还提出了"整顿改编自己的队伍,纠正过去严重的错误,而找着新的道路"的任务。

八七会议使中国共产党在政治上大大前进了一步,开始了从大革命失败到土地革命战争兴起的转折。

3.答案要点:农村包围城市、武装夺取政权的道路理论是以毛泽东为代表的中国共产党人从中国的实际出发提出的具有中国特色的新民主主义革命理论的内容之一。它形成于土地革命战争时期,其基本特点是:中国的民主革命必须首先在敌人统治力量较薄弱的农村进行,发动农民武装暴动,建立人民军队,开展农村土地革命,建立农村革命根据地,以积蓄和发展革命力量,然后攻占中心城市,夺取全国政权和全国革命的胜利。

4.答案要点:第一,在实践上,毛泽东不仅率先集中精力投身革命战争,而且自觉地把革命的进攻方向首先指向了农村。

第二,在理论上,阐明了武装斗争的极端重要性和农村应当成为党的工作中心的思想。1928年10月和11月,毛泽东就写了《中国的红色政权为什么能够存在?》和《井冈山的斗争》两篇文章,明确地指出以农业为主要经济的中国革命,以军事发展暴动,是一种特征;同时还科学地阐述了共产党领导的土地革命、武装斗争与根据地建设这三者之间的辩证统一关系,强调工农武装割据的思想,是共产党和割据地方的工农群众必须具备的一个重要思想。1930年1月,毛泽东在《星星之火,可以燎原》一文中进一步指出:红军、游击队和红色区域的建立和发展,是半殖民地中国在无产阶级领导之下的农民斗争的最高形式和半殖民地农民斗争发展的必然结果,并且无疑义地是促进全国革命高潮的最重要因素。在该文中提出了以乡村为中心的思想,初步形成了农村包围城市、武装夺取政权的理论。

第三,在实际工作中,毛泽东总结群众斗争的经验,创造性地解决了为坚持和发展农村根据地所必须解决的一系列问题。

5.答案要点:第一,在战争实践中,形成一整套科学的适合红军作战的战略战术原则。即战略上积极防御、反对消极防御;作战中实行"诱敌深入"的方针和集中兵力的原则;作战形式上采取运动战、速决战、歼灭战等。1930年12月红一方面军召开第一次反"围剿"战争动员大会,毛泽东亲笔写了一副对联,即敌进我退,敌驻我扰,敌疲我打,敌退我追,游击战里操胜算;大步进退,诱敌深入,集中兵力,各个击破,运动战里歼敌人。

第二,从"三湾改编"到"古田会议",红军积极开展的政治建设。此外,部队也注意纪律建设,"三大纪律八项注意"加强了军民关系的团结,从而提高了部队的作战能力。

第三,开展土地革命,军民共建根据地。开展土地革命,就是要消灭封建地主的土地私有制,实行农民的土地私有制,使广大农民在政治上翻了身,在为反"围剿"准备了雄厚的物质基础的同时也赢得了更多人民群众的支持。

6.答案要点:首先由苏维埃共和国公民直接选举产生乡工农兵代表大会代表,召开乡工农兵代表大会,选举产生乡苏维埃政府组成人员;在此基础上,逐级召开区、县、省和全国工农兵代表大会,选举产生区、县、省和全国苏维埃政府。各级苏维埃政府广泛吸收工农群众代表参加政权管理,行使当家作主的权利。

7.答案要点:(1)第一次是1927年11月至1928年4月的"左"倾盲动错误,认为革命形势在不断高涨,盲目要求"创造总暴动的局面"。

(2)第二次是1930年6月至9月以李立三为代表的"左"倾冒险主义,错误地认为中国革命乃至世界革命进入高潮,盲目要求举行全国暴动和集中红军力量攻打武汉等中心城市。

(3)第三次是1931年1月至1935年1月以陈绍禹(王明)为代表的"左"倾教条主义。

8.答案要点:在共产国际的支持下,王明通过1931年1月召开的中共六届四中全会上台,从此,以王明为代表的"左"倾教条主义在党中央领导机关开始了长达4年的统治。其主要错误为:

(1)在革命性质和统一战线问题上,混淆民主革命与社会主义革命的界限,将反帝反封建与反资产阶级并列,将民族资产阶级视为中国革命最危险的敌人,一味排斥和打击中间势力。

(2)在革命道路问题上,继续坚持以城市为中心,将准备城市工人的总同盟罢工和武装起义作为中国共产党最主要的任务;指令根据地的红军采取"积极进攻的策略",配合攻打中心城市。

(3)在土地革命问题上,提出坚决打击富农和"地主不分田、富农分坏田"的主张。

(4)在军事斗争问题上,实行进攻中的冒险主义、防御中的保守主义、退却中的逃跑主义。

(5)在党内斗争和组织问题上,推行宗派主义和"残酷斗争、无情打击"的方针。

9.答案要点:20世纪20年代后期至30年代前期,中国共产党内屡次出现严重的"左"倾错误,其原因是多方面的。主要的原因在于:全党的马克思主义理论准备不足,理论素养不高,实践经验也很缺乏,对于中国的历史状况和社会状况、中国革命的特点、中国革命的规律不了解,对于马克思列宁主义的理论和中国革命的实践没有统一的理解。一句话,不善于把马克思列宁主义与中国实际全面地、正确地结合起来。此外,八七会议以后党内一直存在着的浓厚的"左"倾情绪始终没有得到认真的清理,共产国际对中国共产党内部事务的错误干预和瞎指挥也导致了错误的发生。

10.答案要点:1936年10月,红一、红二、红四方面军在甘肃会宁会师,长征胜利结束。红军长征纵横十一个省,行程几万里,其意义在于:①长征宣告了国民党反动派消灭中国共产党和红军的图谋彻底失败,宣告了中国共产党和红军肩负着民族希望胜利实现了北上抗日的战略转移,实现了中国共产党和中国革命事业从挫折走向胜利的伟大转折。②长征是一部伟大的革命英雄主义的史诗。它向全中国和全世界宣告,中国共产党及其领导的人民军队,是一支不可战胜的力量。中国共产党人和红军将士用生命和热血铸就了伟大的长征精神。长征精神为中国革命不断从胜利走向胜利提供了强大精神动力。长征一结束,中国革命的新局面就开始了。

(四)材料分析题

材料分析题1

(1)答案要点:特点:城市没有力量统治广大的农村,农村可以脱离城市而相对独立地存在。原因:近代中国经济政治发展极端不平衡,自然经济占据的优势,资本主义经济发展很微弱;统治阶级内部四分五裂,中国长期处于不统一的状态。

(2)答案要点:在材料2中,①、④坚持以城市为中心,反对走农村包围城市的道路;②、③主张以乡村为中心,坚持走农村包围城市的道路。分歧的实质,是从中国实际出发,还是照抄照搬俄国十月革命的经验。

(3)答案要点:客观依据:近代中国国情决定了强大的敌人长期占据着中心城市,广大的农村是敌人统治的薄弱环节。基本点:将党的工作重心放在农村,把落后的农村变成先进的根据地,在农村积蓄和发展革命力量,以农村包围城市,最后夺取全国胜利。

材料分析题2

(1)答案要点:第五次反"围剿"失败后,中国革命面临着方向和道路的抉择。长征的胜利,保存了革命的火种。红军长征到达陕北后,中国共产党领导的革命力量有了新的战略基地,因此它是中国革命力量生存发展新的落脚点。另一方面,长征途中开始形成以毛泽东同志为核心的党的第一代中央领导集体,实现了北上抗日的战略方针。长征一结束,中国革命的新局面就开始了,因此它也是中国革命事业胜利前进新的出发点。

(2)答案要点:长征的胜利只是中国革命的一个新的起点。每一代人有每一代人的长征。我们这一代人的长征,就是要实现"两个一百年"奋斗目标、实现中华民族伟大复兴的中国梦。在新长征路上,还有许多困难需要克服。走好新时期的长征路、实现民族复兴的中国梦,必须继续弘扬长征精神。

第六章

(一)单项选择题
1~5. ABDBC   6~10. AACDB

(二)多项选择题
1. ABC   2. ABCD   3. ABCD   4. AC   5. ABD   6. ABD   7. BCD   8. AC   9. ACD
10. ABC

(三)问答题

1. 答案要点:见本章重难点解析(二)。
2. 答案要点:见本章重难点解析(五)。
3. 答案要点:见本章重难点解析(六)。
4. 答案要点:中国人民抗日战争的胜利,是近代以来中国抗击外敌入侵的第一次完全胜利。中国人民之所以能够战胜不可一世的日本军国主义,原因有以下四个方面。

第一,以爱国主义为核心的民族精神是中国人民抗日战争胜利的决定因素。近代以来,中国人民为争取民族独立和解放进行的一系列抗争,是中华民族觉醒和民族精神升华的历史进程。这种民族觉醒和民族精神升华,在抗日战争时期达到了全新的高度。面对民族存亡的空前危机,中国人民的爱国热情像火山一样迸发出来。中华儿女众志成城、共御外侮,为民族而战,为祖国而战,为尊严而战,谱写了惊天地、泣鬼神的爱国主义篇章。

第二,中国共产党的中流砥柱作用是中国人民抗日战争胜利的关键。中国共产党自成立之日起就把实现中华民族伟大复兴作为自己的历史使命。中国共产党倡导和推动国共合作,建立、坚持和发展广泛的抗日民族统一战线。中国共产党坚持全面抗战路线,制定正确的战略策略,开辟广大敌后战场,成为坚持抗战的中坚力量。中国共产党始终坚持抗战、反对投降,坚持团结、反对分裂,坚持进步、反对倒退,同各爱国党派团体和广大人民一起,共同维护团结抗战大局,引领着夺取战争胜利的正确方向,成为夺取战争胜利的民族先锋。

第三,全民族抗战是中国人民抗日战争胜利的重要法宝。抗击侵略、救亡图存成为中国各党派、各民族、各阶级、各阶层、各团体以及海外华侨华人的共同意志。中国共产党坚持动员人民、依靠人民,提出并实施持久战的战略总方针和一整套人民战争的战略战术,广泛开展伏击战、破袭战、地雷战、地道战、麻雀战等游击战的战术战法,使日本侵略者陷入了人民战争的汪洋大海之中。中国人民抗日战争的胜利是全民族抗战的胜利。

第四,中国人民抗日战争的胜利,同世界所有爱好和平和正义的国家和人民、国际组织以及各种反法西斯力量的同情和支持也是分不开的。

5. 答案要点:见本章重难点解析(九)。

(四)材料分析题

材料分析题1

(1)答案要点:七七事变,日本全面侵华。

(2)答案要点:中共以民族利益为重作出重大让步,表示遵守三民主义;国共两党多次谈判磋商;八一三事变后,日本要灭亡中国;蒋介石表示以民族利益为重,抵抗暴力,承认中共合法地位。

(3)答案要点:国共两党有着共同的国家和民族利益,在外敌入侵之时必须合作。全国抗战爆发前后,国共两党多次进行谈判和亲密接触。两党均为抗战胜利作出了重大贡献。国共合作是抗战胜利的重要基础,中共竭力维护合作是统一战线得以维持和发展的重要条件,全民族同心同德、浴血奋战是抗战胜利的根本原因。

材料分析题2

(1)答案要点:从抗战时间来看,中国反法西斯战争最早,中国的抗日战争从1931年"九一八"算起,打了

14年。从卢沟桥事变到太平洋战争爆发前,在将近四年半的时间内,中国几乎是单独抗击日本侵略的唯一战场。

(2)答案要点:中国人民抗日战争是世界反法西斯战争的重要组成部分,中国战场是世界反法西斯战争的东方主战场。中国的抗战不但打破了日本"北进"的战略,而且迟滞了日本"南进"的计划,有力地支援了苏联卫国战争和美英盟军对日作战;中国坚持持久抗战,抗击和牵制着日本陆军主力,为同盟国军队实施战略反攻创造了有利条件。中国在抗日战争中,为了自己的解放,为了帮助各同盟国,付出了巨大的牺牲,作出了伟大的贡献。

第七章

(一)单项选择题

1~5. ACCAC　　6~10. ADBAC　　11~15. BAACB　　16~20. CADBD

(二)多项选择题

1. ACD　2. ABD　3. ABD　4. ABC　5. ABC　6. ABCD　7. ABCD　8. ABC
9. ABCD　10. BCD　11. ABC　12. ABD　13. ACD　14. AD　15. BC　16. BCD
17. ABD　18. ABD　19. ABCD　20. BCD

(三)问答题

1. 答案要点:见本章重难点解析(四)。

2. 答案要点:(1)资产阶级共和国的方案不适合中国国情。在西方国家,资产阶级民主革命的对象是封建势力。但是中国是半殖民地半封建社会,革命的对象除了封建势力外,还有帝国主义列强。帝国主义列强来到中国的目的,不是要使中国成为一个独立富强的资本主义国家,而是为了掠夺中国来发展自己的资本主义。因此,他们扶植自己的代理人——清政府、北洋军阀和国民党政权,通过这些带有浓厚封建性和买办性的反动阶级的统治,把中国牢牢地控制在自己的殖民体系内。因此,建立资产阶级共和国是帝国主义所不允许的。

(2)资产阶级共和国方案不符合中国人民的意志。在十月革命胜利以前,资产阶级的思想和文化曾被视为医治中国贫穷落后的良方。但是,学习西方的结果,并没有改变中国落后挨打的局面。相反,帝国主义列强日益加剧的侵略,彻底打破了中国人学习西方的美梦。十月革命的胜利给中国送来了马克思列宁主义。帝国主义的侵略、剥削和社会主义俄国的支持、援助形成了鲜明对比。资产阶级共和国方案自然不为广大工农群众所欢迎。

(3)资产阶级共和国方案是中国国内封建势力所不允许的。代表大地主大资产阶级利益的北洋军阀和国民党政权是独裁专制的政权,为维护自己的阶级利益,他们必然排斥、镇压一切先进的思想。前者扼杀了孙中山亲手创立的中华民国南京临时政府,后者在抗战胜利前后,封杀了中国民主同盟等民主党派希望建立的英美式资产阶级共和国方案,并拒绝了中国共产党提出的建立包括蒋介石集团在内的民主联合政府的主张。

(4)民族资产阶级的软弱性和妥协性从根本上决定了资产阶级共和国方案在中国行不通。中国的民族资产阶级是在帝国主义和封建主义的夹缝中生存、发展起来的,这就决定了民族资产阶级经济上不发达和政治上软弱的状况。同时,在近代中国,外有帝国主义的侵略、内有封建势力的残酷统治,中国民主革命的敌人是异常强大和残暴的。因此,民族资产阶级不可能也没有能力打败强大的敌人,建立资产阶级共和国。

中国共产党的正确政策及其领导的中国革命的不断胜利,促使民族资产阶级放弃了"第三条道路"。所以,"第三条道路"在中国行不通,资产阶级共和国方案必然破产。

3. 答案要点:见本章重难点解析(十)。

4. 答案要点:见本章重难点解析(三)。

5. 答案要点:统一战线,武装斗争,党的建设,是中国共产党在中国革命中战胜敌人的三个法宝。

(1)建立广泛统一战线。由于中国人民受到帝国主义、封建主义和官僚资本主义的严重压迫,在中国建立革命统一战线的群众基础是十分广泛的。建立广泛的统一战线,是坚持和发展革命的政治基础。

(2)坚持革命的武装斗争。由于中国没有资产阶级民主,反动统治阶级凭借武装力量对人民实行独裁恐怖统治,革命只能以长期的武装斗争作为主要形式。离开了武装斗争,就没有共产党的地位,就不能完成任何革命任务。中国的武装斗争实质上是工人阶级领导的农民战争。中国共产党必须深入农村,发动和武装农民,在农村建立革命的根据地,以农村包围城市,才能逐步地争取革命的胜利。

(3)加强共产党自身的建设。中国共产党的建设,是密切地联系着党的政治路线进行的,注重在端正思想路线的基础上,制定和贯彻执行党的正确的政治路线。中国共产党首先着重的思想建设,要求党员用工人阶级思想克服资产阶级、小资产阶级思想,解决思想上入党的问题;培育和发扬理论与实际相结合、密切联系群众和自我批评的作风;在党内斗争中实行"惩前毖后,治病救人"的方针;并创造了在全党通过批评与自我批评进行马克思主义思想教育的整风形式等。

6.答案要点:见中编综述重难点解析(四)(五)。

7.答案要点:见重难点解析(二)。

8.答案要点:抗日战争胜利后国民党政权迅速走向崩溃,是由多方面的因素决定的。从根本上看是国民党失去人心的结果。首先,国民党代表大地主、大资产阶级的利益,其建国主张是维护国民党的一党专政,实行地主买办资产阶级的军事独裁统治。按照这个方案,中国将继续走半殖民地半封建社会的老路,这与抗战胜利后中国人民建立和平民主国家的愿望背道而驰;其次,国民党政府政治腐败。官员们贪污受贿、大发国难财,抗战后期已在大后方严重丧失人心。在抗战胜利初曾经对国民党抱有很大希望的原沦陷区人民,也由于国民党政府派出的官员到原沦陷区接收时,把接收变成了"劫收",大发胜利财,很快对他们感到极端失望;国民党为了筹措内战经费,除了对人民征收苛重的捐税以外,还无限制地发行纸币,导致恶性的通货膨胀,工农业生产严重萎缩。再次,国民党实行专制独裁统治,违背全国人民迫切要求休养生息、和平建国的意愿,执行反人民的内战政策,挑起与中国共产党的战争,试图武力消灭共产党。同时,国民党迫害民主党派和进步人士,武力镇压人民民主运动,拒绝社会改革。最后,国民党执行亲美外交政策,依附美帝国主义,坐视美军在中国胡作非为,损害中国主权与尊严。国民党的倒行逆施将全国各阶层人民置于饥饿和死亡的界线上,因而就迫使全国各阶层人民团结起来,同蒋介石反动政府作你死我活的斗争,除此以外,再无出路。

9.答案要点:原因是国共合作取得抗日战争胜利后,中国共产党为争取和平民主作了积极的斗争和奋斗。

(1)在通向新中国的道路上,国民党统治集团坚持蒋介石的独裁统治,继续走半殖民地半封建社会的老路,而且还先后违背了重庆谈判和政协会议内容,发动全面内战,把自己放在了全国人民的对立面。

(2)中国民主党派虽主张爱国、反对卖国、主张民主、反对独裁,但他们幻想的资产阶级共和国的方案在中国是行不通的。

(3)中国共产党在领导人民为新中国奋斗中创下了不可磨灭的功绩。中国共产党在面对国民党发动内战的企图时,提出"和平、民主、团结"的争取和平民主的口号;面对以蒋介石为首的国民党的"假和平"的阴谋,中国共产党不惧危险,与国民党进行了重庆谈判和政协会议,试图以此争取国内和平的实现,尽管最终未能阻止全面内战的爆发,但让各界群众增强了对中国共产党的了解,带领群众进行了自卫战争,并粉碎了国民党的军事进攻。与此同时,中国共产党还在解放区广大农村掀起了土改运动。而且准备建立新中国的工作,是在中国共产党领导下,由各民主党派、各人民团体、无党派人士和各界人民的代表共同进行的。

因此,只有共产党才能带领中国人民走向新中国,没有共产党就没有新中国。中国共产党能制定出适合中国国情,符合中国人民利益的纲领、路线、方针和政策,为中国人民的斗争指明正确的方向。

10.答案要点:见本章重难点解析(四)(五)。

(四)材料分析题

材料分析题1

(1)参考答案:在中国近代史上有过多次走资本主义道路的尝试,包括戊戌维新、辛亥革命,尤其是解放战争时期的中间路线,但是都失败了。资产阶级共和国方案在中国行不通。这是因为:①从民族资产阶级自身来看,民族资本主义经济的特点决定了民族资产阶级没有勇气和能力去领导人民进行反帝反封建的革命斗争,不能为资产阶级共和国扫清障碍。②从当时中国所处的时代条件来看,帝国主义列强不可能使中国成为一个独立、富强的资本主义国家。帝国主义列强来中国只是为了掠夺,发展它们自己的资本主义。"帝国主义侵略中国,反对中国独立,反对中国发展资本主义的历史,就是中国的近代史"。③从中国的革命形势来看,国民党当局不允许任何阻止其一党专政的力量存在。持有中间路线想法的人们一接触到实际斗争,尤其是内战重起,就使他们只能在靠近共产党或靠近国民党中选择道路,而不能有其他道路。国民党当局不仅极度仇视中国共产党,而且对民主党派、民主人士也充满敌意,不断以暴力对他们施行迫害。蒋介石不允许民盟这样的组织存在,使中间路线最后破灭。

(2)参考答案:中华人民共和国的成立,宣告中国人民当家作主的时代已经到来,中国历史由此开辟了一个新纪元。第一,帝国主义列强压迫中国、奴役中国人民的历史从此结束,占人类总数四分之一的中国人从此站立起来了。第二,长期以来受尽压迫和欺凌的广大中国人民在政治上翻了身,第一次成为新社会、新国家的主人。第三,各族人民开始过上安居乐业的生活。人民可以集中力量从事经济、文化等方面建设的时期开始到来了。第四,从根本上改变了中国社会的发展方向,为实现由新民主主义向社会主义的过渡,创造了条件。第五,中国共产党成为全国范围内的执政党。

材料分析题 2

(1)参考答案:背景:抗日战争是中国共产党领导的新民主主义革命的一个阶段。毛泽东在全党领导地位的确立、中国革命两次胜利与两次失败的反复比较、抗日战争的复杂环境和丰富实践、党的思想路线的端正与理论素养的提高,这些都为新民主主义革命理论的成熟创造了有利条件。在20世纪30年代后期和40年代前期,毛泽东撰写了《中国革命和中国共产党》《〈共产党人〉发刊词》《新民主主义论》等一批重要的理论著作,对新民主主义革命理论作了系统的阐述。

(2)参考答案:内容:首先,毛泽东揭示了中国半殖民地半封建社会的性质和主要特征,近代中国社会的主要矛盾和中国革命发生、发展的原因。1919年五四运动以后的中国民主革命,已经是无产阶级领导的人民大众的反帝反封建的新民主主义革命,它的前途是社会主义。

其次,毛泽东阐明了中国共产党在新民主主义革命阶段的基本纲领,即政治上,推翻帝国主义和封建主义的压迫,建立一个以无产阶级为领导、以工农联盟为基础的各革命阶级联合专政的新民主主义共和国。经济上,没收操纵国计民生的大银行、大工业、大商业归新民主主义国家所有,建立国营经济;没收地主阶级的土地归农民所有,并引导个体农民发展合作经济;允许民族资本主义经济的发展和富农经济的存在。文化上,废除封建买办文化,发展无产阶级领导的人民大众的反帝反封建的中华民族的新文化,即民族的、科学的、大众的文化。

再次,毛泽东总结了中国共产党成立以来的历史经验,指出统一战线、武装斗争、党的建设,这就是中国共产党在中国革命中战胜敌人的三个主要的法宝。

(3)参考答案:意义:①以毛泽东为主要代表的中国共产党人创立的新民主主义理论,是马克思主义基本原理同中国具体实际相结合的成果。②新民主主义理论的系统阐明,标志着毛泽东思想得到多方面展开而达到成熟。

材料分析题 3

(1)答案要点:表面上说为了避免内战,共商大计,10月10日签订了《会谈纪要》。

(2)答案要点:蒋介石对中共极端仇视,力图消灭。材料2是当时蒋介石的剿共密令;材料3表明蒋介石的一贯立场就是把中共视为"唯一的敌人",谈判期间,国民党军队就在晋东南和平汉路沿线向解放区进攻。

(3)答案要点:当时国民党军队大多还在西南,无法控制全国。所以蒋介石要争取时间,企图一手利用谈判来束缚中共,另一手加紧调兵抢占地盘削弱中共。材料4中,杜鲁门指出当时蒋介石无法控制东北地区和中南地区,如果日军放下武器,"整个中国就会被共产党人拿过去"。蒋介石的"两手"是在美国的全力支持和密切配合下进行的。

第八章

(一)单项选择题
1~5. BCBCA   6~10. CACAB   11~15. ABDDD   16~20. CCCAB

(二)多项选择题
1. ABC   2. ABCD   3. ABCD   4. ABD   5. ABD   6. ABC   7. ABD   8. ABC
9. ABCD   10. ABD   11. ABC   12. CD   13. ABCD   14. ABD   15. ACD

(三)问答题

1. 答案要点:第一,新民主主义革命的胜利,推翻了帝国主义、封建主义和官僚资本主义在中国的统治,建立了人民民主专政的人民共和国,广大人民群众真正当家作主,中国共产党成为全国范围的执政党,马克思主义成为指导思想。这些都为当代中国一切发展进步奠定了根本的政治基础。

第二,新中国成立后,中国共产党领导人民建立和巩固了各级地方人民政权,召开了地方各级人民代表大会。在此基础上,1954年9月,召开了第一届全国人民代表大会第一次会议,通过了《中华人民共和国宪法》,确立了社会主义政治制度。这是当代中国一切发展进步的政治方面的制度基础。

第三,通过对个体农业、个体手工业和资本主义工商业的社会主义改造,在全国范围建立了社会主义集体所有制和全民所有制,确立了社会主义经济制度。这是当代中国一切发展进步的经济方面的制度基础。

2. 答案要点:相同点:第一,都是民主革命的成果。第二,都是通过武装斗争建立的。第三,都是共和制政体。

不同点:第一,中华民国是资产阶级革命派领导的旧民主主义革命的成果,中华人民共和国是无产阶级新民主主义革命的成果。第二,国体不同。中华民国是资产阶级专政,中华人民共和国是人民民主专政。第三,中华民国的建立没有推翻帝国主义、封建主义在中国的统治,没有改变中国半殖民地半封建的社会性质。中华人民共和国的成立,推翻了"三座大山",彻底改变了社会性质,人民做了国家的主人。第四,中华民国建立不久,政权即被袁世凯窃取,徒有民国之名。中华人民共和国建立后,通过采取多种措施,政权得到巩固,并逐步向社会主义过渡。

3. 答案要点:新中国成立之初,国内五种经济成分并存,鉴于当时政权初建,经济尚待振兴的局面,政府采取了不同的政策。官僚资本主义与民族资本主义虽都是产生于半殖民地半封建社会的带有剥削性质的资本主义经济,但仍有重大区别。

第一,产生条件不同。民族资本主义产生较早,在19世纪六七十年代便因为外企刺激及国内资本主义萌芽缓慢发展的双重作用而诞生;官僚资本主义则是在南京国民政府建立后,"四大家族"凭借政权依附帝国主义采用抢夺手段形成对经济的垄断。

第二,社会地位不同。民族资本主义经济受到外国资本主义、本国封建势力及官僚资本主义的先后摧残,发展艰难,终究没有成为中国经济的主要形式;官僚资本主义一开始就以垄断形式出现,发展迅猛,抗战时更加急剧膨胀,战后达到顶峰,掌握着国民经济命脉。建国后民族资本主义经济是社会主义经济的合理补充。为此,国家采取保护、合理调整生产关系的办法,最终以赎买方式完成向国营经济的和平转变。而官僚资本主义因其反动性、卖国性成为革命对象,建国初期政府即采取无偿没收的政策,消灭了这一旧经济形态。

4. 答案要点:特点:①经济上:五种经济成分共存,分别为社会主义性质的国营经济、农民和手工业者的个体经济、私人资本主义经济(以上三种是主要形式)、半社会主义性质的合作社经济、国家资本主义经济。②政治文化上:无产阶级的政治领导地位和马克思主义指导地位已经确立。③社会的两种基本矛盾:有三种基本的阶级力量,即工人阶级、农民及其他小资产阶级、民族资产阶级。从国内外来说,中国还存在着两种基本的矛盾:国际上是新中国同帝国主义的矛盾;国内是工人阶级和资产阶级的矛盾。

性质:新民主主义社会既有社会主义因素,又有资本主义因素,总体上是社会主义因素在增长的过渡性社会。

5.答案要点:中华人民共和国成立后,我国就开始进入了向社会主义过渡的历史阶段。首先,经过三年经济恢复时期,在政治上,政权得到了巩固。经济上,国民经济得到了根本好转。1953年开始了执行建设社会主义的第一个五年计划。对农业、手工业和资本主义工商业进行了社会主义改造。到1956年底,国家基本上完成了对农业、手工业和资本主义工商业的社会主义改造,生产资料基本上转变为公有制。这标志着社会主义制度在我国基本上建立起来了。

6.答案要点:第一,能不能保卫住人民胜利的成果,巩固新生的人民政权。第二,能不能战胜严重的经济困难,迅速恢复和发展国民经济。第三,能不能巩固民族独立,维护国家主权和安全。第四,能不能经受住执政的考验,继续保持谦虚、谨慎、不骄、不躁和艰苦奋斗的作风。

7.答案要点:第一,没收官僚资本,确立社会主义性质的国营经济的领导地位。第二,开始将资本主义纳入国家资本主义轨道。第三,引导个体农民在土地改革后逐步走上互助合作的道路。

8.答案要点:第一,社会主义性质的国营经济力量相对来说比较强大,它是实现国家工业化的主要基础。第二,资本主义经济力量弱小,发展困难,不可能成为中国工业起飞的基础。第三,对个体农业进行社会主义改造,是保证工业发展、实现国家工业化的一个必要条件。第四,当时的国际环境也促使中国选择社会主义。

9.答案要点:第一,随着社会主义改造的基本完成,社会主义的基本经济制度建立起来了,这是中国进入社会主义社会的最主要标志。第二,社会主义改造是在生产关系方面由私有制到公有制的一场伟大变革,对生产力的发展直接起到了促进作用。第三,社会主义改造的胜利,为中国全面进行社会主义建设奠定了基础,开辟了道路。

10.答案要点:第一,帝国主义列强压迫中国、奴役中国人民的历史从此结束,中华民族一洗近百年来蒙受的屈辱,开始以崭新的姿态自立于世界的民族之林。第二,本国封建主义、官僚资本主义统治的历史从此结束,广大中国人民第一次成为新社会、新国家的主人。第三,军阀割据、战乱频仍、匪患不断的历史从此结束,国家基本统一,民族团结,社会政治局面趋向稳定,各族人民开始过上安居乐业的生活。第四,从根本上改变了中国社会的发展方向,为实现由新民主主义向社会主义的过渡,创造了前提条件。第五,中国共产党成为执政党。它可以运用国家政权凝聚和调集全国力量,巩固民族独立和人民解放的成果,解放并发展社会生产力,以造福于各族人民,造福于整个中华民族。

(四)材料分析题
材料分析题1

(1)答案要点:新民主主义社会是一种过渡性的社会形态,它是中国社会由半殖民地半封建社会通向社会主义社会的过渡阶段。它既不同于一般的资本主义制度也不同于社会主义制度。在政治上它是无产阶级领导下的各革命阶级的联合专政,而不是单一的无产阶级专政。在经济制度上它是社会主义国营经济领导下多种经济成分并存,而不是单一的公有制经济。新民主主义社会是社会主义社会的必要准备,社会主义社会是新民主主义社会发展的必然趋势。

(2)答案要点:因为新民主主义社会是一种过渡性的社会形态,它的政治经济、形态都不是固定不变的,而是始终处于不断发展变化的状态中,其社会主义的成分在不断增长,而民主主义的成分则在不断减少,最终将完全过渡到社会主义。因此,毛泽东认为"确立新民主主义社会秩序"这种提法是有害的、是妨碍社会主义事业的发展的。

材料分析题2

答案要点:民族资本家属于人民范畴,而官僚资本家属于敌对范畴。民族资本家在中国革命和抗击外来侵略中起到进步的作用。中国共产党实行的统战工作就是要联合与扶植民族工商业,如果用暴力手段进行强制改造其结果只会导致中国工商业经济的倒退甚至崩溃。同时,会使民族资产阶级对新生的人民共和国产生离心力,与中国共产党离心离德。如果用暴力手段进行强制改造其结果还会导致工厂停业、工人失业,使国家承担不必要的负担。进行资本主义改造是漫长的过程,不能一蹴而就。否则,适得其反。

材料分析题3

答案要点:(1)方针:不承认国民党政府统治时期旧的外交关系,实行"另起炉灶"的方针;不急于同帝国主义国家建立外交关系,"打扫干净屋子再请客";倒向社会主义阵营的"一边倒"政策。

(2)必要性:清除帝国主义的影响,巩固新生的人民政权。

(3)局限性:不利于对外开放和发展经济。

材料分析题 4

答案要点:(1)孙中山立志救亡图存、振兴中华,领导辛亥革命,结束了中国的君主专制制度,建立了资产阶级共和国,但是民主共和国的理想并没有实现。中国共产党人继承孙中山的遗志,开辟了中国革命的正确道路和新的发展方向,领导全国人民进行艰苦卓绝的斗争,终于完成反帝反封建的民主革命任务,建立了中华人民共和国。

(2)国家统一基本完成,对外获得民族独立;人民民主专政国家政权建立,人民当家作主;中国共产党成为执政党。这些为社会主义基本制度的建立和当代中国一切发展进步奠定了根本政治前提。新中国成立以来,中国共产党团结带领全国各族人民在革命、建设、改革的伟大实践中,取得了举世瞩目的伟大成就。将贫穷落后的中国变成了一个初步繁荣昌盛、充满生机和活力的社会主义国家。

第九章

(一)单项选择题

1~5. CCDCD   6~10. BCBCA   11~15. BBCDD   16~20. BCCAB

(二)多项选择题

1. CD   2. ABD   3. ACD   4. ACD   5. AD   6. ABCD   7. AC   8. CD   9. BCD
10. ABC   11. ABCD   12. ABC   13. BD   14. ABCD   15. AB

(三)问答题

1.答案要点:从1956年初开始,以毛泽东为主要代表的中国共产党人,对中国的社会主义建设道路进行了艰苦的探索,并取得了积极的成果。为准备召开中国共产党第八次全国代表大会,毛泽东、刘少奇等领导人进行了大规模的调查研究工作。在听取汇报的基础上,毛泽东逐渐形成《论十大关系》的基本思路,并先后在4月5日的中央政治局扩大会议和5月2日最高国务会议上作《论十大关系》的报告。这十大关系,围绕一个基本方针,即:"一定要努力把党内党外、国内国外的一切积极的因素,直接的、间接的积极因素,全部调动起来,把我国建设成为一个强大的社会主义国家",成为9月召开的中共八大的指导思想。《论十大关系》是以毛泽东为主要代表的中国共产党人开始探索中国自己的社会主义建设道路的标志。它在新的历史条件下从经济方面和政治方面提出了新的指导方针,为中共八大的召开做了理论准备。

2.答案要点:1957年4月27日,中共中央下发《关于整风运动的指示》,指出:由于党在全国范围内处于执政地位,有必要在全党进行一次针对官僚主义、宗派主义和主观主义的整风运动。采取整风运动的办法来全面加强党的思想、组织、作风建设,是中国共产党的一个创造。在执政的条件下,党容易产生脱离群众的官僚主义等错误倾向,更需要采取整风的办法来加以解决。根据中共中央的设想,这次整风应当是一次既严肃认真又和风细雨的思想教育运动,是一次认真开展批评和自我批评的自我教育运动,通过发动群众向党员和党的各级组织提意见,帮助党来纠正官僚主义等问题。

这场运动采取开门整风的形式。各级党组织纷纷召开座谈会和小组会,听取党内外群众的意见,迅速在全社会形成一个"鸣放"的高潮。毛泽东和中共中央真诚地希望通过这种方式,加强党外人士对共产党员,特别是党员领导干部的批评、监督,进一步密切党同群众的关系。进行整风是中共八大路线的继续和发展,是党探索社会主义建设道路的新成果。

3.答案要点:1975年第四届全国人民代表大会之后,邓小平在毛泽东的支持下,全面主持党中央和国务院的日常工作。邓小平以巨大的革命魄力和卓越的领导才干,开始了对党和国家各项工作的全面整顿。整顿首先是从军队开始的。而经济领域的工作首先是从整顿交通运输入手,随后深入到整个工业领域。在此期间,农业、科技、文化、教育等方面也大力进行了整顿。而各项整顿的核心是党的整顿,重点是整顿各级领导班子。党组织的整顿,表明整顿工作的深化。邓小平主持的全面整顿扭转了"批林批孔"运动造成的国民经济停滞和社会动荡局面,使国民经济工作趋于正常,工农业生产得到恢复,形势开始有了明显好转。这次整顿实际上是后来拨乱反正的预演。

4.答案要点:中共八大完全肯定了党中央从"七大"以来的路线是正确的,同时正确地分析了社会主义改造基本完成以后,中国阶级关系和国内主要矛盾的变化,确定把党的工作重点转向社会主义建设。大会提出,生产资料私有制的社会主义改造基本完成以后,国内的主要矛盾不再是农民阶级和资产阶级之间的矛盾,而是人民对于建立先进的工业国的要求同落后的农业国现实之间的矛盾,是人民对于经济文化迅速发展的需要同当前经济文化不能满足人民需要的状况之间的矛盾。为此,大会作出了党和国家的工作重点必须转移到社会主义建设上来的重大战略决策。大会在总结中国第一个五年计划实施经验的基础上,继续坚持既反保守又反冒进,即在综合平衡中稳步前进的经济建设方针。

此外,陈云提出"三个主体、三个补充"的思想,为大会所采纳,并写入大会决议,成为探索适合中国特点的经济体制的重要步骤。中共八大的路线是正确的,它为社会主义事业的发展和党的建设指明了方向。

5.答案要点:我们国内的主要矛盾,已经是人民对于经济文化迅速发展的需要同当前经济文化不能满足人民需要之间的矛盾。党和全国人民的主要任务是集中力量发展社会生产力,实现国家工业化,逐步满足人民日益增长的物质和文化需要。

6.答案要点:(1)《论十大关系》的发表,是以毛泽东为主要代表的中国共产党人开始探索中国自己的社会主义建设道路的标志,它在新的历史条件下从经济方面(这是主要的)和政治方面提出了新的指导方针,为中共八大的召开做了理论准备。

(2)中共八大路线的制定。中共八大的路线是正确的,它为社会主义事业的发展和党的建设指明了方向。中共八大后,中国共产党在探索中又提出一些重要的新思想,如"可以消灭了资本主义,又搞资本主义"等。

(3)《关于正确处理人民内部矛盾的问题》的发表。它创造性地阐述了社会主义社会矛盾学说,是对科学社会主义理论的重要发展,对中国社会主义事业具有长远的指导意义。

(4)进行整风和提出建设"六又"政治局面等思想是中共八大路线的继续和发展,是党探索社会主义建设道路的新成果。

7.答案要点:独立的、比较完整的工业体系和国民经济体系的建立,使中国在赢得政治上的独立之后赢得了经济上的独立,为中国以后的发展奠定了牢固的物质技术基础,而且也为中国同包括西方发达国家在内的世界各国在平等互利的原则下发展对外贸易和经济往来创建了前提。

8.答案要点:(1)独立的、比较完整的工业体系和国民经济体系的基本建立。

(2)人民生活水平的提高与文化、医疗、科技事业的发展。

(3)取得了一批重要的科技成果。

(4)国际地位的提高与国际环境的改善。

(5)探索中形成了建设社会主义的若干重要原则。

9.答案要点:毛泽东在以下方面对探索中国社会主义建设道路作了开创性贡献。

(1)关于我国基本国情和社会主义发展阶段的探索。

(2)关于社会主义民主政治建设方面的探索。

(3)关于社会主义文化建设方面的探索。

(4)关于在执政条件下加强共产党自身建设方面的探索。

(5)关于国防建设和军队建设方面的探索。

以毛泽东为主要代表的中国共产党人所阐明的这些重要思想,为党继续进行探索并系统形成中国特色社会主义理论提供了重要的基础。

正确认识和评价毛泽东的历史地位有以下几点。

(1)从毛泽东的一生来看,他不愧是伟大的马克思主义者,是伟大的无产阶级革命家、战略家和理论家。

(2)他为我们党和中国人民解放军的创立和发展,为我国各族人民解放事业的胜利,为中华人民共和国的缔造,做出了重大的贡献。

(3)他的后半生,领导党和人民抵御来自国外的威胁和压力,维护了国家的独立,在中国建立起社会主义基本制度,并对中国建设社会主义的道路进行了探索。这些重要的历史功绩和探索的首创精神,是应该充分肯定的。

(4)他在探索过程中发生的错误,特别是"文化大革命"这样严重的错误,使中国的社会主义事业走了大的弯路,这是应该引为沉痛教训的。

(5)全面评价毛泽东的一生,他的功绩是第一位的,是不可磨灭的。

(四)材料分析题

材料分析题 1

(1)答案要点:重工业是我国经济建设的重点。这是因为重工业是生产资料的部门,是国民经济中的基础,是现代生产力的基本物质条件。重工业的发展能为农业、轻工业的生产提供先进装备,因此生产资料生产要优先发展。在重工业、轻工业、农业的关系上,我们并没有犯原则性的错误。因为我们对农业和轻工业是比较重视的,保证了工业发展所需要的粮食和原料,满足了人民群众的日常生活,货币和物价稳定,没有发生像苏联、东欧那样由于没有处理好"重、轻、农"的关系而产生的严重问题。

(2)答案要点:毛泽东所说的"没有执行,或者说是没有很好地执行",是针对"大跃进"中"以钢为纲",破坏了重、轻、农的比例关系,给国民经济发展带来很大的危害。在反思这一失误的基础上,毛泽东再次提出要正确处理"重、轻、农"的关系,把农业放在国民经济的基础地位,明确以农业、轻工业、重工业为序安排国民经济。

材料分析题 2

(1)答案要点:当时党的在指导经济建设上的方针:即反保守,又反冒进。重点在反对当时出现的冒进倾向,这为八大制定"既反保守,又反冒进,在综合平衡中稳步前进"的经济建设方针做了准备。

(2)答案要点:和材料1相比,材料2表明当时的经济指导思想发生了很大的变化,强调提早实现农业发展纲要草案的指标,显示了快速发展农业经济的思想,揭开了"大跃进"的序幕。

(3)八大二次会议认为八大制定的反冒进方针导致了国民经济发展的低潮,1957年提出的高指标推动了经济建设高潮的出现。在这种认识下,第二个五年计划抛开了八大制定的在综合平衡中稳步前进的经济建设方针,使经济建设上的"左"倾错误严重泛滥开来。

材料分析题 3

(1)答案要点:生产资料所有制:"一大二公",盲目提高生产资料公有化程度,严重地脱离了当时农业生产力水平。分配方式:"一平二调",实行平均主义和无偿调用,完全违背按劳分配的原则。危害:严重挫伤农民的生产积极性,生产力遭到很大的破坏,给农业生产带来了灾难性的后果,是造成三年经济困难的重要原因之一。

(2)答案要点:坚持实事求是的思想路线,搞建设必须从中国正处在社会主义初级阶段的国情出发,不应片面追求高速度。尊重客观经济规律,生产关系的调整必须适合生产力的发展水平,不能只凭主观愿望和意志办事。

材料分析题 4

(1)答案要点:改革开放后,社会上出现了一股否定毛泽东及毛泽东思想的思潮,正确评价毛泽东成为中国面临的重大政治问题。否定毛泽东必然导致对中国共产党的领导和社会主义制度的否定。毛泽东虽然在晚年犯了严重错误,但是就他的一生来看,他的功绩是第一位的,错误是第二位的,他为中华人民共和国的缔造和中国社会主义事业的发展,建立了永远不可磨灭的功勋。毛泽东思想是被实践证明了的关于中国革命和建设的正确的理论原则和经验总结,是党必须长期坚持的指导思想。

(2)答案要点:改革开放前和改革开放后的两个时期本质上都是我们党领导人民进行社会主义建设的实践探索,两个时期都应该肯定。改革开放前的实践探索为改革开放后的实践探索提供了宝贵经验、理论准备、物质基础。改革开放后的实践探索是对改革开放前的实践探索的坚持、改革、发展。两个时期不能互相否定。"两个不能否定"有助于统一历史认识,坚定不移地走中国特色社会主义道路。

第十章

(一)单项选择题

1～5. BCAAC　　6～10. DACBD　　11～15. DBCCA　　16～20. BDBAB

(二)多项选择题

1. BCD　2. ABCD　3. ABCD　4. AB　5. AC　6. ABCD　7. ABCD　8. ABCD
9. AD　10. ACD　11. ABCD　12. ABCD　13. ABCD　14. ABCD　15. ABCD

(三)问答题

1.答案要点:领导和团结全国各族人民,以经济建设为中心,坚持四项基本原则,坚持改革开放,自力更生,艰苦创业,为把我国建设成为富强民主文明的社会主义现代化国家而奋斗。

2.答案要点:必须以改革创新精神加强党的建设。必须把党的执政能力建设和先进性建设作为主线,坚持党要管党、从严治党,贯彻为民、务实、清廉的要求,以坚定理想信念为重点加强思想建设,以造就高素质党员、干部队伍为重点加强组织建设,以保持党同人民群众的血肉联系为重点加强作风建设,以健全民主集中制为重点加强制度建设,以完善惩治和预防腐败体系为重点加强反腐倡廉建设,使党始终成为立党为公、执政为民、求真务实、改革创新、艰苦奋斗、清正廉洁、富有活力、团结和谐的马克思主义执政党。

3.答案要点:2005年11月,胡锦涛在英国伦敦金融城发表演讲,系统阐述了走和平发展道路的基本内容。坚持走和平发展道路,就是既通过争取和平的国际环境来发展自己,又通过自己的发展来促进世界和平,永远做维护世界和平、促进共同发展的坚定力量;主要依靠自己力量和改革创新来实现发展,同时坚持对外开放的基本国策,在平等互利的基础上同世界各国开展合作交流,努力实现互利共赢。

4.答案要点:中国共产党成立90多年以来,紧紧依靠和紧密团结全国各族人民,做了三件大事:第一件大事是在新民主主义革命时期,经过28年艰苦卓绝的斗争,推翻了帝国主义、封建主义、官僚资本主义的反动统治,实现了民族独立和人民解放,建立了人民当家作主的新中国。第二件大事是在社会主义革命和建设时期,确立了社会主义基本制度,在一穷二白的基础上建立了独立的比较完整的工业体系和国民经济体系,使古老的中国以崭新的姿态屹立在世界的东方。第三件大事是在改革开放和社会主义现代化建设时期,开创了中国特色社会主义道路,坚持以经济建设为中心,坚持四项基本原则,坚持改革开放,初步建立起社会主义市场经济体制,大幅度提高了我国的综合国力和人民生活水平,为全面建设小康社会、基本实现社会主义现代化建设开辟了广阔的前景。这三件大事,从根本上改变了中国人民的前途命运,决定了中国历史的发展方向,在世界上产生了深刻而广泛的影响。

5.答案要点:(1)1981年6月,中共十一届六中全会在北京召开。全会审议并通过了《关于建国以来党的若干历史问题的决议》,其基本内容是:第一,实事求是地评价了毛泽东的历史地位,全面阐述了毛泽东思想六个组成部分和贯穿于上述各个组成部分的立场、观点和方法的三个基本方面,即:实事求是、群众路线、独立自主,充分论述了毛泽东思想作为党的指导思想的伟大意义;第二,从根本上否定了"文化大革命"的理论和实践,对新中国成立以来的重大历史事件作出了基本结论;第三,肯定了十一届三中全会以来逐步确立的适合我国情况的建设社会主义现代化强国的正确道路,进一步指明了我国社会主义事业和党的工作继续前进的方向。

(2)意义:决议的起草和通过表明,中国共产党是在政治上、理论上成熟的坚强的马克思主义政党,体现出中国共产党在反省错误、纠正错误的过程中总结新经验、探索新道路的能力;决议的通过,标志着中国共产党已在指导思想上完成了拨乱反正的任务,统一了全党、全军、全国各族人民的思想认识,保证社会主义现代化建设事业的顺利进行。

6.答案要点:1978年开始的关于真理标准问题的大讨论,强调实践是检验真理的唯一标准。这场讨论是继延安整风之后又一场马克思主义思想解放运动,成为拨乱反正和改革开放的思想先导,为中国共产党重新确立实事求是的思想路线,纠正长期以来的"左"倾错误,实现历史性的转折,做了思想理论准备。

7.答案要点:(1)毛泽东是伟大的马克思主义者,是伟大的无产阶级革命家、战略家和理论家。他虽然在"文化大革命"中犯了严重错误,但是就他的一生来看,他对中国革命的功绩远远大于他的过失,他的功绩是第一位的,错误是第二位的。他为中国共产党和中国人民解放军的创立和发展,为中国各族人民解放事业的胜利,为中华人民共和国的缔造和中国社会主义事业的发展,建立了永远不可磨灭的功勋。

(2)毛泽东思想是马克思列宁主义在中国的运用和发展,是被实践证明了的关于中国革命和建设的正确的理论原则和经验总结,是中国共产党集体智慧的结晶。

8.答案要点:第一步,实现国民生产总值比1980年翻一番,解决人民的温饱问题,这个任务已经基本完成;

第二步,到20世纪末,使国民生产总值再增长一倍,人民生活达到小康水平;

第三步,到21世纪中叶,使国民生产总值达到中等发达国家水平,人民生活比较富裕,基本实现现代化。

9.答案要点:21世纪头20年,对我国来说,是一个必须紧紧抓住并且可以大有作为的重要战略机遇期。我们要在本世纪头20年,集中力量,全面建设惠及十几亿人口的更高水平的小康社会,使经济更加发展、民主更加健全、科教更加进步、文化更加繁荣、社会更加和谐、人民生活更加殷实。这是实现现代化建设第三步战略目标必经的、承上启下的发展阶段,也是完善社会主义市场经济体制和扩大对外开放的关键阶段。

10.答案要点:决议指出,中国共产党在中华人民共和国成立以后的历史,总的说来,是我们党在马克思列宁主义、毛泽东思想指导下,领导全国各族人民进行社会主义革命和社会主义建设并取得巨大成就的历史。决议从根本上否定了"文化大革命"的理论和实践,对新中国成立以来的重大历史事件作出了基本结论。决议还肯定了中共十一届三中全会以来逐步确立的适合中国情况的建设社会主义现代化强国的道路,进一步指明了中国社会主义事业和党的工作继续前进的方向。

决议科学地评价了毛泽东和毛泽东思想的历史地位,指出:毛泽东同志是伟大的马克思主义者,是伟大的无产阶级革命家、战略家和理论家。他虽然在"文化大革命"中犯了严重错误,但是就他的一生来看,他对中国革命的功绩远远大于他的过失。他的功绩是第一位的,错误是第二位的。他为中国共产党和中国人民解放军的创立和发展,为中国各族人民解放事业的胜利,为中华人民共和国的缔造和中国社会主义事业的发展,建立了永远不可磨灭的功勋。毛泽东思想是马克思列宁主义在中国的运用和发展,是被实践证明了的关于中国革命和建设的正确的理论原则与经验总结,是中国共产党集体智慧的结晶。决议对毛泽东思想的科学体系和活的灵魂(即实事求是、群众路线、独立自主)作了概括,强调毛泽东思想是我们党的宝贵的精神财富,它将长期指导我们的行动。

决议的起草和通过表明,中国共产党是在政治上、理论上成熟的坚强的马克思主义政党。党能够在"文化大革命"结束后不长的时间里作出这样一个经得起历史检验的决议,体现出以邓小平为核心的中共中央领导集体的成熟和远见,体现出中国共产党在反省错误、纠正错误的过程中总结新经验、探索新道路的能力。

决议的通过标志着党和国家在指导思想上拨乱反正的胜利完成。

(四)材料分析题

材料分析题 1

(1)答案要点:1976年10月粉碎"四人帮"的胜利,宣告了"文化大革命"的结束。当时主持中央工作的华国锋仍然坚持"两个凡是"的错误方针,即"凡是毛主席作出的决策,我们都坚决拥护,凡是毛主席的指示,我们都始终不渝地遵循",其实质就是维护"文化大革命"的错误理论,使党和国家的工作出现了在徘徊中前进的局面。"两个凡是"提出后,首先站出来对这种方针展开批评的是邓小平。1978年5月10日,中共中央党校内部刊物发表了由胡耀邦审定的《实践是检验真理的唯一标准》一文,后全国各大报刊纷纷转载,文章阐述了马克思主义的思想路线,指出检验真理的标准只能是社会实践,实际上是对"两个凡是"错误方针的否定,从而引发了一场关于真理标准问题的全国性大讨论。

关于真理标准问题的大讨论,是自延安整风运动以来的又一次思想解放运动,它冲破了长期以来"左"的思想的束缚,推动了拨乱反正工作的顺利进行,成为改革开放的思想先导,为党重新确立实事求是的思想路线,实现历史性的转折奠定了思想理论基础。

(2)答案要点:邓小平之所以反复强调要坚持党的实事求是的思想路线,是因为:第一,实事求是是马克思主义的根本观点、根本方法;第二,只有坚持实事求是的思想路线,才能正确认识和处理一些重大历史问题,科学地评价一些重要领导人的功过是非,完成全面拨乱反正的任务;第三,只有坚持实事求是的思想路线,才能制定正确的路线、方针、政策,保证改革开放和社会主义现代化建设的顺利进行,不断推进马克思主义和毛泽东思想的丰富发展。

材料分析题2

(1)答案要点:对待马克思主义的正确态度是实事求是。

(2)答案要点:改革是解放生产力,是一场新的革命。它不是原有经济体制的细枝末节的修补,而是对原有经济体制的根本性变革。它的实质和目标是要从根本上改变束缚我国生产力发展的经济体制,建立充满生机和活力的社会主义新经济体制,同时相应地改革政治体制和其他方面的体制,以实现中国社会主义现代化。无论从解放生产力、扫除发展生产力的障碍这个意义上来说,还是从政策的重新选择、体制的重新构建这个转变的深刻性和广泛性,以及由此引起的社会生活、人们观念变化的深刻性和广泛性来说,改革都是一场新的革命,是中国走向繁荣富强的必由之路,是推动社会主义社会发展的直接动力。改革是一场革命,但它不是一个阶级推翻另一个阶级意义上的革命,不是也不允许否定和抛弃我们已经建立起来的社会主义基本制度,它是社会主义制度的自我完善和发展。

(3)答案要点:判断改革得失成败的标准是"三个有利于"的标准,即要以是否有利于发展社会主义社会的生产力、是否有利于增强社会主义国家的综合国力、是否有利于提高人民生活水平作为判断改革得失成败的标准。

材料分析题3

(1)答案要点:中国共产党在社会主义初级阶段的基本路线是:领导和团结全国各族人民,以经济建设为中心,坚持四项基本原则,坚持改革开放,自力更生,艰苦创业,为把我国建设成为富强民主文明的社会主义现代化国家而奋斗。

(2)答案要点:改革开放以来我们取得一切成绩和进步的根本原因,归结起来就是:开辟了中国特色社会主义道路,形成了中国特色社会主义理论体系。高举中国特色社会主义伟大旗帜,最根本的就是要坚持这条道路和这个理论体系。

(3)答案要点:要倍加珍惜、长期坚持和不断发展中国共产党历经艰辛开创的中国特色社会主义道路和中国特色社会主义理论体系,坚持解放思想、实事求是、与时俱进,勇于变革、勇于创新,永不僵化、永不停滞,不为任何风险所惧,不被任何干扰所惑,使中国特色社会主义道路越走越宽广,让当代中国马克思主义放射出更加灿烂的真理光芒。

第十一章

(一)单项选择题
1～5. CCBDD　　6～10. BACAB　　11～15. CACBD　　16～20. CCBDB

(二)多项选择题
1. ABC　2. ABCD　3. BCD　4. ABCD　5. ABCD　6. ABCD　7. BCD　8. ABD
9. ABCD　10. ABCD　11. ABC　12. ABCD　13. ACD　14. ABC　15. AD
16. AD　17. ABCD　18. ABC　19. ABC　20. ABD

(三)问答题
1. 答案要点:见本章重难点解析(十一)。
2. 答案要点:见本章重难点解析(十二)。
3. 答案要点:见本章重难点解析(七)。
4. 答案要点:见本章重难点解析(九)。

5.答案要点:见本章重难点解析(五)。

(四)材料分析题
材料分析题1
(1)答案要点:中国共产党所领导的人民革命,即新民主主义革命,是中国资产阶级民主革命。俄国十月革命的胜利,改变了整个世界历史的方向,划分了整个世界历史的时代,开辟了世界无产阶级社会主义革命的新纪元,标志着人类历史开始了由资本主义向社会主义转变的进程。新民主主义革命发生在十月革命之后,是世界无产阶级社会主义革命的组成部分。

在十月革命的影响下,马克思主义在中国广泛传播,马克思主义逐步成为中国革命的指导思想,五四运动以后,中国无产阶级开始作为独立的政治力量登上历史舞台,开始领导中国大地上反帝反封建的民主革命。从革命对象上看,新民主主义革命在范畴上也从属于世界无产阶级社会主义革命。

(2)答案要点:一方面,改革开放以来,中国特色社会主义事业取得举世瞩目的成就,这是科学社会主义在中国这片广袤土地上获得的成功,充分显示了中国特色社会主义道路、理论、制度和文化的强大生命力。另一方面,作出这一重大判断的基本依据是我国社会主要矛盾的转变。党的十九大报告指出:"中国特色社会主义进入新时代,我国社会主要矛盾已经转化为人民日益增长的美好生活需要和不平衡不充分的发展之间的矛盾。"我们所面临的社会主要矛盾发生了转变,我们今后的各项任务也要相应地发生变化。因此,"中国特色社会主义进入了新时代"。

材料分析题2
(1)答案要点:没有改革开放就没有当代中国的发展进步。40年来,从农村到城市,从试点到推广,从经济体制改革到全面深化改革,中国人民用双手书写了国家和民族发展的壮丽史诗,推动了中国和世界的共同发展进步。这充分证明,中国进行改革开放,顺应了中国人民要发展、要创新、要美好生活的历史要求,契合了世界各国人民要发展、要合作、要和平生活的时代潮流。

(2)答案要点:以改革开放的眼光看待改革开放,就要充分认识新形势下改革开放的时代性、体系性、全局性问题。进入新时代,国际国内形势发生广泛而深刻的变化,改革发展面临着新形势新任务新挑战。唯有准确把握我国不同发展阶段的新变化新特点,积极应对世界大发展大变革大调整带来的新挑战新问题,勇于变革、勇于创新,永不僵化、永不停滞,才能以新作为开创新局面,让改革开放始终成为推动中国发展进步、为人类作出新贡献的动力源泉。同时,以改革开放的眼光看待改革开放,就要在更高起点、更高层次、更高目标上推进改革开放。改革往往都是从易到难。进入攻坚期、深水区,最重要的是迎难而上、攻坚克难。破解发展中面临的难题,化解来自各方面的风险挑战,推动经济社会持续健康发展,必须依靠全面深化改革。

材料分析题3
(1)答案要点:中国举办系列主场外交,把中国不断增强的实力转化为相应的国际影响力,使中国的国际贡献和国际声誉更加平衡,中国开始更多地影响世界格局。中国大力践行合作共赢理念,推动建设全球伙伴关系网络,着力构建开放、创新、联动型世界经济,为世界发展做出更大贡献,同各方共同努力构建人类命运共同体。中国不断参与国际机制建设和提供国际公共产品,推广中国理念和中国方案。中国特色大国外交正在开启全新征程,主场外交已成为全新的"中国名片"。

(2)答案要点:中国坚持高举和平、发展、合作的旗帜,同各国相互尊重、扩大共识、和谐相处,提倡不同社会制度和发展模式应相互借鉴,建设各国和谐共处、公正、民主的世界;坚持同各国深化合作,既利用世界经济、科技发展的成果发展自己,又以自身的发展回馈世界,提倡进行互利合作,实现全球经济和谐发展;倡导开放和兼容并蓄,尊重和维护文明多样性和发展模式多样化,与各国和睦相处,取长补短,共同进步,提倡不同文明间开展对话、取长补短、开放包容的精神。

后 记

本书由中国地质大学(武汉)马克思主义学院德育教研部中国近现代史纲要教研室的多位教师共同编写完成,具体分工如下:

孙文沛:下编综述、第八章、第九章、第十章。

徐良梅:上编综述、第一章、第七章、第十一章。

郑丽:第二章、第三章、第六章。

张牛美:中编综述、第四章、第五章。

全书由孙文沛和徐良梅负责统稿并修改。

本书的编写得到了中国地质大学出版社、中国地质大学(武汉)马克思主义学院的大力支持,在此表示感谢!本书有疏漏错误之处,欢迎诸位专家、读者批评指正!

编 者

2019 年 8 月